BIBLIOTHÈQUE ANECDOTIQUE
ET LITTÉRAIRE

Molière

THÉATRE CHOISI

PRÉCÉDÉ DE LA BIOGRAPHIE DE MOLIÈRE

ÉDITION ACCOMPAGNÉE

De Notices historiques et littéraires sur chaque pièce, de Notes et d'Analyses

PAR

C. FOUSSÉ DE SACY

ILLUSTRÉE

DE 2 PORTRAITS DE MOLIÈRE ET DE 20 COMPOSITIONS ORIGINALES

DE **Ed. ZIER**

tome 1

PARIS
LIBRAIRIE D'ÉDUCATION A. HATIER
33, QUAI DES GRANDS-AUGUSTINS, 33

BIBLIOTHÈQUE ANECDOTIQUE
ET LITTÉRAIRE

Molière

Molière.

BIBLIOTHÈQUE ANECDOTIQUE
ET LITTÉRAIRE

Molière

THÉATRE CHOISI

PRÉCÉDÉ DE LA BIOGRAPHIE DE MOLIÈRE

ÉDITION ACCOMPAGNÉE

De Notices historiques et littéraires sur chaque pièce, de Notes et d'Analyses

PAR

C. FOUSSÉ DE SACY

ILLUSTRÉE

DE 2 PORTRAITS DE MOLIÈRE ET DE 20 COMPOSITIONS ORIGINALES

DE Ed. ZIER

*

PARIS
LIBRAIRIE D'ÉDUCATION A. HATIER
33, QUAI DES GRANDS-AUGUSTINS, 33

AVERTISSEMENT

En publiant une collection de classiques à l'usage de la jeunesse, nous réalisons un projet qui, depuis longtemps, nous est cher, parce qu'il répond, croyons-nous, à un besoin particulier de notre temps. La question des lectures à autoriser ou à proscrire est très difficile à résoudre. Si, dans quelques milieux où l'on s'inquiète peu de l'effet moral que peuvent produire certains livres, on est pour les perspectives largement ouvertes sur n'importe quels horizons; si, sous prétexte de faire la lumière dans les intelligences et de favoriser la liberté de la pensée, on est beaucoup trop facile sur le choix des ouvrages; dans d'autres milieux, par un scrupule respectable, mais peut-être excessif, par crainte d'une initiation prématurée à la science de la vie, on ferme toutes les portes, on se borne à l'interdiction pure et simple, si bien que les jeunes gens et les jeunes filles ne connaissent nos grands classiques qu'à travers de courtes analyses, ou la critique qu'en font les professeurs. Cela est utile, mais cela ne vaut pas le contact direct avec les chefs-d'œuvre. Et par quoi en remplace-t-on la lecture ? Trop souvent par de plates histoires, inoffensives sans doute, comme les choses sans saveur ni substance, mais n'offrant non plus aucun aliment solide à l'intelligence et au cœur. Il nous a semblé qu'il y avait là une lacune à combler, un progrès à accomplir.

Aujourd'hui, avec la diffusion plus générale de l'instruction, avec la part plus grande que chacun est appelé à avoir dans la vie sociale et la vie politique, avec le mouvement d'idées confuses ou malsaines qui se produit, il est, plus que jamais, nécessaire que notre jeunesse ait une formation judicieuse et forte; il faut que ceux qu'on veut attacher fermement aux principes sans lesquels il n'y a ni société bien ordonnée, ni nation prospère, se créent un jugement droit et sûr par le commerce avec les grands et nobles esprits qui ont été, qui sont encore la gloire de notre pays et de sa littérature. Rien n'est plus sain à l'âme, au cœur, à l'intelligence que le beau ; rien ne désabuse mieux des sophismes et des fausses doctrines que la lecture habituelle d'œuvres sainement pensées et purement écrites. Où trouvera-t-on cette alliance désirable, sinon chez les poètes et les prosateurs d'un de nos grands siècles littéraires ? Chez eux la forme n'est si belle, le style si parfait, que parce qu'ils n'ont voulu exprimer que ce qui est éternellement juste et vrai. C'est parce qu'ils voyaient juste et loin dans la vie et le cœur de l'homme, c'est parce que leur imagination avait conçu un noble idéal, qu'ils ont atteint ce degré de perfection artistique au-dessus de laquelle il n'y a que les chefs-d'œuvre des anciens, leurs maîtres et leurs modèles. Apprendre aux enfants à aimer nos classiques, à se plaire avec eux, c'est donc bien armer la génération qui se prépare contre l'invasion du faux goût et contre des idées d'autant plus dangereuses qu'elles sont plus séduisantes pour un âge qui n'en voit que la nouveauté généreuse et pleine de promesses.

Mais, dira-t-on, ce n'est pas pour la jeunesse que nos classiques ont écrit, et il y aurait péril à les lui livrer sans restriction. Assurément. Aussi faut-il faire un choix sage et prudent. C'est ce à quoi nous nous sommes appliqués dans cette édition du premier de nos poètes comiques, conservant, autant que possible, de chaque pièce ce qui lui laisse son cachet propre, ce qui donne l'idée la plus juste de la conception générale et de l'essentiel de l'action ou des caractères.

Malgré notre longue habitude de ce qui convient à la jeunesse, malgré notre vieille familiarité avec un auteur qui n'est, nous en sommes persuadés, tenu en suspicion que parce qu'on le connaît mal, nous avons été presque étonné nous-même de voir que nous pouvions donner de si larges extraits de certaines pièces auxquelles nous ne croyions d'abord pouvoir faire que de timides emprunts... Nous espérons qu'ayant été guidé dans notre choix autant par le respect de cette candeur qui est le plus grand charme de la jeunesse, que par le désir de développer et d'orner les esprits, nous aurons rencontré juste.

Afin que la marche de l'action fût facile à suivre, nous avons relié, par de brèves analyses, les scènes conservées. Chaque pièce est précédée d'une notice destinée à en faire ressortir le sens général aussi bien que les beautés littéraires. Des notes, en petit nombre, afin de ne pas fatiguer l'attention, expliquent les locutions et les termes vieillis pour nous, ou empruntés aux vocabulaires techniques, ou particuliers à Molière. Quelques-unes ont trait aux mœurs du temps; d'autres ont pour but d'aider le jeune lecteur à sentir la puissance comique des situations ou le piquant de certaines répliques.

Quant au texte, nous l'avons établi d'après celui de l'*édition des grands écrivains*[1] qui, lui-même, reproduit celui de la dernière édition donnée du vivant de Molière, prenant soin cependant de rajeunir l'orthographe, afin de ne pas dérouter le lecteur et d'éviter de multiplier les notes explicatives.

Nous avons aussi repris, à des éditions postérieures à Molière, l'indication de certains jeux de scènes qui nous ont paru animer le dialogue et donner plus de clarté à l'action. Nous avons confiance que les jeunes lauréats de nos écoles et de nos maisons d'éducation trouveront plaisir et profit à la lecture de ce théâtre d'où se dégagent, à travers la plaisanterie franche et gaie, de si saines leçons sur les hommes et sur la vie. Molière nous instruit en nous faisant rire : cette manière n'est pas la plus mauvaise.

[1] Publiée par la librairie Hachette.

VIE DE MOLIÈRE

Fils d'honnêtes bourgeois, appelé par son origine à exercer un commerce lucratif, et pourvu d'avance d'une charge honorable dans la maison du roi, Molière semblait destiné à une existence unie et tranquille. Mais, comme la plupart de ceux qui, emportés par le génie, ont renoncé à leur carrière naturelle pour se donner tout entiers à l'art — et surtout à un art comme le théâtre — il a eu une vie tourmentée et difficile, pleine d'agitations et de péripéties.

Il débute dans la carrière par les dettes et la prison, lutte treize ans avant de conquérir le vrai succès, et, au temps même de ses triomphes, il doit se défendre contre des adversaires malveillants et acharnés. Pour lui, point de bonheur domestique, point de place dans le monde, acquise et possédée sans conteste; enfin la mort vient tragiquement le saisir sur le théâtre, et, malgré son désir formellement manifesté, l'emporte avant qu'il ait pu faire amende honorable de ses fautes et se réconcilier avec Dieu.

Et pourtant cette vie a eu ses beaux côtés et ses joies. D'abord celle de suivre une de ces vocations si prononcées qu'elles sont irrésistibles, d'être l'âme d'une troupe qui vivait de son génie; puis les enivrements du succès, de la gloire; la faveur constante de Louis XIV; quelques chaudes amitiés; et, quand la fortune vint avec la vogue, le plaisir de faire le bien et d'exercer sa générosité naturelle.

Cette vie a eu ses fautes aussi et ses défaillances : le laisser-aller du comédien, une conduite relâchée, l'éloignement de la religion, quoique sans impiété ni hostilité — la pratique des devoirs du chrétien étant alors à peu près incompatible avec le métier d'acteur — une prodigalité qui allait parfois jusqu'à l'ostentation, une humeur chagrine et mélancolique : tel est le bilan des faiblesses du grand comique. Mais, en revanche, que de belles et attachantes qualités! une âme tendre, un cœur indulgent, un souci généreux de ceux qui dépendaient de lui, une honnêteté native, l'amour sincère de ce qui est vrai, juste et noble; et pour l'esprit, un imperturbable bon sens, une prodigieuse facilité, une singulière puissance de création et d'expression, un don merveilleux de pénétrer dans l'âme humaine, d'y lire les secrets mobiles des paroles et des actes; de saisir et de rendre par un geste ou un jeu de physionomie, une passion, un travers, une habitude ; le sens des effets scéniques, de ce qui est comique et fait rire... Ce sont là des dons rares, si rares que Boileau, qui s'y connaissait, prié un jour par Louis XIV de lui dire quel était le poète qui illustrerait le plus son règne, ayant à choisir parmi tant d'écrivains de génie, répondit sans hésiter : « Sire, c'est Molière. »

Ce grand homme eut pour berceau la boutique d'un tapissier. Son aïeul avait quitté la ville de Beauvais pour exercer ce commerce, héréditaire dans la famille, et le père de Molière, Jean Poquelin, le continua. Il avait épousé Marie Cressé, fille elle-même d'un tapissier, et habitait avec elle une maison située rue Saint-Honoré, qui n'existe plus et dont on n'est pas sûr de connaître l'endroit exact. Une plaque commémorative placée sur une maison de la rue du Pont-Neuf la désigne cependant comme occupant le terrain de celle où naquit Jean-Baptiste Poquelin, qui plus tard prendra le nom de Molière. Ainsi que plusieurs de nos poètes avec lesquels il n'est pas sans analogie : Rutebeuf, Villon, Regnard, Voltaire, Beaumarchais, Béranger, Molière est donc un enfant de notre bonne ville de Paris, et par certaines qualités de vivacité, de bonhomie malicieuse, de verve hardie, il ne dément pas son titre de Parisien.

L'acte de baptême de Jean-Baptiste Poquelin porte la date du 15 janvier 1622, qui est aussi, selon toute probabilité, celle de la naissance. Il avait à peine dix ans lorsque sa mère mourut ; un an après, son père se remaria. Les critiques ont fait un rapprochement entre cette privation prématurée des soins maternels et l'absence de tout type de mère dévouée et tendre dans l'œuvre de Molière ; ils ont cru voir aussi dans l'odieuse Béline, la marâtre du *Malade imaginaire*, un souvenir des mauvais traitements que Molière aurait eu à subir de la part de sa belle-mère ; mais rien n'autorise une pareille supposition.

En 1631, avant la mort de sa première femme, Jean Poquelin avait succédé à l'un de ses frères dans la charge de tapissier ordinaire, valet de chambre du roi. Il en obtint la survivance pour son fils Jean-Baptiste qui, en 1637, prêta le serment imposé à ceux qui devaient succéder à un empoi de ce genre.

La carrière du jeune homme était donc toute tracée, et il ne semble pas que, jusqu'à ce qu'il eût atteint l'âge de quatorze ans, son père ait songé à lui donner une autre instruction que celle qui pouvait convenir à un futur tapissier. Une anecdote traditionnelle nous montre cependant Molière emmené par son grand-père, Louis Cressé, à l'hôtel de Bourgogne [1], ou aux parades de la place publique, et recevant là les premières impressions qui éveillèrent en lui le goût du théâtre. Quoi qu'il en soit, vers l'âge de quatorze ans, commença pour Molière une éducation qui, mieux que les plaisirs du spectacle, devait le préparer à sa vocation d'écrivain. Il fut mis au collège de Clermont, qui bientôt allait s'appeler collège Louis-le-Grand, dirigé par les Jésuites, réputé pour la culture élégante et distinguée qu'on y recevait, et fréquenté par les jeunes gens de la plus haute noblesse ainsi que de la meilleure bourgeoisie. Molière y eut pour

[1] C'était alors le théâtre le plus en renom.

condisciple le prince de Conti, ce qui ne veut pas dire qu'il ait jamais existé entre eux de camaraderie — les mœurs du temps s'opposant à toute familiarité entre un simple particulier et un prince du sang — ni qu'il faille rattacher à cette communauté des études la protection, assez hautaine et distante d'ailleurs, que le prince accorda plus tard à Molière et à sa troupe.

Le jeune Poquelin passa environ cinq ans au collège; il en sortit bon humaniste et familiarisé avec les poètes de l'antiquité, surtout avec Térence[1], qui l'avait particulièrement charmé.

En quittant le collège de Clermont, Molière reçut, en compagnie de Chapelle, du voyageur Bernier et de l'extravagant poète Cyrano de Bergerac, les leçons du célèbre philosophe Gassendi. La compagnie et les exemples de ses condisciples ne durent pas lui être fort salutaires; cependant il ne tomba jamais dans les excès par lesquels ces trois hommes se déshonorèrent. Quant à l'enseignement de Gassendi, il laissa dans l'esprit de Molière une empreinte profonde, non d'athéisme matérialiste, car Gassendi, bien que disciple d'Epicure, rejetait ce qui, dans la philosophie de son maître, était en désaccord avec la doctrine de l'existence de Dieu, de la Providence et de l'immortalité de l'âme; mais il contribua à développer en Molière l'indépendance de l'esprit, la hardiesse de la pensée, le libre jugement. Si cet affranchissement fut trop complet, s'il eut pour effet malheureux d'arracher Molière à des entraves bienfaisantes, du moins celui-ci put-il recueillir de ses entretiens avec Gassendi des principes de droiture et de ferme raison; car, de quelque façon qu'on juge le philosophe au point de vue des doctrines, l'équité oblige à reconnaître que c'était un fort honnête homme et que son caractère inspirait le respect. Certaines scènes du théâtre de Molière témoignent de ses connaissances étendues en philosophie et rappellent les idées de son maître; notamment celle du *Mariage forcé* où il s'égaye aux dépens des subtilités de l'aristotélisme de l'école et des divagations du scepticisme, et celle des *Femmes savantes*, où sont définies avec tant d'exactitude les différents systèmes philosophiques. C'est sans doute à l'époque de ses relations avec Gassendi que fut faite cette traduction de Lucrèce[2] qu'admirait Gassendi, mais qui n'a pas été retrouvée après la mort de Molière.

Il paraît certain que Molière étudia aussi le droit et prit sa licence d'avocat à Orléans; l'exactitude avec laquelle certains de ses personnages parlent la langue du droit, dans *les Fourberies de Scapin*, et *le Malade imaginaire*, confirme cette opinion.

Il est possible que, ses études de droit achevées et sa licence obtenue, Molière ait, ainsi que l'affirme la préface de l'édition de 1682, suivi Louis XIII à Narbonne en qualité de valet de chambre du roi et en remplacement de Jean Poquelin, retenu à Paris.

Mais sa véritable vocation allait bientôt se déclarer. Dès le commence-

[1] Comique latin, remarquable par son ironie discrète, la finesse de ses peintures et l'élégance de son style.

[2] Poète latin de l'époque de Cicéron (98 à 55 av. J.-C.), qui a fait un poème de *la Nature*, où se retrouvent les doctrines d'Épicure.

ment de 1643, Molière avertit son père qu'il renonçait à la survivance de sa charge et qu'il voulait se faire comédien. Comment la demande fut-elle accueillie ? Non sans remontrances sans doute ; il ne paraît pas cependant que Jean Poquelin ait fait une résistance bien énergique aux projets de son fils. Celui-ci s'adjoignit quelques jeunes gens, et, après un premier essai à Rouen, tandis qu'on aménageait la salle des Métayers (située rue Mazarine, près de la porte de Nesle), la nouvelle troupe commença ses représentations, à Paris, en janvier 1646, sous le nom assez ambitieux de l'*Illustre Théâtre*. Le succès ne fut pas heureux. On fit de si mauvaises affaires que Molière, en qualité de directeur responsable, fut deux fois emprisonné pour dettes. Deux fois, il fut libéré par ses camarades; mais, malgré la beauté et le talent d'une des actrices, Madeleine Béjart, malgré l'essai d'un changement de salle et de quartier, l'entreprise échoua si complètement qu'il fallut se résoudre à quitter Paris et à aller tenter la fortune en province.

Voilà donc Molière affilié à une de ces compagnies de comédiens ambulants dont le *Roman comique* de Scarron dépeint la vie aventureuse. Il lui a fallu une nature bien droite et bien foncièrement saine pour rester honnête après une pareille épreuve. Pendant treize ans, la troupe mènera une existence errante, attachée d'abord au duc d'Epernon, puis au prince de Conti, libre d'ailleurs de jouer où elle voulait, lorsque le protecteur attitré ne réclamait pas ses services. Elle va successivement à Toulon, à Albi, à Carcassonne, à Nantes (1647-1648), puis à Toulouse, à Narbonne, peut-être à Montpellier. En 1650, on la trouve à Pézenas où se tiennent les Etats de Languedoc. C'est là que la tradition, consacrée par une gravure connue, nous montre Molière installé sur un fauteuil dans la boutique d'un barbier, et étudiant les originaux qui viennent s'y faire accommoder. Plus tard, ce sera la boutique d'un marchand de dentelles de la rue Saint-Denis qui lui servira de poste d'observation... En 1653 et en 1655, nouveau séjour à Pézenas, ou au château de la Grange-des-Prés, résidence du prince de Conti, à qui désormais appartient la troupe, le duc d'Epernon, devenu impopulaire par sa conduite pendant la Fronde, ayant dû renoncer du même coup à son gouvernement et à ses comédiens.

Ces années de 1653 et 1655 sont aussi celles de deux séjours à Lyon, qui furent marqués par l'apparition de *l'Etourdi*, la première véritable comédie qui soit sortie de la plume de Molière [1].

Il est à croire que, lorsque Molière renonça au commerce héréditaire pour la profession de comédien, il sentait déjà en lui un attrait supérieur à celui des planches, et que, préparé au métier d'auteur par ses études, il visait déjà à la gloire littéraire. Pendant les premières années de ses courses en province, il défrayait les représentations de sa troupe par de petites pièces à l'italienne, pures bouffonneries, qui souvent n'étaient qu'un simple canevas sur lequel les acteurs brodaient à leur fantaisie. Deux de ces farces nous sont parvenues : *la jalousie du Barbouillé* qui est comme une première ébauche de la comédie de *Georges Dandin*, et *le Médecin Volant*, dont quelques traits se retrouvent dans *l'Amour médecin* et *le*

[1] On ne sait pas, d'une manière certaine, à laquelle de ces deux années il faut rapporter la première représentation de *l'Etourdi*.

Médecin malgré lui; cette dernière pièce n'est elle-même qu'une reproduction plus achevée du *Fagotier* ou du *Médecin par force*, qui compte aussi parmi ces premiers essais de Molière. Mais *l'Etourdi* inaugure avec éclat la série des comédies dignes de ce nom. Ce n'est encore qu'une comédie d'intrigue, œuvre de verve légère, imitée d'une pièce italienne, toute remplie comme elle d'aventures, de stratagèmes, de coups de surprise plus ou moins vraisemblables. Le génie s'y fait déjà cependant connaître à la ferme conduite de l'action, au brio du dialogue, à l'assurance du style, aux vers vifs et bien frappés.

Une seconde pièce, *le Dépit Amoureux*, fut jouée, en 1656, à Béziers, pendant la tenue des Etats de Languedoc que présidait le prince de Conti. C'est encore une comédie d'intrigue, où l'action trop compliquée nuit à l'intérêt ; mais il s'y trouve quelques scènes charmantes, que les acteurs détachèrent plus tard, de manière à ne plus former que deux actes ; et, sous cette forme allégée, la pièce est fort agréable.

Pendant plusieurs années, Molière jouit de la faveur du prince de Conti qui, non seulement prenait un plaisir passionné aux représentations de sa troupe, mais aimait à converser avec Molière de son art et à se faire lire et expliquer par lui les comiques anciens. Cette protection allait manquer au poète. Converti aux pratiques d'un christianisme austère, le prince renonça à un amusement qu'il avait aimé avec excès et signifia à la troupe qu'elle eût à ne plus se recommander de son nom. Molière ressentit vivement cette blessure et il eut de la peine à pardonner à la dévotion rigide qui le privait d'un protecteur.

Après encore une année de courses dans le Midi, Molière, désormais sûr de lui-même, se rapprocha de Paris. En mai 1658, il est à Rouen, d'où il fait plusieurs voyages, sans doute pour négocier son retour dans la capitale, qui eut lieu en octobre. Molière et ses compagnons y rentraient avec le titre de troupe de Monsieur, frère du Roi. Le moment était favorable. Une période glorieuse s'ouvrait pour la France par le traité des Pyrénées et le mariage de Louis XIV avec une infante d'Espagne.

La société française avait pris des mœurs élégantes et des goûts délicats; la littérature, avec *les Provinciales*, était entrée dans cette voie du naturel dont nous verrons Molière se faire plus d'une fois l'avocat et le défenseur. L'ère la plus brillante du règne de Louis XIV va s'ouvrir : c'est le temps de la jeunesse, des plaisirs, de l'éclat. Ceux de cette génération privilégiée pourront, au lendemain d'une fête de cour relevée par la représentation de quelque œuvre dramatique, aller entendre la voix sublime d'un Bossuet célébrer les grandeurs du christianisme.

Encore quelques années, et les touchants, les purs chef-d'œuvre de Racine, rivaliseront sur le théâtre avec les scènes grandioses, les héros surhumains de Corneille. On lira, en fait de nouveautés littéraires, une satire de Boileau, une fable de La Fontaine, et voici que tout à l'heure Molière, émergeant de la demi-obscurité d'une réputation de province, paraîtra devant cette cour dont l'approbation assurait le succès. Ce fut le 24 octobre 1658 que notre poète fut admis à représenter devant le roi le *Nicomède* de Corneille. Le jeu de la nouvelle troupe n'ayant point paru déplaire, son chef s'avança sur le devant de la scène pour remercier Sa

Majesté « d'avoir bien voulu souffrir leurs *manières de campagne*, et la supplier humblement d'avoir pour agréable qu'il lui donnât un des petits divertissements qui lui avaient acquis quelque réputation, et dont il régalait les provinces ».

Le compliment plut et la requête fut applaudie, ainsi que la farce du *Docteur amoureux*, dont Molière est probablement l'auteur.

Désormais la troupe de Monsieur eut sa place assurée à côté des grands comédiens de l'Hôtel de Bourgogne et du Marais. Le roi lui donna la salle du Petit-Bourbon située tout près du Louvre (sur la place Saint-Germain-l'Auxerrois) et communiquant avec le palais. C'est là que fut représenté, le 18 novembre 1659, le petit acte des *Précieuses Ridicules* qui, malgré sa brièveté, est un fait considérable dans l'histoire du théâtre en France, car c'est alors que s'accuse et se dégage la personnalité de l'auteur ; c'est alors que pour la première fois, paraît sur notre scène une pièce ayant pour objet la peinture des mœurs contemporaines. Molière est récompensé de cette heureuse hardiesse par le succès. Qu'un vieillard se soit ou non écrié du parterre : « Courage, Molière, voilà la bonne comédie » ; que Molière lui-même ait ou non tenu le langage outrecuidant qu'on lui prête sans nulle vraisemblance : « Je n'ai plus que faire d'imiter Plaute et d'éplucher des fragments de Térence, je n'ai qu'à regarder le monde », toujours est-il qu'à partir de ce jour, où son génie a pris conscience de lui-même, il ira gagnant toujours du terrain dans le champ de son art, jusqu'à ce qu'il atteigne à la perfection de la haute comédie.

Quelques mois après, il donnait *Sganarelle* (20 mai 1660), pièce de moindre valeur que *les Précieuses*, qui eut du succès cependant, que le roi voulut voir et qu'il honora de son approbation. Molière allait recevoir une preuve plus marquée de la faveur du maître. Le théâtre du Palais-Bourbon devant être détruit, il obtint la permission de se transporter au Palais-Cardinal qui maintenant portait le nom de Palais-Royal, et d'y prendre possession de la salle de spectacle que Richelieu avait fait construire.

La troupe de Molière comprenait alors les deux frères Béjart et leurs sœurs Madeleine et Geneviève, Jodelet, la Grange, du Croisy, de Brie et sa sœur. Du Parc et sa femme, une des plus belles et des meilleures actrices de la troupe, l'avaient quittée momentanément pour celle du Marais. Ce n'était pas une petite affaire que de mener tout ce monde et surtout de maintenir la paix parmi les femmes qui se jalousaient et étaient sans cesse en rivalité. Bientôt la troupe allait se grossir d'Armande Béjart, sœur de Madeleine et de Geneviève, mais beaucoup plus jeune qu'elles, dont Molière avait surveillé l'éducation et qu'il épousa lorsqu'elle avait vingt ans, et lui quarante. Elle devint une actrice remarquable, mais fit le malheur de celui qu'elle aurait dû considérer comme un bienfaiteur et avoir à cœur de rendre heureux.

Ce mariage fut une faute irréparable, qui nuisit non seulement à la paix du cœur de Molière, mais à sa dignité.

L'École des Maris, qu'il fit jouer en juin 1661, et où il fait tenir à un des personnages, sur le point d'épouser sa pupille, un langage plein d'indulgente bonté, n'est peut-être pas sans relation avec ses projets de mariage. Cette pièce, imitée des *Aldelphes* de Térence, n'a que trois actes ; mais elle se rapproche des grandes comédies, en ce qu'au lieu d'une intrigue artificielle où les situations, imaginées pour l'amusement du public, sont un effet du caprice de l'auteur, elle offre des caractères dont la lutte amène naturellement les situations.

La prédilection du roi pour les comédiens de Monsieur était chose si connue que quand Fouquet reçut Louis XIV dans sa splendide demeure de Vaux, au mois d'août 1661, ce fut à Molière qu'il s'adressa pour lui demander une comédie-ballet qui relevât la magnificence de la fête et fût propre à divertir le souverain. En quinze jours, Molière composa *les Fâcheux*, pièce à tiroirs, si l'on veut, où chaque scène est en elle-même une petite comédie, agréable cependant par la variété des types ridicules qui défilent devant le spectateur.

En 1662, Molière aborda, avec *l'École des Femmes*, la haute comédie, la vraie comédie de caractères ; et ce début fut un chef-d'œuvre qui, pour la force comique et la justesse d'observation, ne le cède ni au *Tartuffe*, ni au *Misanthrope*.

Mais ce fut le signal des attaques dont ses ennemis et ses envieux ne cesseront de le harceler. Il eut contre lui les précieuses qu'effarouchaient certaines crudités de langage, les comédiens et les poètes rivaux qui clamaient contre la prétendue irrégularité de la pièce, enfin, des adversaires plus respectables qui se scandalisèrent de voir un personnage odieux et ridicule user des rigueurs dont la religion menace le coupable comme d'un moyen d'intimidation envers une jeune fille ignorante et naïve ; cela leur parut une profanation. S'il y eut quelque témérité de la part de Molière à mêler des vérités si saintes à une pièce d'ailleurs assez audacieuse, l'intention n'était ni irrévérencieuse, ni surtout impie. Parmi ces effarouchés, il y avait des gens dignes de toute considération, mais il y avait aussi de ces faux zélés auxquels Molière ne pardonnera pas et que, dans le *Tartuffe*, il mordra à belles dents.

Pour le moment il se contenta de répondre à ses adversaires, en homme de théâtre qu'il était, par une petite pièce, la *Critique de l'École des Femmes*, dans laquelle il se défend en faisant la théorie de son art et en couvrant de ridicule ceux qui l'avaient attaqué. L'objet de la comédie ; telle que l'entend Molière, est la peinture vraie de l'homme et de la vie ; le poète comique doit se soucier avant tout de bien observer et de bien reproduire les mœurs de ses contemporains ; la règle des règles, c'est de plaire au public, son approbation est la pierre de touche de ce que vaut une œuvre dramatique ; s'il est content, c'est qu'on a rencontré juste. Les prétendues règles dont on étourdit les auteurs ne sont que des remarques de sens commun faites après coup sur les œuvres de génie. Quant aux bégueules qui font des grimaces, aux marquis qui jacassent sans savoir ce qu'ils disent, aux poètes qui citent pédantesquement Aristote pour prouver que le succès a tort d'aller à d'autres qu'à eux, on n'a pas à s'en soucier, parce qu'ils ne sont pas le vrai public. Qu'on imagine la colère de ceux que Molière jouait ainsi et livrait aux rires de la cour et de la ville ! Boursault[1]

[1] Auteur de quelques comédies qui ne sont pas sans mérite, entre autres : *Esope à la Cour* et *le Mercure galant*.

crut se reconnaître dans le ridicule personnage du poète pédant, M. Lysidas, et se vengea par *le Portrait du Peintre*, où il prêtait vilainement à Molière le dessein de dénigrer la religion. Le châtiment ne se fit pas attendre, et la petite comédie de *l'Impromptu de Versailles* administra à Boursault la verte correction qu'il s'était attirée.

Quant à l'imputation d'impiété, qui était la plus grave, Molière n'y répondit pas directement ; il se contenta de dédier *l'École des femmes* à la reine mère, Anne d'Autriche, en la citant comme un modèle de cette dévotion véritable qui n'est point contraire à d'honnêtes passe-temps et qui condescend à quitter d'importantes occupations pour se délasser par quelque amusant spectacle.

Les envieux et les méchantes langues n'avaient pas réussi à entamer la faveur dont jouissait Molière ; cette même année, il fut porté sur la liste des pensions royales pour la somme de mille livres. Il reconnut ce bienfait par le gracieux et charmant *Remerciement au Roi*. Quelques mois plus tard, Louis XIV acceptait d'être parrain du premier enfant de Molière, faveur signalée sans doute, mais moins exceptionnelle qu'on ne serait tenté de le croire. Molière, ayant repris la charge de valet de chambre après la mort de son frère Nicolas, appartenait à la maison du Roi, ce qui rendait plus naturelle la grâce que Louis XIV se plaisait à accorder au poète qui s'était toujours montré empressé à le divertir.

En 1664, il donnait au Louvre la petite pièce bouffonne du *Mariage forcé*, agrémentée d'un ballet où figurait le roi ; et à Versailles, pendant les fêtes appelées les Plaisirs de l'Ile Enchantée, *la Princesse d'Élide*, dont une partie seulement est écrite en vers, le roi n'ayant pas laissé à Molière le temps d'achever.

Cependant celui-ci travaillait à une comédie qui, si elle est un de ses principaux titres à la gloire littéraire, déchaîna contre lui une véritable tempête d'indignation et d'animosités. Pendant cinq ans, il lui faudra lutter avant que *le Tartuffe* conquière définitivement le droit de paraître sur la scène.

Molière ne pouvait ignorer à quoi il s'exposait en ouvrant devant le public les hostilités contre l'hypocrisie. Pour se garer de l'orage qu'il prévoyait, il chercha l'abri de la protection royale, et ce fut devant Louis XIV, pendant ces mêmes fêtes de 1664, qu'il fit jouer les trois premiers actes du *Tartuffe* encore inachevé, afin de tâter le terrain et de s'assurer de l'accueil qu'il recevrait. L'effet ne se fit pas attendre. Malgré le plaisir que le roi et la reine avaient pris à voir jouer la pièce, et bien que les grimaces et l'odieuse hypocrisie de Tartuffe ne leur eussent paru compromettre en rien le respect dû à la vraie piété, cependant les clameurs furent telles, le scandale fut si bruyant, que le roi, afin de ne pas paraître autoriser ce que beaucoup considéraient comme un attentat à la sainteté de la religion, interdit la représentation publique de la pièce. Après plusieurs voyages de Molière à Fontainebleau où était la cour, et à la suite d'une lecture faite au nonce du pape, Mgr Chigi, qui se montra moins sévère que les dévots de cour, la rigueur de cette interdiction fut un peu tempérée. Le roi toléra les lectures qui en furent faites chez les particuliers, ainsi que des représentations privées chez les Princes du sang, tels que Monsieur et Condé. Ce dernier avait été un des plus chauds défenseurs du poète incriminé. Molière raconte, dans la préface du *Tartuffe*, que huit jours après l'interdiction de sa pièce, comme on avait joué devant la cour *Scaramouche Ermite*, le roi demanda pourquoi les gens qui se scandalisaient si fort de la comédie de Molière ne disaient rien de *Scaramouche*. « La raison de cela, répondit M. le Prince, c'est que la comédie de *Scaramouche* joue le Ciel et la religion dont ils ne se soucient point ; mais Molière les joue eux-mêmes, et c'est ce qu'ils ne peuvent souffrir. »

Le Tartuffe traversa encore bien des vicissitudes avant de voir finir la persécution dont il était l'objet. En 1667, Molière avait obtenu du roi une permission tout au moins tacite de donner *le Tartuffe* au public. La pièce parut une fois ; mais Louis XIV étant alors en Flandre, le premier président prit sur lui d'en interdire la représentation et de faire fermer le théâtre. L'opposition de l'Archevêque de Paris empêcha le roi d'intervenir, et ce ne fut qu'en 1669 que Louis XIV, saisissant le prétexte de la *Paix de l'Eglise*, signée en 1668, qui levait les censures prononcées contre les jansénistes, autorisa la reprise du *Tartuffe*. Le soir même (5 janvier 1669), il fut joué sur le théâtre du Palais-Royal avec un succès que la curiosité excitée chez le public rendit plus éclatant. Quelques jours plus tard, on le représentait chez la reine Marie-Thérèse. La cause du *Tartuffe* était donc gagnée. Mais cela avait causé à Molière tant d'ennuis que, plus d'une fois, au cours de la lutte, il avait été tenté de se retirer du théâtre. Heureusement, sa vaillante nature le fit toujours triompher du découragement et, plus d'un chef-d'œuvre date de cette période tourmentée qui s'écoule de 1664 à 1669.

Ce fut d'abord *Dom Juan*, pièce hardie dont le sujet même indiquait que Molière ne voulait pas battre en retraite devant ses adversaires. Il est vrai que les intérêts de sa troupe furent pour beaucoup dans le choix de ce sujet. Les Italiens l'avaient mis à la mode ; l'Hôtel de Bourgogne avait eu un succès avec *le Festin de pierre*, tiré d'une légende espagnole ; les comédiens du Palais-Royal voulurent aussi avoir le leur. Mais Molière, en s'emparant du personnage traditionnel de Dom Juan, a donné à son caractère une bien autre portée. Il en a fait le type de l'athée endurci, de l'âme perverse qu'aucune loi divine ou humaine ne touche, et qui les brave impudemment. Bien que le dénouement de la pièce et les répliques de Sganarelle, si comique que soit d'ailleurs le personnage, indiquassent suffisamment que Molière ne prenait pas parti pour l'athéisme ; bien que rien dans ses idées ou sa conduite n'autorisât à lui prêter une pareille intention, cependant une telle pièce n'était pas faite pour apaiser ses ennemis, et il se vit accuser d'impiété préméditée. Il se défendit. Néanmoins, il dut faire des retranchements et arrêter les représentations après la quinzième.

Les poursuites dont il était l'objet ne lui aliénaient pas la faveur de Louis XIV, qui, au mois d'août de cette même année, demandait à Monsieur de lui céder sa troupe et accordait à celle-ci 6.000 livres de pension. Désormais elle prit le nom de *Troupe du Roi*. La première pièce que Molière donna après avoir reçu cette faveur fut *l'Amour médecin*, dans laquelle, non content de ridiculiser l'ensemble du corps médical, il faisait des allusions satiriques à certains médecins de la cour.

Un chef-d'œuvre, le plus parfait peut-être qui soit sorti de la plume de Molière, parut après cette petite pièce. Ce fut *le Misanthrope* qui, en raison même de sa beauté simple et sévère, n'obtint qu'un demi-succès. La science si profonde de l'homme et de la vie qu'on y admire ne peut être sentie et goûtée que par des esprits distingués. Une telle pièce fait d'ailleurs à elle seule l'apologie de son auteur. Pour concevoir un caractère comme celui d'Alceste, pour protester avec tant d'éloquence contre toutes les bassesses et les faussetés, il fallait avoir une âme singulièrement haute et un cœur épris de tout ce qui est noble et vrai ; pour créer le rôle de Philinte, il fallait avoir un grand fonds d'expérience du monde et cette indulgente sagesse qui fait que, connaissant les hommes, on s'étonne peu de leurs travers, et on ne leur demande que ce qu'ils peuvent donner.

La liaison si connue de Molière avec Boileau, La Fontaine et Racine, remonte à peu près à la même époque. Molière semble avoir eu une prédilection pour La Fontaine dont le genie tout gaulois n'était pas sans parenté avec le sien. On se souvient du joli mot de Molière un jour que Racine et Boileau raillaient le fabuliste un peu plus que de raison : « Nos beaux esprits ont beau se trémousser, ils n'effaceront pas le bonhomme. »

Entre Molière et Racine, une rivalité de théâtre amena un refroidissement. Racine avait confié aux acteurs du Palais-Royal sa tragédie d'*Alexandre*. Médiocrement satisfait de leur jeu, — et il semble, en effet, qu'ils fussent meilleurs dans la comédie que dans la tragédie, — il laissa représenter sa pièce par les comédiens de l'Hôtel de Bourgogne en même temps que par la troupe de Molière. Celui-ci fut justement blessé de ce procédé, et il en résulta entre les deux amis une froideur qui ne disparut jamais complètement.

En août 1666, quelques mois après *le Misanthrope*, refondant *le Fagotier* qui datait de sa jeunesse, Molière en tirait la piquante et joyeuse farce du *Médecin malgré lui*.

Puis il travaille de nouveau pour la cour, et compose *Mélicerte*, *la Pastorale comique* et le gracieux petit acte du *Sicilien* qui furent joués pendant les fêtes de Saint-Germain.

La santé de Molière se ressentit de ce labeur incessant ; il dut se reposer, se soigner et se mettre au régime du lait qui lui procura du soulagement. Découragé un moment par la tentative inutile de 1667 pour faire reparaître *le Tartuffe* sur la scène, il ferma son théâtre du 6 août au 25 septembre ; mais bientôt il fit une brillante réouverture avec *Amphitryon*, pièce d'un genre tout à fait nouveau bien qu'imitée de l'antique, d'une fantaisie charmante, et dans laquelle Molière a su tirer des aventures peu recommandables des dieux de l'Olympe les scènes les plus comiques. On y trouve quelques traits hardis contre les puissants :

> Tous les discours sont des sottises
> Venant d'un homme sans éclat ;
> Ce seraient paroles exquises
> Si c'était un grand qui parlât.

Puis se succèdent, en 1668, *Georges Dandin* et *l'Avare*. Cette dernière pièce, imitée de Plaute comme *Amphitryon*, n'eut qu'un médiocre succès. Elle était en prose, et cela dérouta sans doute un public habitué, pour la haute comédie, au langage harmonieux et rythmé de la poésie. Plus tard cependant Fénelon louera la prose de Molière, la préférant à ses vers, et déclarera que *l'Avare* est moins mal écrit que ses pièces en vers! C'est le cas de se souvenir des vers de La Fontaine :

Les délicats sont malheureux
Rien ne saurait les satisfaire.

On se félicite d'avoir le goût moins difficile et de savoir jouir, sans tant de raffinement, de ce style ferme, hardi, coloré et plein de saveur; de ces vers aisés, faciles et vigoureusement frappés. S'il s'y rencontre des incorrections et des négligences, des expressions parfois forcées et quelques métaphores d'une justesse douteuse, ne doit-on pas se souvenir de la rapidité avec laquelle Molière composait, et aussi des exigences scéniques qui veulent que les couleurs soient fortement appliquées pour ressortir à distance? A ceux d'ailleurs qui se scandalisent de quelques fautes de goût ou de certaines plaisanteries risquées, on peut opposer, outre la différence des temps, qui entraîne celle des mœurs et du ton, l'élégance exquise, la pureté irréprochable des vers du *Misanthrope* ou des *Femmes savantes*.

Après *l'Avare*, Molière revient à la farce avec *M. de Pourceaugnac*, composé expressément pour les fêtes que le roi donnait à Chambord, et représenté devant les hôtes de cette belle résidence, le 6 octobre 1668.

Dans aucune de ses pièces, Molière n'a poussé plus loin la grosse plaisanterie. Si, plus difficiles que Louis XIV, et oubliant que nous ne sommes pas des Anglo-Saxons, nous nous en offusquons quelque peu aujourd'hui, nous rions cependant, et de bon cœur, des mésaventures du gentilhomme limousin qui s'est fourvoyé à Paris, parmi d'habiles fourbes déterminés à l'en faire déguerpir.

En 1670 furent joués *les Amants magnifiques*, sorte de pastorale dans le genre noble, dont le sujet, indiqué par Louis XIV, n'offrait pas grande ressource au génie de Molière. Ce génie se déploiera, au contraire, avec toutes ses richesses dans *le Bourgeois gentilhomme*, destiné à embellir de nouvelles fêtes données à Chambord en octobre de la même année. C'est encore une comédie-ballet, et le cinquième acte, ainsi que l'a remarqué Voltaire, est de la farce pure. Mais ce cadre bouffon renferme une vraie peinture de mœurs, et la satire d'un travers des plus fréquents au XVIIe siècle, la manie de la noblesse.

Vient ensuite la tragédie-ballet de *Psyché* demandée par le roi, et pour laquelle Molière dut s'assurer la collaboration de Corneille, alors dans son déclin, à cause du temps trop court qui lui était accordé pour être prêt. Ces deux hommes, de génies si différents, surent merveilleusement s'accorder.

Les Fourberies de Scapin furent un nouveau retour à la bouffonnerie, et attirèrent à l'auteur les sévérités de celui qui se piquait d'être cet ami rigoureux, inflexible, qui :

Sur vos fautes jamais ne vous laisse tranquille.

On connaît le passage célèbre de *l'Art poétique*, où Boileau, reprochant à son ami de s'être prêté à divertir la foule ignorante et grossière, ternit d'un *peut-être* sa gloire éclatante, et ajoute :

> Dans le sac ridicule où Scapin s'enveloppe [1],
> Je ne reconnais plus l'auteur du *Misanthrope*.

Boileau eût voulu que son ami renonçât à paraître sur la scène et qu'il réservât ses forces pour des travaux plus dignes de son génie. Mais le bon cœur de Molière le liait à cette troupe dont il était l'âme et qui prospérait sous sa conduite. Il ne voulut déserter ni elle ni cette foule d'employés subalternes qui vivaient de son théâtre, leur sacrifiant et son repos et l'espérance d'entrer à l'Académie dont son métier de comédien l'excluait. Il pensait d'ailleurs, et sans doute il avait raison, que ses pièces gagnaient à ce qu'il y jouât un rôle, et que l'art même du comédien avait profité au poète en lui donnant la science expérimentale de ce qui réussit à la scène.

La Comtesse d'Escarbagnas, petite pièce destinée à relier entre eux des fragments du *Ballet des Ballets*, fut représentée immédiatement avant *les Femmes Savantes* qui comptent parmi les chefs-d'œuvre les plus achevés de notre poète. En s'attaquant une seconde fois aux sottises du bel esprit, Molière a donné une nouvelle preuve de l'étonnante variété de son génie. L'intention générale est à peu près la même que dans *les Précieuses Ridicules;* mais quelle distance des deux pecques provinciales, copies exactes l'une de l'autre à ces trois savantes si nettement dessinées, dont chacune a sa physionomie à elle et son caractère propre ; du vulgaire Gorgibus, à peine dégrossi, au bonhomme Chrysale, mari peureux, père tendre, mais faible ; de Marotte à Martine ; des ternes prétendants la Grange et de du Croisy, à l'aimable et spirituel Clitandre ! Et le charmant personnage d'Henriette qui vient faire un si heureux contraste, et repose l'esprit ainsi que le regard, des phrases alambiquées et des poses maniérées des autres femmes ! Puis encore ces deux personnages de pédants, commensaux naturels d'une maison où l'on n'a point d'autre affaire que la science et le bel esprit !

Nous touchons à la fin de cette carrière si riche en œuvres et en succès, si pleine aussi de tourments et de déboires. A la fin de 1672, la santé de Molière s'altérait de plus en plus ; la mort d'un fils vint encore aggraver son état. L'enfant n'avait qu'un mois, mais Molière qui était un père très tendre, ressentit vivement cette perte. Son fils aîné étant mort à neuf mois, il ne lui restait plus qu'une fille. Il était usé d'ailleurs par les fatigues d'une production constante et d'un travail souvent hâtif, ainsi que par les responsabilités de la direction d'un théâtre. Dans sa dernière pièce, si gaie et si triste, se retrouve l'expression des souffrances du malade et de ses amères rancunes contre l'impuissance de la médecine. Là, comme dans beaucoup de ses pièces, Molière a mis quelque chose de lui-même, mais

[1] Il faudrait *l'enveloppe*, car Molière jouait le rôle de Géronte que Scapin oblige à se cacher dans un sac pour échapper aux poursuites d'ennemis supposés.

en l'adaptant au sujet dont il avait conçu l'idée. *Le Malade Imaginaire* est une farce très bouffonne à dessous très mélancoliques. Le tableau de l'humanité et de la vie qu'elle nous présente est de la plus sombre réalité, et cependant Molière n'a peut-être rien créé de plus comique que les scènes où les Purgon et les Diafoirus viennent étaler leur science burlesque et leur inénarrable sottise.

Le Malade Imaginaire, qui avait été composé pour la cour, n'y fut pas joué, sans doute à cause de la brouille survenue entre Molière et Lulli qui avait dû en faire la musique et qui ne la fit pas [1]. La première représentation eut lieu au Palais-Royal, le 10 février 1673. Le 17, jour de la quatrième, Molière se sentait particulièrement triste et accablé. Un de ses biographes nous le montre épanchant ses douleurs devant sa femme et l'acteur Baron : « Tant que ma vie a été mêlée également de douleur et de plaisir, leur dit-il, je me suis cru heureux ; mais aujourd'hui que je suis accablé de peines sans pouvoir compter sur aucuns moments de satisfaction et de douceur, je vois bien qu'il me faut quitter la partie ; je ne puis plus tenir contre les douleurs et les déplaisirs, qui ne me donnent pas un instant de relâche. Mais, ajouta-t-il en réfléchissant, qu'un homme souffre avant de mourir ! Je sens bien cependant que je finis ! »

Comme il était très souffrant d'un rhume et d'une fluxion sur la poitrine, Baron et sa femme le supplièrent de ne pas jouer ce soir-là. Il ne voulut point se rendre à leur avis et leur en donna une raison qui honore son cœur et son caractère : « Comment voulez-vous que je fasse ? Il y a cinquante ouvriers qui n'ont que leur journée pour vivre : que feront-ils si on ne joue pas ? Je me reprocherais d'avoir négligé de leur donner du pain un seul jour, le pouvant faire absolument. »

Molière joua donc, tout malade qu'il était, mais avec une peine et une fatigue visibles ; et, lorsqu'il en arriva à la cérémonie où Argan est institué médecin, il lui prit en prononçant le *Juro* une convulsion qu'il dissimula sous un ris forcé... On le porta chez lui, et, peu après, ayant été pris d'un accès de toux, un flot de sang lui sortit de la bouche. Molière rassura Baron que cet accident avait épouvanté, le priant cependant de faire monter sa femme qui était à l'étage au dessous, et resta seul avec deux religieuses qui, venues à Paris pour quêter, avaient reçu de lui une généreuse hospitalité. Ce furent elles qui recueillirent son dernier soupir. Quand sa femme et Baron remontèrent, il était mort, étouffé par le sang. Molière avait témoigné le désir de faire une fin chrétienne et demandé un prêtre avec instance. On alla en chercher un à la paroisse Saint-Eustache, mais deux refusèrent de venir; on en fit lever un troisième qui arriva trop tard. Disposition mystérieuse de la Providence qui permit que ce bon désir n'eût pas son plein effet!

Mais ne peut-on espérer que celui qui, après avoir manifesté son repentir et sa bonne volonté de revenir à Dieu, mourait ainsi entre deux religieuses qu'il avait aidées de ses bienfaits et dont en retour il était assisté

[1] Lulli, usant des privilèges exorbitants qu'il avait obtenus du roi pour son Académie de musique, obligea Molière à mutiler les divertissements du *Malade Imaginaire*, composés par un autre que par lui, et Louis XIV laissa faire. Ce fut pour Molière une peine très sensible que cette sorte d'abandon de la part du roi.

à l'heure suprême, ne peut-on espérer qu'il trouva miséricorde auprès du Maître qui regarde surtout à la sincérité du cœur, et qui a déclaré qu'il nous serait fait ainsi que nous ferions à notre prochain?

Lorsqu'il s'agit de rendre à Molière les derniers devoirs, les choses n'allèrent pas sans difficultés.

« Avant qu'un peu de terre *obtenu par prière*,
Pour jamais sous la tombe eut enfermé Molière,

a dit Boileau. C'est qu'en effet le curé de Saint-Eustache avait d'abord refusé de l'enterrer dans le cimetière de son église, en vertu de la loi ecclésiastique qui interdisait aux comédiens la sépulture religieuse, mais qui était loin d'être appliquée dans toute sa rigueur. Il fallut l'intervention du roi auprès de l'archevêque pour que celui-ci autorisât l'inhumation en terre consacrée. La cérémonie se fit de nuit, et le corps fut déposé au cimetière Saint-Joseph, au pied de la croix.

Nous ne possédons pas les restes mortels de Molière, le mausolée du Père-Lachaise qui porte son nom n'est qu'un monument commémoratif.

Mais Molière nous reste; nous avons de lui mieux que sa dépouille; sa pensée, son œuvre immortelle et les traditions qu'il a laissées à ses successeurs. Son grand nom, toujours populaire, domine notre théâtre, et la scène qui est le plus essentiellement française s'appelle la Maison de Molière.

Qui peut mieux qu'un poète louer un autre poète? Il ne messiéra pas de terminer cette biographie, en citant l'épitaphe à la mémoire de Molière, écrite par La Fontaine :

Sous ce tombeau gisent Plaute et Térence,
Et cependant le seul Molière y gît.
Leurs trois talents ne forma qu'un esprit,
Dont le bel art réjouissait la France.
Ils sont partis! et j'ai peu d'espérance
De les revoir. Malgré tous nos efforts
Pour un long temps, selon toute apparence,
Térence et Plaute et Molière sont morts.

Pourquoi n'ajouterions-nous pas à ces vers charmants ceux qu'un poète de notre siècle, enfant capricieux de la Muse, qui, lui aussi, sait badiner et rire, mais dont l'âme est triste sous l'apparente gaieté, Musset, écrivait un soir qu'il avait revu au Théâtre-Français « l'homme aux rubans verts » :

... J'écoutais cependant cette simple harmonie,
Et comme le bon sens fait parler le génie.
J'admirais quel amour pour l'âpre vérité
Eut cet homme si fier en sa naïveté,
Quel grand et vrai savoir des choses de ce monde,
Quelle mâle gaieté, si triste et si profonde
Que, lorsqu'on vient d'en rire, on devait en pleurer!...

L'ÉTOURDI

Représenté a Lyon probablement en 1655

NOTICE SUR L'ÉTOURDI

L'Étourdi est la première en date des comédies de Molière vraiment dignes de ce nom. Jusque-là il n'avait composé que des farces, en imitant des canevas de bouffonneries italiennes. Dans *l'Étourdi*, il imite encore une pièce intitulée l'*Inavvertito*, œuvre de l'italien Beltrame ; le fond des deux pièces est le même, et Molière a emprunté à l'original plus d'un détail piquant.

Le principal personnage de *l'Étourdi* est Mascarille, un de ces valets féconds en ruses et en fourberies qui sont toujours prêts à mettre leur savoir-faire au service de leurs jeunes maîtres, moins par attachement ou souci de leurs intérêts, que par amour de l'intrigue et vanité d'artiste, car ils mettent leur point d'honneur à bien duper les gens. Donc Mascarille sert les desseins de son maître Lélie avec beaucoup de zèle et pas du tout d'honnêteté, n'étant nullement scrupuleux sur les moyens de réussir pourvu que le succès le récompense de ses peines. Mais Lélie a la tête légère — c'est le moindre de ses défauts — et chaque fois que l'habile valet a ourdi quelque trame qui doit mettre dans la poche du jeune homme la grosse somme d'argent qu'il convoite ou amener à bien quelque projet cher à son cœur, Lélie, d'un coup d'étourderie, gâte et démolit tout. C'est là tout le sujet de la pièce. Il n'y faut chercher ni une action fortement conçue, ni vraies peintures de caractères, ni satire des mœurs, ni intention morale quelconque. Ce n'est qu'une succession d'aventures et d'intrigues très lestement menées. On y pourrait critiquer l'invraisemblance des situations et des péripéties : enlèvements de jeunes filles vendues comme esclaves, reconnaissances soudaines entre parents et enfants qui se croyaient mutuellement à jamais perdus. Ces événements fabuleux, qui forment le fond de l'intrigue dans les comédies du poète latin Térence et auxquels nous verrons Molière avoir plus d'une fois recours, n'avaient rien d'invraisemblable dans l'antiquité où de telles aventures étaient communes. Aujourd'hui elles ne paraissent qu'un artifice de théâtre pour amuser le spectateur.

A cela, Molière a certainement réussi par la verve, l'entrain avec lesquels sa pièce est conduite et par la vivacité spirituelle du dialogue. Le style, malgré certaines inégalités, est plein de précision et de relief.

C'est chose difficile que de fixer la date exacte de la première représentation de *l'Étourdi*. Il a été joué d'abord à Lyon *peut-être* en 1653, assurément en novembre 1655.

Il ne fut donné à Paris qu'en 1658, mais avec un immense succès. C'est cette date-là qui compte, puisqu'elle marque le moment où Molière s'empare du grand public.

L'ÉTOURDI

OU

LES CONTRE-TEMPS

Lélie est un de ces jeunes gens toujours à court d'argent pour mener à bien les aventures dans lesquelles ils se lancent, et qui comptent sur l'habileté de leur valet pour garnir leur bourse. Déjà Mascarille a eu recours à plusieurs stratagèmes que Lélie a étourdiment déjoués ; mais le joyeux fourbe qui le sert n'en voit pas plutôt échouer un, qu'il en imagine d'autres. Les scènes suivantes vont nous montrer comment il fera passer Pandolphe, le père de Lélie, pour mort, afin d'obtenir d'Anselme, ami de Pandolphe, qu'il prête, soi-disant pour les frais d'enterrement, une somme ronde au jeune homme.

ACTE DEUXIÈME

Scène Première

LÉLIE, MASCARILLE

MASCARILLE

A vos désirs enfin il a fallu se rendre :
Malgré tous mes serments, je n'ai pu m'en défendre ;
Et pour vos intérêts, que je voulais laisser,
En de nouveaux périls viens de m'embarrasser.
Toutefois n'allez pas, sur cette sûreté,
Donner de vos revers[1] au projet que je tente,
Me faire une bévue et rompre mon attente.
Auprès d'Anselme encore nous vous excuserons,
Pour en pouvoir tirer ce que nous désirons :
Mais si dorénavant votre imprudence éclate,
Adieu, vous dis, mes soins pour l'objet qui vous flatte.

[1] Figure empruntée à l'escrime. *Donner des coups de revers* ou *donner des revers*, faire manquer quelque chose.

LÉLIE

Non, je serai prudent, te dis-je, ne crains rien :
Tu verras seulement...

. . . .

MASCARILLE

Souvenez-vous-en bien.
J'ai commencé pour vous un hardi stratagème.
Votre père fait voir une paresse extrême
A rendre par sa mort tous vos désirs contents[1] ;
Je viens de le tuer (de paroles, j'entends) :
Je fais courir le bruit que d'une apoplexie
Le bonhomme surpris a quitté cette vie.
Mais avant, pour pouvoir mieux feindre ce trépas,
J'ai fait que vers sa grange il a porté ses pas ;
On est venu lui dire, et par mon artifice,
Que les ouvriers, qui sont après son édifice,
Parmi les fondements qu'ils en jettent encor,
Avaient fait par hasard rencontre d'un trésor :
Il a volé d'abord[2] ; et comme à la campagne
Tout son monde à présent, hors nous deux, l'accompagne,
Dans l'esprit d'un chacun je le tue aujourd'hui,
Et produis un fantôme enseveli pour lui.
Enfin je vous ai dit à quoi je vous engage.
Jouez bien votre rôle ; et, pour mon personnage,
Si vous apercevez que j'y manque d'un mot,
Dites absolument que je ne suis qu'un sot.

. . . .

Lélie, resté seul un instant, sort au moment où Anselme entre en scène en causant avec Mascarille qui l'a été quérir.

Scène III

ANSELME, MASCARILLE

MASCARILLE

La nouvelle a sujet de vous surprendre fort.

[1] Mascarille étant un franc coquin, il ne faut pas s'étonner de le voir tenir un pareil langage. D'ailleurs, dans ces comédies d'intrigue qui se rapprochent encore des farces italiennes, le père n'est généralement qu'un vieillard incommode qui met entrave aux fredaines des fils et que ceux-ci ne songent qu'à duper. Ne cherchons aucune intention morale dans ce qui n'est que pure plaisanterie, et intrigue consacrée par l'usage.

[2] Il y a volé tout de suite.

ANSELME

Être mort de la sorte !

MASCARILLE

Il a, certes, grand tort :
Je lui sais mauvais gré d'une telle incartade [1].

ANSELME

N'avoir pas seulement le temps d'être malade.

MASCARILLE

Non, jamais homme n'eut si hâte de mourir.

ANSELME

Et Lélie ?

MASCARILLE

Il se bat, et ne peut rien souffrir ;
Il s'est fait, en maint lieu, contusions et bosse,
Et veut accompagner son papa dans la fosse :
Enfin, pour achever, l'excès de son transport
M'a fait en grande hâte ensevelir le mort,
De peur que cet objet, qui le rend hypocondre [2],
A faire un vilain coup ne me l'allât semondre [3].

ANSELME

N'importe, tu devais attendre jusqu'au soir.
Outre qu'encore un coup j'aurais voulu le voir,
Qui tôt ensevelit bien souvent assassine ;
Et tel est cru défunt, qui n'en a que la mine.

MASCARILLE

Je vous le garantis trépassé comme il faut.
Au reste, pour venir au discours de tantôt,
Lélie, et l'action lui sera salutaire,
D'un bel enterrement veut régaler son père,
Et consoler un peu ce défunt de son sort,
Par le plaisir de voir faire honneur à sa mort.
Il hérite beaucoup ; mais, comme en ses affaires
Il se trouve assez neuf et ne voit encor guères,
Que son bien la plupart n'est point en ses quartiers,
Ou que ce qu'il y tient consiste en des papiers,

[1] En raillant ainsi, Mascarille ne nous paraît pas être assez dans son rôle, qui doit être de paraître affligé ! Mais Molière ne sait pas encore, dans ce premier essai, sacrifier à la vraisemblance une plaisanterie qui fera rire le public.

[2] Mélancolique à l'excès.

[3] Ne me l'allât pousser.

Il voudrait vous prier, ensuite de l'instance
D'excuser[1] de tantôt son trop de violence,
De lui prêter au moins pour ce dernier devoir...

ANSELME

Tu me l'as déjà dit, et je m'en vais le voir.

MASCARILLE, seul

Jusques ici, du moins, tout va le mieux du monde.
Tâchons, à ce progrès, que le reste réponde ;
Et, de peur de trouver dans le port un écueil,
Conduisons le vaisseau de la main et de l'œil.

Scène IV

ANSELME, LÉLIE, MASCARILLE

ANSELME

Sortons ; je ne saurais qu'avec douleur très forte
Le voir empaqueté de cette étrange sorte.
Las ! en si peu de temps ! il vivait ce matin !

MASCARILLE

En peu de temps parfois on fait bien du chemin.

LÉLIE, pleurant

Ah !

ANSELME

Mais quoi, cher Lélie ! enfin il était homme.
On n'a point pour la mort de dispense de Rome.

LÉLIE

Ah !

ANSELME

Sans leur dire gare, elle abat les humains,
Et contre eux de tout temps a de mauvais desseins.

LÉLIE

Ah !

ANSELME

Ce fier[2] animal, pour toutes les prières,
Ne perdrait pas un coup de ses dents meurtrières.
Tout le monde y passe.

[1] Après vous avoir prié d'excuser.

[2] *Fier* a ici le sens de cruel ou de féroce.

LÉLIE

Ah !

MASCARILLE

Vous avez beau prêcher,
Ce deuil enraciné ne se peut arracher.

ANSELME

Si, malgré ces raisons, votre ennui persévère,
Mon cher Lélie, au moins faites qu'il se modère.

LÉLIE

Ah !

MASCARILLE

Il n'en fera rien, je connais son humeur.

ANSELME

Au reste, sur l'avis de votre serviteur,
J'apporte ici l'argent qui vous est nécessaire
Pour faire célébrer les obsèques d'un père.

LÉLIE

Ah ! ah !

MASCARILLE

Comme à ce mot s'augmente sa douleur !
Il ne peut, sans mourir, songer à ce malheur.

ANSELME

Je sais que vous verrez aux papiers du bonhomme
Que je suis débiteur d'une plus grande somme :
Mais, quand par ces raisons je ne vous devrais rien,
Vous pourriez librement disposer de mon bien.
Tenez, je suis tout vôtre, et le ferai paraître.

LÉLIE, s'en allant

Ah !

MASCARILLE

Le grand déplaisir que sent Monsieur mon maître !

ANSELME

Mascarille, je crois qu'il serait à propos
Qu'il me fît de sa main un reçu de deux mots.

MASCARILLE

Ah !

ANSELME

Des événements l'incertitude est grande.

MASCARILLE

Ah !

ANSELME

Faisons-lui signer le mot que je demande.

MASCARILLE

Las ! en l'état qu'il est, comment vous contenter?
Donnez-lui le loisir de se désattrister ;
Et, quand ses déplaisirs prendront quelque allégeance,
J'aurai soin d'en tirer d'abord votre assurance.
Adieu. Je sens mon cœur qui se gonfle d'ennui,
Et m'en vais tout mon saoul pleurer avecque lui.
Ah !

ANSELME, seul

Le monde est rempli de beaucoup de traverses ;
Chaque homme tous les jours en ressent de diverses,
Et jamais ici-bas...

Scène V

PANDOLPHE, ANSELME

ANSELME

Ah ! bons dieux ! je frémi [1] !
Pandolphe qui revient ! Fût-il bien endormi [2] ?
Comme depuis sa mort sa face est amaigrie [3] !
Las ! ne m'approchez pas de plus près, je vous prie !
J'ai trop de répugnance à coudoyer un mort.

PANDOLPHE

D'où peut donc provenir ce bizarre transport ?

ANSELME

Dites-moi de bien loin quel sujet vous amène ?
Si, pour me dire adieu, vous prenez tant de peine,
C'est trop de courtoisie, et véritablement
Je me serais passé de votre compliment.

[1] Dans l'ancienne langue, la première personne des verbes ne prenait point d's, à l'exemple des verbes latins. Cet usage dura jusqu'au commencement du XVIIe siècle, et la poésie le conserva plus longtemps.

[2] Plût au ciel qu'il fût bien endormi ! C'est un souhait que fait Anselme dans sa frayeur.

[3] Trait comique. L'imagination prévenue d'Anselme fait des siennes.

Si votre âme est en peine et cherche des prières,
Las ! je vous en promets, et ne m'effrayez guères [1] !
Foi d'homme épouvanté, je vais faire à l'instant
Prier tant Dieu pour vous, que vous serez content.
Disparaissez donc, je vous prie :
Et que le Ciel, par sa bonté,
Comble de joie et de santé
Votre défunte seigneurie !

PANDOLPHE, riant

Malgré tout mon dépit, il m'y faut prendre part.

ANSELME

Las ! pour un trépassé vous êtes bien gaillard !

PANDOLPHE

Est-ce jeu, dites-nous, ou bien si c'est folie,
Qui traite de défunt une personne en vie ?

ANSELME

Hélas ! vous êtes mort, et je viens de vous voir.

PANDOLPHE

Quoi ! j'aurais trépassé sans m'en apercevoir ?

ANSELME

Sitôt que Mascarille en a dit la nouvelle,
J'en ai senti dans l'âme une douleur mortelle.

PANDOLPHE

Mais, enfin, dormez-vous ? Êtes-vous éveillé ?
Me connaissez-vous pas ?

ANSELME

Vous êtes habillé
D'un corps aérien qui contrefait le vôtre.
Mais qui, dans un moment, peut devenir tout autre ;
Je crains fort de vous voir comme un géant grandir.
Et tout votre visage affreusement laidir.
Pour Dieu, ne prenez point de vilaine figure :
J'ai prou [2] de ma frayeur en cette conjoncture.

[1] Veuillez ne pas m'effrayer beaucoup. Anselme partage la superstition qui faisait croire aux gens ignorants que les âmes en peine dans l'autre monde revenaient demander des prières.

[2] Beaucoup. J'ai bien assez de ma frayeur.

PANDOLPHE

En une autre saison, cette naïveté
Dont vous accompagnez votre crédulité,
Anselme, me serait un charmant badinage,
Et j'en prolongerais le plaisir davantage :
Mais, avec cette mort, un trésor supposé,
Dont parmi les chemins [1] on m'a désabusé,
Fomente dans mon âme un soupçon légitime.
Mascarille est un fourbe, et fourbe fourbissime,
Sur qui ne peuvent rien la crainte et le remords,
Et qui pour ses desseins a d'étranges ressorts.

ANSELME

M'aurait-on joué pièce et fait supercherie ?
Ah ! vraiment, ma raison, vous seriez fort jolie !
Touchons un peu pour voir : en effet, c'est bien lui.
Malepeste du sot que je suis aujourd'hui !
De grâce, n'allez pas divulguer un tel conte :
On en ferait jouer quelque farce à ma honte ;
Mais, Pandolphe, aidez-moi vous-même à retirer
L'argent que j'ai donné pour vous faire enterrer.

PANDOLPHE

De l'argent, dites-vous ! Ah ! voilà l'enclouure [2] !
Voilà le nœud secret de toute l'aventure !
A votre dam [3]. Pour moi, sans m'en mettre en souci,
Je vais faire informer de cette affaire-ci
Contre ce Mascarille ; et si l'on peut le prendre,
Quoi qu'il puisse coûter, je le veux faire pendre.

ANSELME, seul

Et moi, la bonne dupe à trop croire un vaurien,
Il faut donc qu'aujourd'hui je perde et sens et bien.
Il me sied bien, ma foi, de porter tête grise,
Et d'être encor si prompt à faire une sottise ;
D'examiner si peu sur un premier rapport…
Mais je vois…

[1] Tandis que je cheminais.

[2] Voilà l'obstacle, la difficulté, le nœud de l'affaire. Littéralement, enclouure veut dire blessure faite à un cheval par un clou enfoncé maladroitement en le ferrant.

[3] Tant pis pour vous (à votre dommage).

SCÈNE VI

LÉLIE, ANSELME

LÉLIE, sans voir Anselme

Maintenant, avec ce passeport,
Je puis à Trufaldin rendre aisément visite[1].

ANSELME

A ce que je puis voir, votre douleur vous quitte?

LÉLIE

Que dites-vous? Jamais elle ne quittera
Un cœur qui chèrement toujours la nourrira.

ANSELME

Je reviens sur mes pas vous dire avec franchise
Que tantôt avec vous j'ai fait une méprise;
Que parmi ces louis, quoiqu'ils semblent très beaux,
J'en ai, sans y penser, mêlé que je tiens faux;
Et j'apporte sur moi de quoi mettre en leur place.
De nos faux monnayeurs l'insupportable audace
Pullule en cet État d'une telle façon,
Qu'on ne reçoit plus rien qui soit hors de soupçon.
Mon Dieu! qu'on ferait bien de les faire tous pendre!

LÉLIE

Vous me faites plaisir de les vouloir reprendre:
Mais je n'en ai point vu de faux, comme je croi.

ANSELME

Je les connaîtrai bien; montrez, montrez-les-moi.
Est-ce tout?

LÉLIE

Oui.

ANSELME

Tant mieux. Enfin je vous raccroche,
Mon argent bien-aimé, rentrez dedans ma poche.
Et vous, mon brave escroc, vous ne tenez plus rien.
Vous tuez donc des gens qui se portent fort bien?

[1] Pour racheter une esclave...

Et qu'auriez-vous donc fait sur moi, chétif beau-père ?
Ma foi! je m'engendrais[1] d'une belle manière,
Et j'allais prendre en vous un beau-fils fort discret!
Allez, allez mourir de honte et de regret.

LÉLIE, seul

Il faut dire : « J'en tiens. » Quelle surprise extrême ?
D'où peut-il avoir su si tôt le stratagème?

Scène VII

LÉLIE, MASCARILLE

MASCARILLE

Quoi! vous étiez sorti? Je vous cherchais partout.
Hé bien! en sommes-nous enfin venus à bout?
Je le donne en six coups au fourbe le plus brave.

LÉLIE

Ah! mon pauvre garçon, la chance a bien tourné!
Pourrais-tu de mon sort deviner l'injustice?

MASCARILLE

Quoi ? que serait-ce?

LÉLIE

Anselme, instruit de l'artifice.
M'a repris maintenant tout ce qu'il nous prêtait,
Sous couleur de changer de l'or que l'on doutait[2].

MASCARILLE

Vous vous moquez peut-être.

LÉLIE

Il est trop véritable.

MASCARILLE

out de bon ?

LÉLIE

Tout de bon ; j'en suis inconsolable...
u te vas emporter d'un courroux sans égal.

[1] Je m donnais un gendre, Anselme était con enu avec Pandolphe de donner sa fille Hippolyte en mariage à Lélie.

[2] Le verbe douter est employé ici activement avec le sens de tenir pour suspect. Ce sens a vieilli.

MASCARILLE

Moi, Monsieur ! quelque sot : la colère fait mal.
Et je veux me choyer, quoiqu'enfin il arrive.

LÉLIE

Ah ! n'aie point pour moi si grande indifférence,
Et sois plus indulgent à ce peu d'imprudence !
Sans ce dernier malheur, ne m'avoueras-tu pas
Que j'avais fait merveille, et qu'en ce feint trépas
J'éludais [1] un chacun d'un deuil si vraisemblable,
Que les plus clairvoyants l'auraient cru véritable ?

MASCARILLE

Vous avez en effet sujet de vous louer.

LÉLIE

Hé bien ! je suis coupable, et je veux l'avouer ;
Mais si jamais mon bien te fut considérable,
Répare ce malheur, et me sois secourable.

MASCARILLE

Je vous baise les mains ; je n'ai pas le loisir.

LÉLIE

Mascarille, mon fils !

MASCARILLE

Point.

LÉLIE

Fais-moi ce plaisir.

MASCARILLE

Non, je n'en ferai rien.

LÉLIE

Si tu m'es inflexible,
Je m'en vais me tuer.

MASCARILLE

Soit, il vous est loisible.

LÉLIE

Je ne te puis fléchir ?

MASCARILLE

Non.

LÉLIE

Vois-tu le fer prêt ?

[1] Je trompais.

MASCARILLE

Oui.

LÉLIE

Je vais le pousser.

MASCARILLE

Faites ce qu'il vous plaît.

LÉLIE

Tu n'auras pas regret de m'arracher la vie?

MASCARILLE

Non.

LÉLIE

Adieu, Mascarille.

MASCARILLE

Adieu, Monsieur Lélie.

LÉLIE

Quoi!

MASCARILLE

Tuez-vous donc vite. Ah! que de longs devis [1].

LÉLIE

Tu voudrais bien, ma foi, pour avoir mes habits,
Que je fisse le sot, et que je me tuasse.

MASCARILLE

Savais-je pas qu'enfin ce n'était que grimace :
Et, quoi que ces esprits jurent d'effectuer,
Qu'on n'est point aujourd'hui si prompt à se tuer?

Plus d'une fois encore Mascarille aura lieu de s'irriter des maladresses de son maître; mais toujours, après une explosion de colère, il promettra de le servir et inventera de nouvelles fourberies pour lui venir en aide ou le tirer de ses embarras. Lélie finira pourtant par décourager cette bonne volonté à force d'étourderie, et Mascarille le laissera se tirer d'affaire comme il pourra.

[1] *Devis*, conversation divisée, menus propos. — Autrement dit : que de paroles!

LES

PRÉCIEUSES RIDICULES

Comédie

Représentée pour la première fois sur le théâtre du Petit-Bourbon, le 18 novembre 1695
par la troupe de Monsieur, frère unique du roi

PERSONNAGES

LA GRANGE, }
DU CROISY, } Prétendants rebutés.

GORGIBUS, bon bourgeois.

MAGDELON, fille de Gorgibus, }
CATHOS[1], nièce de Gorgibus, } Précieuses ridicules.

MAROTTE, servante des Précieuses ridicules.

ALMANZOR, laquais des Précieuses ridicules.

Le Marquis de MASCARILLE, valet de la Grange.

Le Vicomte de JODELET, valet de du Croisy.

CÉLIMÈNE, }
LUCILE, } voisines.

DEUX PORTEURS DE CHAISE.

VIOLONS.

La scène est à Paris, dans la maison de Gorgibus.

[1] Diminutif populaire de Catherine, qui doit se prononcer Catau.

NOTICE SUR LES PRÉCIEUSES

La comédie des *Précieuses* est le premier essai de peinture satirique des mœurs tenté par Molière, qui jusqu'alors n'avait fait que des comédies d'intrigue, remplies d'incidents imprévus et d'aventures extraordinaires. Sans doute, le grand comique s'annonçait déjà à l'entrain de l'action, à la verve et à la gaieté des dialogues; mais dans *les Précieuses* se révèle le génie observateur qui sait saisir le côté comique d'un travers et le fixer d'un trait bien enfoncé. Molière s'y achemine vers la grande comédie.

Toutefois cette pièce si vive, si bien enlevée, si spirituelle, confine encore à la farce par la simplicité de la donnée première et la bouffonnerie un peu grosse de la plaisanterie. L'action n'est guère que la mise en scène d'un bon tour. Deux sottes provinciales ont éconduit malhonnêtement les prétendants autorisés par leur père. Ceux-là s'en vengent en faisant duper les prétentieuses pécores par deux valets ajustés, l'un en marquis, l'autre en vicomte, qui font croire aux deux belles que leur réputation de beauté et d'esprit les a attirés chez elles. Mais cette intrigue si simple est relevée par la plus piquante satire du ridicule de ces femmes qui, bourgeoises ou provinciales, aspiraient à imiter le ton des cercles à la mode et n'aboutissaient qu'à se rendre grotesques.

D'où vient ce terme de Précieuses que Molière a donné pour titre à sa pièce? Il signifiait, à l'origine, personne de *prix*, c'est-à-dire distinguée par l'esprit, l'éducation et la naissance, et avait été créé par les habitués de l'hôtel de Rambouillet. L'épithète de précieux ou de précieuse n'avait donc, à l'origine, rien que de flatteur. On sait que la belle et vertueuse Catherine de Vivonne, marquise de Rambouillet, avait groupé autour d'elle, dans son hôtel de la rue Saint-Thomas-du-Louvre, une élite de seigneurs, de grandes dames et de beaux esprits, qui se piquaient d'avoir le goût bon, de rechercher les plaisirs de l'intelligence, et qui avaient entrepris de répandre dans la société française, avec l'amour des choses de l'esprit, la délicatesse du langage et l'élégance des manières. L'entreprise était louable et ne fut pas sans effets heureux. C'est à Mme de Rambouillet et à son entourage que revient l'honneur de cette politesse exquise, de cette galanterie distinguée qui firent longtemps le charme de nos mœurs mondaines. Mais il n'est pas d'innovation heureuse sans imitation maladroite, de vogue sans excès.

La mode était aux belles manières, à l'empressement respectueux auprès des femmes, reines des salons, à la curiosité littéraire : les bourgeoises et les provinciales outrèrent ce que le bon goût et le tact que donne l'usage du grand monde avaient maintenu dans une juste mesure chez les grandes dames. Celles-ci avaient enrichi le vocabulaire de locutions vives, imagées, ingénieuses ; leurs imitatrices chargèrent la conversation de métaphores recherchées, de termes alambiqués, de grâces fardées comme leur visage. Elles voulurent avoir, elles aussi, *leurs ruelles*[1], où afflueraient les beaux esprits, où se dégusteraient les primeurs en petits vers ou nouvelles mondaines, où elles recevraient les hommages et décideraient

« Du mérite et du prix d'un auteur ».

Comme il n'y avait pas de proportion entre les prétentions et le mérite, elles ne réussirent qu'à se faire bafouer. Déjà l'abbé de Pure, dans son roman de *la Précieuse ou le Mystère des Ruelles*, avait raillé la pruderie pédante, la coquetterie maniérée et le langage affecté de la fausse Précieuse, qu'il qualifie « d'animal d'une espèce bizarre et inconnue ». Mais qu'est-ce que cette lourde et pâteuse satire auprès de la caricature de Molière, un peu haute en couleur, mais d'une impérissable vérité ? Vingt romans comme celui de l'abbé de Pure eussent été impuissants à détrôner les Précieuses : après la pièce de Molière, la préciosité en tant que mode fut chose morte. Les intéressés sentirent le coup, car quelqu'un des « alcôvistes », qui s'étaient crus atteints en la personne de Mascarille, s'intrigua si bien qu'il fit surseoir de quinze jours la seconde représentation. Est-ce pour se garer des rancunes de coteries puissantes que Molière proteste, dans sa préface, qu'il n'a pas voulu jouer les « véritables Précieuses », mais « les mauvais singes » qui les imitent mal ? Derrière le pastiche, ne visait-il pas, sinon l'hôtel de Rambouillet lui-même, qui pourtant n'était déjà plus dans son premier épanouissement et tendait à se raffiner à l'excès, au moins certains cercles analogues, mais plus ordinaires, qui ne savaient pas corriger le bel esprit par l'exquise distinction et la grâce des manières ?

Lorsque Molière raille avec tant de justesse et si cruellement, la manie des grands sentiments et des petits vers, on ne peut douter qu'il n'ait eu en vue les samedis de Mlle de Scudéry et la société exaltée et pédante qu'elle a dépeinte dans le roman de *la Clélie*.

[1] Voir la note 3, page 55.

LES PRÉCIEUSES RIDICULES

Scène Première

LA GRANGE, DU CROISY

DU CROISY

Seigneur la Grange...

LA GRANGE

Quoi ?

DU CROISY

Regardez-moi un peu sans rire.

LA GRANGE

Eh bien ?

DU CROISY

Que dites-vous de notre visite ? En êtes-vous fort satisfait ?

LA GRANGE

A votre avis, avons-nous sujet de l'être tous deux ?

DU CROISY

Pas tout à fait, à dire vrai.

LA GRANGE

Pour moi, je vous avoue que j'en suis tout scandalisé. A-t-on jamais vu, dites-moi, deux pecques[1] provinciales faire plus les renchéries[2] que celles-là, et deux hommes traités avec plus de mépris que nous? A peine ont-elles pu se résoudre à nous faire donner des sièges. Je n'ai jamais vu tant parler à l'oreille qu'elles ont fait entre elles, tant bâiller, tant se frotter les yeux, et demander tant de fois : « Quelle heure est-il? » Ont-elles répondu[3] que oui et non à tout ce que nous avons pu leur dire? Et ne m'avouerez-vous pas enfin que, quand nous aurions été les dernières personnes du monde, on ne pouvait nous faire pis qu'elles ont fait?

DU CROISY

Il me semble que vous prenez la chose fort à cœur.

LA GRANGE

Sans doute, je l'y prends, et de telle façon que je veux me venger de cette impertinence. Je connais ce qui nous a fait mépriser. L'air précieux n'a pas seulement infecté Paris; il s'est aussi répandu dans les provinces, et nos donzelles[4] ridicules en ont humé leur bonne part. En un mot, c'est un ambigu[5] de précieuse et de coquette que leur personne. Je vois ce qu'il faut être pour en être bien reçu; et, si vous m'en croyez, nous leur jouerons tous deux une pièce[6] qui leur fera voir leur sottise et pourra leur apprendre à connaître un peu mieux leur monde.

DU CROISY

Et comment encore?

LA GRANGE

J'ai un certain valet, nommé Mascarille, qui passe, au sentiment de beaucoup de gens, pour une manière[7] de bel esprit; car il n'y a rien à meilleur marché que le bel esprit maintenant. C'est un extravagant qui s'est mis dans la tête de vouloir faire l'homme de condi-

[1] *Pecque*, sotte impertinente. Même origine que pécore.

[2] Les dédaigneuses.

[3] Sous-entendu *autre chose* que oui et que non.

[4] Diminutif de *damoiselle*, qui primitivement signifiait jeune fille de naissance noble, mais qui a pris un sens ironique.

[5] Mélange.

[6] Un tour.

[7] Une espèce.

tion. Il se pique ordinairement de galanterie[1] et de vers, et dédaigne les autres valets, jusqu'à les appeler brutaux.

DU CROISY

Eh bien, qu'en prétendez-vous faire ?

LA GRANGE

Ce que j'en prétends faire? Il faut... Mais sortons d'ici auparavant.

Scène II

GORGIBUS, DU CROISY, LA GRANGE

GORGIBUS

Eh bien, vous avez vu ma nièce et ma fille? Les affaires iront-elles bien? Quel est le résultat de cette visite ?

LA GRANGE

C'est une chose que vous pourrez mieux apprendre d'elles que de nous. Tout ce que nous pouvons vous dire, c'est que nous vous rendons grâce de la faveur que vous nous avez faite, et demeurons vos très humbles serviteurs.

GORGIBUS, seul

Ouais ! il semble qu'ils sortent mal satisfaits d'ici. D'où pourrait venir leur mécontentement ? Il faut savoir un peu ce que c'est. Holà !

Scène III

GORGIBUS, MAROTTE

MAROTTE

Que désirez-vous, Monsieur ?

GORGIBUS

Où sont vos maîtresses ?

MAROTTE

Dans leur cabinet.

GORGIBUS

Que font-elles ?

[1] C'est-à-dire d'avoir les manières élégantes d'un homme du monde qui est en même temps un homme d'esprit.

MAROTTE

De la pommade pour les lèvres.

GORGIBUS

C'est trop pommadé : dites-leur qu'elles descendent.

Scène IV

GORGIBUS

Ces pendardes-là, avec leur pommade, ont, je pense, envie de me ruiner. Je ne vois partout que blancs d'œufs, lait virginal [1], et mille autres brimborions que je ne connais point. Elles ont usé, depuis que nous sommes ici, le lard d'une douzaine de cochons [2], pour le moins ; et quatre valets vivraient tous les jours des pieds de mouton qu'elles emploient [3].

Les Précieuses ont reçu de Gorgibus la verte semonce que méritait leur impertinence. Elles y ont répondu par d'extravagantes divagations sur les aventures romanesques et sur le code de la galanterie, d'après *le Grand Cyrus* et *la Clélie* de Mlle de Scudéry qui leur ont tourné la tête ; elles ont annoncé la détermination de changer leurs noms vulgaires de Cathos et Magdelon contre ceux de Polyxène et d'Aminte, à l'imitation de la marquise de Rambouillet, dont le nom était Catherine, mais qu'on appelait Arthénice. Gorgibus sort grondant et menaçant : et les deux mijaurées d'exprimer leur dédain.

Scène VI

CATHOS, MAGDELON

CATHOS

Mon Dieu ! ma chère [4], que ton père a la forme enfoncée dans la matière [5] ! Que son intelligence est épaisse ! et qu'il fait sombre dans son âme !

MAGDELON

Que veux-tu, ma chère ? j'en suis en confusion pour lui : j'ai peine à me persuader que je puisse être véritablement sa fille, et je

[1] Lotion aromatique pour blanchir la figure et les mains.

[2] Le lard entrait pour une grosse part dans les compositions destinées à la toilette des dames.

[3] Pour leurs pommades.

[4] Expression d'un usage si fréquent entre précieuses qu'on avait fini par dire *une chère* pour les désigner. Cathos et Magdelon ne pouvaient manquer de l'adopter.

[5] Ce qui signifie qu'en lui la matière est à peine dégrossie.

crois que quelque aventure, un jour, me viendra développer une naissance plus illustre.

CATHOS

Je le croirais bien ; oui, il y a toutes les apparences du monde. Et pour moi, quand je me regarde aussi...

Scène VII

CATHOS, MAGDELON, MAROTTE

MAROTTE

Voilà un laquais qui demande si vous êtes au logis, et dit que son maître vous veut venir voir.

MAGDELON

Apprenez, sotte, à vous énoncer moins vulgairement. Dites : « Voilà un nécessaire qui demande si vous êtes en commodité d'être visibles. »

MAROTTE

Dame ! je n'entends point le latin ; et je n'ai pas appris, comme vous, la filofie dans *le Grand Cyre* [1].

MAGDELON

L'impertinente ! Le moyen de souffrir cela ! Et qui est-il, le maître de ce laquais ?

MAROTTE

Il me l'a nommé le marquis de Mascarille.

MAGDELON

Ah ! ma chère, un marquis [2] ! Oui, allez dire qu'on nous peut voir. C'est sans doute un bel esprit qui aura ouï parler de nous.

CATHOS

Assurément, ma chère.

MAGDELON

Il faut le recevoir dans cette salle basse plutôt qu'en notre chambre [3]. Ajustons un peu nos cheveux, au moins, et soutenons

[1] Marotte écorche le mot de philosophie. *Le Grand Cyre*, c'est-à-dire *le Grand Cyrus*, roman de Mlle de Scudéry, qui, sous des noms anciens, met en scène des personnages modernes, et qui, par le raffinement affecté du langage et des sentiments, contribua à étendre la mode de la préciosité, dont la société lui avait fourni le modèle.

[2] Molière raillera plus d'une fois la sotte et frivole vanité des marquis. Mais, pour des aspirantes à la préciosité, la visite est flatteuse.

[3] Chambre désigne ici non une chambre où l'on couche, mais une pièce de réception.

notre réputation. Vite, venez nous tendre ici dedans le conseiller des grâces.

MAROTTE

Par ma foi, je ne sais point quelle bête c'est là : il faut parler chrétien[1] si vous voulez que je vous entende.

CATHOS

Apportez-nous le miroir, ignorante que vous êtes, et gardez-vous bien d'en salir la glace par la communication de votre image.

(Elles sortent.)

Scène VIII

MASCARILLE, DEUX PORTEURS

MASCARILLE

Holà, porteurs, holà. Là, là, là, là, là, là. Je pense que ces marauds-là ont dessein de me briser, à force de heurter contre les murailles et les pavés.

PREMIER PORTEUR

Dame! c'est que la porte est étroite. Vous avez voulu aussi que nous soyons entrés jusqu'ici.

MASCARILLE

Je le crois bien. Voudriez-vous, faquins[2], que j'exposasse l'embonpoint de mes plumes aux inclémences de la saison pluvieuse, et que j'allasse imprimer mes souliers en boue? Allez, ôtez votre chaise d'ici.

SECOND PORTEUR

Payez-nous donc, s'il vous plaît, Monsieur.

MASCARILLE

Hem[3]?

SECOND PORTEUR

Je dis, Monsieur, que vous nous donniez de l'argent, s'il vous plaît.

[1] Comme tout le monde.
[2] *Faquin* vient de l'italien *facchino*, porte-faix. Terme de mépris, signifiant homme de rien.
[3] Hein.

MASCARILLE, lui donnant un soufflet

Comment, coquin ! demander de l'argent à une personne de ma qualité !

SECOND PORTEUR

Est-ce ainsi qu'on paye les pauvres gens? et votre qualité nous donne-t-elle à dîner ?

MASCARILLE

Ah ! ah ! ah ! je vous apprendrai à vous connaître. Ces canailles-là s'osent jouer à moi !

PREMIER PORTEUR, prenant un des bâtons de sa chaise

Ça, payez-nous vitement.

MASCARILLE

Quoi ?

PREMIER PORTEUR

Je dis que je veux avoir de l'argent tout à l'heure[1].

MASCARILLE

Il est raisonnable.

PREMIER PORTEUR

Vite donc.

MASCARILLE

Oui-da, tu parles comme il faut, toi ; mais l'autre est un coquin qui ne sait ce qu'il dit. Tiens, es-tu content?

PREMIER PORTEUR

Non, je ne suis pas content ; vous avez donné un soufflet à mon camarade, et... (Levant son bâton.)

MASCARILLE

Doucement; tiens, voilà pour le soufflet. On obtient tout de moi quand on s'y prend de la bonne façon. Allez, venez me reprendre tantôt pour aller au Louvre, au petit coucher[2].

[1] Tout de suite, immédiatement.

[2] C'était un privilège que de demeurer dans la chambre du roi jusqu'au moment où il se couchait, après qu'il avait donné le bonsoir aux simples courtisans. On appelait cela assister au *petit coucher*. Mascarille veut se donner l'air d'un homme bien en cour.

SCÈNE IX

MAROTTE, MASCARILLE

MAROTTE

Monsieur, voilà mes maîtresses qui vont venir tout à l'heure.

MASCARILLE

Qu'elles ne se pressent point : je suis ici posté commodément pour attendre.

MAROTTE

Les voici.

SCÈNE X

MAGDELON, CATHOS, MASCARILLE, ALMANZOR

MASCARILLE, *après avoir salué*

Mesdames[1], vous serez surprises, sans doute, de l'audace de ma visite : mais votre réputation vous attire cette méchante affaire, et le mérite a pour moi des charmes si puissants que je cours partout après lui.

MAGDELON

Si vous poursuivez le mérite, ce n'est pas sur nos terres que vous devez chasser.

CATHOS

Pour voir chez nous le mérite, il a fallu que vous l'y ayez amené.

MASCARILLE

Ah ! je m'inscris en faux contre vos paroles. La renommée accuse juste en contant ce que vous valez ; et vous allez faire pic, repic et capot[2] tout ce qu'il y a de galant[3] dans Paris.

MAGDELON

Votre complaisance pousse un peu trop avant la libéralité de ses louanges ; et nous n'avons garde, ma cousine et moi, de donner de notre sérieux dans le doux de votre flatterie[4].

[1] Le titre de Madame était ordinairement réservé aux femmes titrées et ne se donnait point aux bourgeoises. Même mariées, on les appelait Mademoiselle.

[2] Termes du jeu de piquet qui marquent une gradation dans le succès ou le gain. Mascarille veut dire que Cathos et Magdelon seront plus recherchées que toutes les autres femmes.

[3] De distingué.

[4] Tour précieux pour dire : prendre sérieusement vos paroles de flatterie. On sent tout ce que ces compliments ont d'affecté et de prétentieux.

CATHOS

Ma chère, il faudrait faire donner des sièges.

MAGDELON

Holà ! Almanzor.

ALMANZOR

Madame ?

MAGDELON

Vite, voiturez-nous ici les commodités de la conversation[1]...

(Almanzor sort.)

. . . .

CATHOS

Mais, de grâce, Monsieur, ne soyez pas inexorable à ce fauteuil qui vous tend les bras il y a un quart d'heure; contentez un peu l'envie qu'il a de vous embrasser.

MASCARILLE, après s'être peigné et avoir ajusté ses canons [2]

Eh bien ! Mesdames, que dites-vous de Paris ?

MAGDELON

Hélas ! qu'en pourrions-nous dire ? Il faudrait être l'antipode de la raison pour ne pas confesser que Paris est le grand bureau des merveilles, le centre du bon goût, du bel esprit et de la galanterie.

MASCARILLE

Pour moi, je tiens que, hors de Paris, il n'y a point de salut pour les honnêtes gens [3].

CATHOS

C'est une vérité incontestable.

MASCARILLE

Il y fait un peu crotté; mais nous avons la chaise.

MAGDELON

Il est vrai que la chaise est un retranchement merveilleux contre les insultes de la boue et du mauvais temps [4].

[1] Figure ridicule pour dire : des sièges.

[2] Pièce d'étoffe garnie de dentelle qui s'attachait au-dessous du genou et que portaient les élégants. C'était aussi une mode que de peigner ses cheveux ou sa perruque avec un grand peigne de corne qu'on tirait de sa poche.

[3] *Honnêtes gens*, *honnête homme*, désigne, dans le langage du temps, ceux qui joignent à l'usage du monde et à une vie honorable un esprit cultivé et le goût des belles-lettres.

[4] Remarquer l'abondance excessive des métaphores. Mais quelques-unes de celles qui paraissaient affectées alors ont passé dans l'usage.

MASCARILLE

Vous recevez beaucoup de visites ? Quel bel esprit est des vôtres?

MAGDELON

Hélas! nous ne sommes pas encore connues, mais nous sommes en passe de l'être, et nous avons une amie particulière qui nous a promis d'amener ici tous ces Messieurs du *Recueil des Pièces choisies*[1].

CATHOS

Et certains autres qu'on nous a nommés aussi pour être les arbitres souverains des belles choses.

MASCARILLE

C'est moi qui ferai votre affaire mieux que personne : ils me rendent tous visite; et je puis dire que je ne me lève jamais sans une demi-douzaine de beaux esprits.

MAGDELON

Eh ! mon Dieu ! nous vous serons obligées de la dernière obligation, si vous nous faites cette amitié ; car enfin il faut avoir la connaissance de tous ces Messieurs-là, si l'on veut être du beau monde. Ce sont ceux qui donnent le branle[2] à la réputation dans Paris; et vous savez qu'il y en a tel dont il ne faut que la seule fréquentation pour vous donner bruit[3] de connaisseuse, quand il n'y aurait rien autre chose que cela. Mais pour moi, ce que je considère particulièrement, c'est que, par le moyen de ces visites spirituelles, on est instruite de cent choses qu'il faut savoir de nécessité, et qui sont de l'essence d'un bel esprit. On apprend par là chaque jour les petites nouvelles galantes, les jolis commerces de prose et de vers. On sait à point nommé : « Un tel a composé la plus jolie pièce du monde sur un tel sujet; une telle a fait des paroles sur un tel air... Monsieur un tel écrivit hier au soir un sixain à Mademoiselle une telle, dont elle lui a envoyé la réponse ce matin sur les huit heures; un tel auteur a fait un tel dessein ; celui-là en est à la troisième partie de son roman ; cet autre met ses ouvrages sous la presse. » C'est là ce qui vous fait valoir dans les compagnies; et, si l'on ignore ces choses, je ne donnerais pas un clou de tout l'esprit qu'on peut avoir.

[1] Les recueils de pièces choisies jouissaient alors d'une grande vogue. Il s'agit sans doute ici du *Recueil de Sercy*, publié en 1653, et qui contenait des poésies de Corneille, Benserade, Scudéry, Boisrobert, de l'abbé Cotin et autres beaux esprits à la mode. Ce sont quelques-uns de ceux-là que les Précieuses espèrent attirer chez elles.

[2] Qui impriment le mouvement.

[3] Réputation.

CATHOS

En effet, je trouve que c'est renchérir sur le ridicule qu'une personne se pique d'esprit et ne sache pas jusqu'au moindre petit quatrain qui se fait chaque jour; et, pour moi, j'aurais toutes les hontes du monde s'il fallait qu'on vînt à me demander si j'aurais vu quelque chose de nouveau que je n'aurais pas vu.

MASCARILLE

Il est vrai qu'il est honteux de n'avoir pas des premiers tout ce qui se fait. Mais ne vous mettez pas en peine; je veux établir chez vous une Académie de beaux esprits [1], et je vous promets qu'il ne se fera pas un bout de vers dans Paris que vous ne sachiez par cœur avant tous les autres. Pour moi, tel que vous me voyez, je m'en escrime [2] un peu quand je veux; et vous verrez courir de ma façon, dans les belles ruelles [3] de Paris, deux cents chansons, autant de sonnets, quatre cents épigrammes, et plus de mille madrigaux, sans compter les énigmes et les portraits [4].

MAGDELON

Je vous avoue que je suis furieusement pour les portraits; je ne vois rien de si galant que cela.

MASCARILLE

Les portraits sont difficiles et demandent un esprit profond; vous en verrez de ma manière qui ne vous déplairont pas.

CATHOS

Pour moi, j'aime terriblement les énigmes.

MASCARILLE

Cela exerce l'esprit, et j'en ai fait quatre encore ce matin, que je vous donnerai à deviner.

MAGDELON

Les madrigaux sont agréables quand ils sont bien tournés.

[1] Les salons de certaines précieuses ressemblaient à des réunions académiques.

[2] Je m'en occupe.

[3] On dirait aujourd'hui salons. Ce mot est venu de ce que les dames, recevant tout habillées sur un lit de parade, faisaient passer les plus intimes parmi les visiteurs dans l'espace assez large qui régnait entre le lit et la muraille. Lorsque cet usage cessa, la chambre où l'on recevait (qui était une chambre à coucher d'apparat) conserva le nom de ruelle.

[4] Les portraits littéraires faisaient alors fureur. Les romans de Mlle de Scudéry en sont remplis. Mlle de Montpensier fit publier, sous le titre de *Galerie des Peintures* ou *Recueil des portraits et éloges en vers et en prose*, ceux qui lui avaient été offerts.

MASCARILLE

C'est mon talent particulier, et je travaille à mettre en madrigaux toute l'histoire romaine [1].

MAGDELON

Ah! certes, cela sera du dernier beau! j'en retiens un exemplaire au moins, si vous le faites imprimer.

MASCARILLE

Je vous en promets à chacune un, et des mieux reliés. Cela est au-dessous de ma condition; mais je le fais seulement pour donner à gagner aux libraires qui me persécutent.

MAGDELON

Je m'imagine que le plaisir est grand de se voir imprimé.

MASCARILLE

Sans doute. Mais à propos, il faut que je vous die [2] un impromptu [3] que je fis hier chez une duchesse de mes amies que je fus visiter; car je suis diablement fort sur les impromptus.

CATHOS

L'impromptu est justement la pierre de touche de l'esprit.

MASCARILLE

Écoutez donc.

MAGDELON

Nous y sommes de toutes nos oreilles.

MASCARILLE

Oh! oh! je n'y prenais pas garde :
Tandis que, sans songer à mal, je vous regarde,
Votre œil en tapinois me dérobe mon cœur.
Au voleur! au voleur! au voleur! au voleur!

CATHOS

Ah! mon Dieu! voilà qui est poussé dans le dernier galant.

MASCARILLE

Tout ce que je fais a l'air cavalier; cela ne sent point le pédant.

[1] C'est une idée vraiment heureuse! Le madrigal étant une petite pièce de vers d'un tour galant et louangeur, qui se termine par un trait d'esprit, conviendrait admirablement au récit des grandes actions de l'histoire romaine!

[2] Ancienne forme du verbe dire.

[3] Impromptu, pièce de vers improvisée.

Au voleur ! au voleur ! au voleur ! au voleur !

MAGDELON

Il en est éloigné de plus de deux mille lieues.

MASCARILLE

Avez-vous remarqué ce commencement *oh! oh!* Voilà qui est extraordinaire, *oh! oh!* comme un homme qui s'avise tout d'un coup, *oh! oh!* La surprise, *oh! oh!*

MAGDELON

Oui, je trouve ce *oh! oh!* admirable.

MASCARILLE

Il semble que cela ne soit rien.

CATHOS

Ah! mon Dieu! que dites-vous? Ce sont là de ces sortes de choses qui ne se peuvent payer.

MAGDELON

Sans doute; et j'aimerais mieux avoir fait ce *oh! oh!* qu'un poème épique.

MASCARILLE

Tudieu! vous avez le goût bon.

MAGDELON

Eh! je ne l'ai pas tout à fait mauvais.

MASCARILLE

Mais n'admirez-vous pas aussi *je n'y prenais pas garde? Je n'y prenais pas garde*, je ne m'apercevais pas de cela : façon de parler naturelle, *je n'y prenais pas garde. Tandis que*, *sans songer à mal*, tandis qu'innocemment, sans malice, comme un pauvre mouton, *je vous regarde*, c'est-à-dire je m'amuse à vous considérer, je vous observe, je vous contemple, *votre œil en tapinois*... Que vous semble de ce mot *tapinois?* n'est-il pas bien choisi?

CATHOS

Tout à fait bien.

MASCARILLE

Tapinois, en cachette; il semble que ce soit un chat qui vienne de prendre une souris, *tapinois*.

MAGDELON

Il ne se peut rien de mieux.

MASCARILLE

Me dérobe mon cœur, me l'emporte, me le ravit.

Au voleur ! au voleur ! au voleur ! au voleur !

Ne diriez-vous pas que c'est un homme qui crie et court après un voleur pour le faire arrêter ?

Au voleur ! au voleur ! au voleur ! au voleur !

MAGDELON

Il faut avouer que cela a un tour spirituel et galant

MASCARILLE

Je veux vous dire l'air que j'ai fait dessus.

CATHOS

Vous avez appris la musique ?

MASCARILLE

Moi ? point du tout.

CATHOS

Et comment donc cela se peut-il ?

MASCARILLE

Les gens de qualité savent tout sans avoir jamais rien appris [1].

MAGDELON

Assurément, ma chère.

MASCARILLE

Écoutez si vous trouverez l'air à votre goût. *Hem, hem, la, la, la, la, la.* La brutalité de la saison a furieusement outragé la délicatesse de ma voix : mais il n'importe, c'est à la cavalière.

(Il chante.)

Oh ! oh ! je n'y prenais pas garde, etc.

MAGDELON

Il y a de la chromatique là dedans [2].

MASCARILLE

Ne trouvez-vous pas la pensée bien exprimée dans le chant ? *Au*

[1] « Sans que l'on ait presque jamais ouï dire que Sapho ait rien appris, elle sçait pourtant toutes choses » (*Le grand Cyrus*). « Les enfants des dieux naissent instruits », a dit La Bruyère, parlant des Condé. Et le marquis du *Misanthrope* se vante d'avoir de l'esprit.

A juger sans étude et décider de tout.

[2] Genre de musique qui procède par demi-tons.

voleur! Et puis comme si l'on criait bien fort, *au, au, au, au, au, au voleur!* Et, tout d'un coup, comme une personne essoufflée, *au voleur!*

MAGDELON

C'est là savoir le fin des choses, le grand fin, le fin du fin. Tout est merveilleux, je vous assure ; je suis enthousiasmée de l'air et des paroles.

CATHOS

Je n'ai encore rien vu de cette force-là.

MASCARILLE

Tout ce que je fais me vient naturellement ; c'est sans étude.

MAGDELON

La nature vous a traité en vraie mère passionnée, et vous en êtes l'enfant gâté.

MASCARILLE

A quoi donc passez-vous le temps?

CATHOS

A rien du tout.

MAGDELON

Nous avons été jusqu'ici dans un jeûne effroyable de divertissements.

MASCARILLE

Je m'offre à vous mener l'un de ces jours à la comédie, si vous voulez; aussi bien on en doit jouer une nouvelle que je serai bien aise que nous voyions ensemble.

MAGDELON

Cela n'est pas de refus.

MASCARILLE

Mais je vous demande d'applaudir comme il faut, quand nous serons là, car je me suis engagé de faire valoir la pièce, et l'auteur m'en est venu prier encore ce matin. C'est la coutume ici qu'à nous autres gens de condition les auteurs viennent lire leurs pièces nouvelles pour nous engager à les trouver belles et leur donner de la réputation ; et je vous laisse à penser si, quand nous disons quelque chose, le parterre ose nous contredire. Pour moi, j'y suis fort exact ; et quand j'ai promis à quelque poète, je crie toujours : « Voilà qui est beau ! » devant que les chandelles[1] soient allumées.

MAGDELON

Ne m'en parlez point, c'est un admirable lieu que Paris ; il s'y passe cent choses tous les jours qu'on ignore dans les provinces, quelque spirituelle qu'on puisse être.

CATHOS

C'est assez ; puisque nous sommes instruites, nous ferons notre devoir de nous écrier comme il faut sur tout ce qu'on dira.

MASCARILLE

Je ne sais si je me trompe, mais vous avez toute la mine d'avoir fait quelque comédie.

MAGDELON

Eh ! il pourrait être quelque chose de ce que vous dites.

MASCARILLE

Ah ! ma foi, il faudra que nous la voyions. Entre nous, j'en ai composé une que je veux faire représenter.

CATHOS

Hé, à quels comédiens la donnerez-vous ?

MASCARILLE

Belle demande ! Aux grands comédiens de l'hôtel de Bourgogne[2] ; il n'y a qu'eux qui soient capables de faire valoir les choses ; les autres sont des ignorants, qui récitent comme l'on parle ; ils ne savent pas faire ronfler les vers et s'arrêter au bel endroit. Et le moyen de connaître où est le beau vers, si le comédien ne s'y arrête, et ne vous avertit par là qu'il faut faire le brouhaha ?

CATHOS

En effet, il y a manière de faire sentir aux auditeurs les beautés d'un ouvrage ; et les choses ne valent que ce qu'on les fait valoir.

[1] *Devant que*, avant que. — Le théâtre n'était alors éclairé que par des chandeliers suspendus avec des cordes et placés sur le devant de la scène.

[2] Première attaque de Molière contre des acteurs rivaux qui deviendront ses ennemis acharnés. Il raille leur débit prétentieux et emphatique. En 1680, sur l'ordre du roi, il y aura fusion entre la troupe de l'hôtel de Bourgogne et celle de la veuve de Molière, et c'est de ce moment que datera la Comédie française.

MASCARILLE

Que vous semble de ma petite-oie[1] ? La trouvez-vous congruante[2] à l'habit ?

CATHOS

Tout à fait.

MASCARILLE

Le ruban est bien choisi.

MAGDELON

Furieusement bien. C'est Perdrigeon[3] tout pur.

MASCARILLE

Que dites-vous de mes canons ?

MAGDELON

Ils ont tout à fait bon air.

MASCARILLE

Je puis me vanter au moins qu'ils ont un grand quartier[4] plus que tous ceux qu'on fait.

MAGDELON

Il faut avouer que je n'ai jamais vu porter si haut l'élégance de l'ajustement.

MASCARILLE

Attachez un peu sur ces gants la réflexion de votre odorat.

MAGDELON

Ils sentent terriblement bon.

CATHOS

Je n'ai jamais respiré une odeur mieux conditionnée.

MASCARILLE

Et celle-là ? (Il donne à sentir les cheveux poudrés de sa perruque.)

MAGDELON

Elle est tout à fait de qualité ; le sublime[5] en est touché délicieusement.

[1] Parties accessoires de l'habillement, comme les bas, le chapeau, etc. Mais ce mot désignait plus particulièrement les rubans, dont on portait alors une profusion. On l'employait par comparaison avec l'abatis qu'on ôtait de l'oie pour la faire rôtir et qu'on appelait alors *petite-oie*.

[2] *Congruante*, assortie à.

[3] Mercier très renommé.

[4] Quart de l'aune. — Plus les canons étaient longs, plus ils étaient élégants.

[5] En style précieux : le cerveau.

MASCARILLE

Vous ne me dites rien de mes plumes ? Comment les trouvez-vous ?

CATHOS

Effroyablement[1] belles.

MASCARILLE

Savez-vous que le brin me coûte un louis d'or ? Pour moi, j'ai cette manie de vouloir donner généralement sur tout ce qu'il y a de plus beau.

MAGDELON

Je vous assure que nous sympathisons, vous et moi. J'ai une délicatesse furieuse pour tout ce que je porte ; et, jusqu'à mes chaussettes, je ne puis rien souffrir qui ne soit de la bonne ouvrière.....

Scène XI

CATHOS, MAGDELON, MASCARILLE, MAROTTE

MAROTTE

Madame, on demande à vous voir.

MAGDELON

Qui ?

MAROTTE

Le vicomte de Jodelet.

MASCARILLE

Le vicomte de Jodelet ?

MAROTTE

Oui, Monsieur.

CATHOS

Le connaissez-vous ?

MASCARILLE

C'est mon meilleur ami.

MAGDELON

Faites entrer vitement.

MASCARILLE

Il y a quelque temps que nous ne nous sommes vus, et je suis ravi de cette aventure.

[1] Les épithètes vont *crescendo*.

CATHOS

Le voici.

SCÈNE XII

CATHOS, MAGDELON, MASCARILLE, JODELET, MAROTTE, ALMANZOR

MASCARILLE

Ah ! vicomte !

JODELET

Ah ! marquis ! (Ils s'embrassent l'un l'autre.)

MASCARILLE

Que je suis aise de te rencontrer !

JODELET

Que j'ai de joie de te voir ici !

MASCARILLE

Baise-moi donc encore un peu, je te prie.

MAGDELON, à Cathos

Ma toute bonne, nous commençons d'être connues ; voilà le beau monde qui prend le chemin de nous venir voir.

MASCARILLE

Mesdames, agréez que je vous présente ce gentilhomme-ci ; sur ma parole, il est digne d'être connu de vous.

JODELET

Il est juste de venir vous rendre ce qu'on vous doit ; et vos attraits exigent leurs droits seigneuriaux sur toutes sortes de personnes.

MAGDELON

C'est pousser vos civilités jusqu'aux derniers confins de la flatterie.

CATHOS

Cette journée doit être marquée dans notre almanach comme une journée bienheureuse.

MAGDELON, à Almanzor

Allons, petit garçon, faut-il toujours vous répéter les choses ? Voyez-vous pas qu'il faut le surcroît d'un fauteuil ?

MASCARILLE

Ne vous étonnez pas de voir le Vicomte de la sorte ; il ne fai que sortir d'une maladie qui lui a rendu le visage pâle comme vous le voyez[1].

JODELET

Ce sont fruits des veilles de la cour et des fatigues de la guerre.

MASCARILLE

Savez-vous, Mesdames, que vous voyez dans le Vicomte un des vaillants hommes du siècle ? C'est un brave à trois poils[2].

JODELET

Vous ne m'en devez rien, Marquis, et nous savons ce que vous savez faire aussi.

MASCARILLE

Il est vrai que nous nous sommes vus tous deux dans l'occasion.

JODELET

Et dans des lieux où il faisait fort chaud. . . . .
Notre connaissance s'est faite à l'armée ; et la première fois que nous nous vîmes, il commandait un régiment de cavalerie sur les galères de Malte[3].

MASCARILLE

Il est vrai : mais vous étiez pourtant dans l'emploi avant que j'y fusse ; et je me souviens que je n'étais que petit officier encore, que vous commandiez deux mille chevaux[4].

JODELET

La guerre est une belle chose : mais, ma foi ! la cour récompense bien mal aujourd'hui les gens de service comme nous.

MASCARILLE

C'est ce qui fait que je veux pendre l'épée au croc[5].

[1] L'acteur qui jouait ce rôle avait une mauvaise santé et la mine défaite.

[2] Le velours de la meilleure qualité se reconnaissait à un triple ou quadruple liseré jaune ; on disait du velours à *trois poils*. C'est de là sans doute que vient l'expression : *un brave à trois poils*, c'est-à-dire un brave accompli.

[3] De la cavalerie pour combattre en mer, c'est très vraisemblable !

[4] Les régiments de cavalerie n'étaient alors que de 300 hommes au plus. L'exagération est donc tout à fait grotesque.

[5] C'est-à-dire quitter le service.

MASCARILLE

Te souvient-il, Vicomte, de cette demi-lune[1] que nous emportâmes sur les ennemis au siège d'Arras ?

JODELET

Que veux-tu dire, avec ta demi-lune ? C'était bien une lune[2] tout entière.

MASCARILLE

Je pense que tu as raison.

JODELET

Il m'en doit bien souvenir, ma foi ! j'y fus blessé à la jambe d'un coup de grenade, dont je porte encore les marques.

. . . .

CATHOS

Nous ne doutons point de ce que vous êtes.

MASCARILLE

Vicomte, as-tu là ton carrosse ?

JODELET

Pourquoi ?

MASCARILLE

Nous mènerions promener ces Dames hors des portes, et leur donnerions un cadeau[3].

MAGDELON

Nous ne saurions sortir aujourd'hui.

MASCARILLE

Ayons donc les violons pour danser.

JODELET

Ma foi, c'est bien avisé.

MAGDELON

Pour cela, nous y consentons : mais il faut donc quelque surcroît de compagnie.

[1] Fortification formant un angle aigu saillant.

[2] Ceci marque une ignorance grossière des choses de la guerre, la *lune entière* n'existant pas dans les fortifications. L'ardeur de la vantardise a entraîné Jodelet à dire une sottise.

[3] *Cadeau*, collation. — Les mœurs du temps autorisaient les femmes à recevoir de telles attentions.

MASCARILLE

Holà, Champagne, Picard, Bourguignon, Casquaret, Basque, La Verdure, Lorrain, Provençal, La Violette [1]. Au diable soient tous les laquais! Je ne pense pas qu'il y ait gentilhomme en France plus mal servi que moi. Ces canailles me laissent toujours seul.

MAGDELON

Almanzor, dites aux gens de Monsieur qu'ils aillent quérir des violons, et nous faites venir ces Messieurs et ces Dames d'ici près pour peupler la solitude de notre bal.

(Almanzor sort.)

Après un fade compliment de Mascarille, Magdelon s'écrie :

Que tout ce qu'il dit est naturel! Il tourne les choses le plus agréablement du monde.

CATHOS

Il est vrai qu'il fait une furieuse dépense en esprit.

MASCARILLE

Pour vous montrer que je suis véritable, je veux faire un impromptu là-dessus. (Il médite.)

CATHOS

Eh! je vous en conjure de toute la dévotion de mon cœur, que nous ayons quelque chose qu'on ait fait pour nous.

JODELET

J'aurais envie d'en faire autant ; mais je me trouve un peu incommodé de la veine poétique pour la quantité des saignées que j'y ai faites ces jours passés.

MASCARILLE

Que diable est cela? Je fais toujours bien le premier vers, mais j'ai peine à faire les autres. Ma foi, ceci est un peu trop pressé ; je vous ferai un impromptu à loisir [2], que vous trouverez le plus beau du monde.

JODELET

Il a de l'esprit comme un démon.

MAGDELON

Et du galant, et du bien tourné.

[1] Bien entendu ce sont des valets fictifs.

[2] Un impromptu *à loisir* n'est pas un impromptu. Mascarille se moque de ses interlocutrices.

MASCARILLE

Vicomte, dis-moi un peu, y a-t-il longtemps que tu n'as vu la Comtesse?

JODELET

Il y a plus de trois semaines que je ne lui ai rendu visite.

MASCARILLE

Sais-tu bien que le Duc m'est venu voir ce matin et m'a voulu mener à la campagne courir un cerf avec lui?

MAGDELON

Voici nos amies qui viennent.

Scène XIII

LUCILE, CÉLIMÈNE, CATHOS, MAGDELON, MASCARILLE, JODELET, MAROTTE, ALMANZOR, VIOLONS

MAGDELON

Mon Dieu! mes chères, nous vous demandons pardon. Ces Messieurs ont eu fantaisie de nous donner les âmes des pieds[1], et nous vous avons envoyé quérir pour remplir les vides de notre assemblée.

LUCILE

Vous nous avez obligées sans doute.

MASCARILLE

Ce n'est ici qu'un bal à la hâte; mais, l'un de ces jours, nous vous en donnerons un dans les formes. Les violons sont-ils venus?

ALMANZOR

Oui, Monsieur, ils sont ici.

CATHOS

Allons donc, mes chères, prenez place.

MASCARILLE, *dansant lui seul comme par prélude*

La, la, la, la, la, la, la, la.

MAGDELON

Il a tout à fait la taille élégante.

[1] Métaphore ridicule pour dire : les violons.

CATHOS

Et a la mine de danser proprement[1].

MASCARILLE, ayant pris Magdelon pour danser

Ma franchise va danser la courante[2] aussi bien que mes pieds. En cadence, violons, en cadence. Oh ! quels ignorants ! Il n'y a pas moyen de danser avec eux. Le diable vous emporte ! ne sauriez-vous jouer en mesure ? La, la, la, la, la, la, la, la. Ferme. O violons de village !

JODELET, dansant ensuite

Holà ! ne pressez pas si fort la cadence ; je ne fais que sortir de maladie.

Scène XIV

DU CROISY, LA GRANGE, CATHOS, MAGDELON, LUCILE. CÉLIMÈNE, JODELET, MASCARILLE, MAROTTE, violons

LA GRANGE, un bâton à la main

Ah ! ah ! coquins, que faites-vous ici ? il y a trois heures que nous vous cherchons.

MASCARILLE, se sentant battre

Ahy ! ahy ! ahy ! vous ne m'aviez pas dit que les coups en seraient aussi.

JODELET

Ahy ! ahy ! ahy !

LA GRANGE

C'est bien à vous, infâme que vous êtes, à vouloir faire l'homme d'importance !

DU CROISY

Voilà qui vous apprendra à vous connaître.

[1] *Propreté* signifiait alors le don de s'arranger avec convenance et bonne grâce. *Proprement* a ici un sens analogue.

[2] Danse fort à la mode.

SCÈNE XV

CATHOS, MAGDELON, LUCILE, CÉLIMÈNE, MASCARILLE, JODELET, MAROTTE, VIOLONS

MAGDELON

Que veut donc dire ceci ?

JODELET

C'est une gageure.

CATHOS

Quoi ? vous laisser battre de la sorte !

MASCARILLE

Mon Dieu ! je n'ai pas voulu faire semblant de rien, car je suis violent, et je me serais emporté.

MAGDELON

Endurer un affront comme celui-là en notre présence !

MASCARILLE

Ce n'est rien, ne laissons pas d'achever. Nous nous connaissons il y a longtemps, et, entre amis, on ne va pas se piquer pour si peu de chose.

SCÈNE XVI

DU CROISY, LA GRANGE, MAGDELON, CATHOS, CÉLIMÈNE, LUCILE, MASCARILLE, JODELET, MAROTTE, VIOLONS

LA GRANGE

Ma foi, marauds, vous ne vous rirez pas de nous, je vous promets. Entrez, vous autres. (Trois ou quatre spadassins entrent.)

MAGDELON

Quelle est donc cette audace de venir nous troubler de la sorte dans notre maison ?

DU CROISY

Comment, Mesdames ! nous endurerons que nos laquais soient mieux reçus que nous, qu'ils vous donnent le bal ?

MAGDELON

Vos laquais?

LA GRANGE

Oui, nos laquais; et cela n'est ni beau, ni honnête de nous les débaucher comme vous faites.

MAGDELON

O Ciel! quelle insolence!

LA GRANGE

Mais ils n'auront pas l'avantage de se servir de nos habits pour vous donner dans la vue. Vite, qu'on les dépouille sur-le-champ.

JODELET

Adieu notre braverie[1].....

MASCARILLE

Voilà le marquisat et la vicomté à bas.

DU CROISY

Ha! Ha! coquins, vous avez l'audace d'aller sur nos brisées! Vous irez chercher autre part de quoi vous rendre agréables aux yeux de vos belles, je vous en assure.

LA GRANGE

C'est trop que de nous supplanter, et de nous supplanter avec nos propres habits.

MASCARILLE

O Fortune, quelle est ton inconstance!

DU CROISY

Vite, qu'on leur ôte jusqu'à la moindre chose.

LA GRANGE

Qu'on emporte toutes ces hardes[2], dépêchez.

[1] Nos beaux ajustements.

[2] A ce moment, Jodelet, dépouillé de plusieurs gilets qui dissimulaient sa maigreur, apparaît en chef de cuisine!

Scène XVII

MAGDELON, CATHOS, JODELET, MASCARILLE, violons

CATHOS

Ah ! quelle confusion !

MAGDELON

Je crève de dépit.

UN DES VIOLONS, *à Mascarille*

Qu'est-ce donc que ceci ? Qui nous payera, nous autres ?

MASCARILLE

Demandez à Monsieur le Vicomte.

UN DES VIOLONS, *à Jodelet*

Qui est-ce qui nous donnera de l'argent ?

JODELET

Demandez à Monsieur le Marquis.

Scène XVIII

GORGIBUS, MAGDELON, CATHOS, JODELET, MASCARILLE, VIOLONS

GORGIBUS

Ah ! coquines que vous êtes, vous nous mettez dans de beaux draps blancs, à ce que je vois, et je viens d'apprendre de belles affaires vraiment de ces Messieurs qui sortent !

MAGDELON

Ah ! mon père, c'est une pièce sanglante qu'ils nous ont faite.

GORGIBUS

Oui, c'est une pièce sanglante, mais qui est un effet de votre impertinence, infâmes. Ils se sont ressentis du traitement que vous leur avez fait ; et cependant, malheureux que je suis, il faut que je boive l'affront.

MAGDELON

Ah ! je jure que nous en serons vengées, ou que je mourrai en la peine. Et vous, marauds, osez-vous vous tenir ici après votre insolence ?

MASCARILLE

Traiter comme cela un marquis ! Voilà ce que c'est que du monde ; la moindre disgrâce nous fait mépriser de ceux qui nous chérissaient. Allons, camarade, allons chercher fortune autre part ; je vois bien qu'on n'aime ici que la vaine apparence, et qu'on n'y considère point la vertu toute nue.

Scène XIX

GORGIBUS, MAGDELON, CATHOS, VIOLONS

UN DES VIOLONS

Monsieur, nous entendons que vous nous contentiez[1], à leur défaut, pour ce que nous avons joué ici.

GORGIBUS, les battant

Oui, oui, je vous vais contenter, et voici la monnaie dont je vous veux payer. Et vous, pendardes, je ne sais qui me tient que je ne vous en fasse autant. Nous allons servir de fable et de risée à tout le monde, et voilà ce que vous vous êtes attiré par vos extravagances. Allez vous cacher, vilaines ; allez vous cacher pour jamais. (Seul.) Et vous, qui êtes cause de leur folie, sottes billevesées, pernicieux amusements des esprits oisifs, romans, vers, chansons, sonnets et sonnettes[2], puissiez-vous être à tous les diables !

[1] Que vous nous donniez satisfaction en nous payant.

[2] Jeu de mots qui désigne un sonnet irrégulier.

LES FÂCHEUX

Comédie

Faite pour le divertissement du Roi, au mois d'aout 1661
représentée pour la première fois en public, le 4 novembre, sur le théatre du Palais-Royal

PERSONNAGES

DAMIS, tuteur d'Orphise.
ORPHISE.
ÉRASTE, prétendant d'Orphise.

ALCIDOR, LISANDRE, ALCANDRE, ALCIPPE, ORANTE, CLIMÈNE, DORANTE, CARITIDÈS, ORMIN, FILINTE,	Fâcheux.

LA MONTAGNE, valet d'Éraste.
L'ÉPINE, valet de Damis.
LA RIVIÈRE et deux camarades.

La scène est à Paris.

NOTICE SUR LES FÂCHEUX

Voici une pièce qui, outre sa célébrité littéraire, en a une historique ; car elle fut composée pour cette somptueuse fête de Vaux donnée par Fouquet au Roi, dont l'excessive splendeur acheva d'indisposer Louis XIV contre le surintendant et détermina sa disgrâce. Quatorze jours plus tard, Fouquet était arrêté. Parmi les divertissements magnifiques qu'il donna à son hôte royal et à sa cour, la pièce de Molière ne fut ni le moins brillant, ni le moins goûté. Elle avait l'attrait de la nouveauté, étant la première de ces comédies-ballets, c'est-à-dire entremêlées de chant et de danse, pour lesquelles Louis XIV eut toujours une prédilection marquée. Plusieurs autres pièces de Molière composées par ordre du Roi pour des occasions spéciales, offriront le même mélange, entre autres *le Bourgeois gentilhomme* et *le Malade imaginaire*. Louis XIV, ami de la pompe extérieure et des riches spectacles, voulait que les yeux eussent leur fête ainsi que l'esprit.

Les Fâcheux témoignent de l'incroyable facilité de Molière; ils furent conçus, écrits, montés, appris et répétés en quinze jours! Ce travail hâtif, auquel Molière fut plus d'une fois condamné, soit pour faire vivre sa troupe, soit pour obéir à un ordre royal, aurait dû rendre les critiques indulgents sur certaines imperfections ou négligences échappées à la rapidité du travail et qui n'altèrent en rien la richesse d'invention, la verve satirique et la vigueur de style qui sont les titres impérissables de Molière à occuper le premier rang parmi nos poètes comiques. Obligé de faire vite, il n'a pu que relier, par une trame légère, par une intrigue à peine nouée, les scènes où nous voyons passer sous nos yeux toute une galerie d'importuns inconscients qui, absorbés par leur préoccupation du moment, ne se doutent pas du supplice qu'ils infligent à leur auditeur forcé. Eraste cherche à joindre Orphise qui lui plaît, qu'il désire épouser et que Damis, oncle et tuteur de la jeune fille, lui refuse. Chaque fois qu'Éraste croit toucher au but, un *fâcheux* arrive à la traverse. C'est là toute la pièce. Molière a su varier cette situation uniforme par la diversité des originaux qu'il nous présente. C'est d'abord le marquis impertinent qui vient planter sa chaise au milieu du théâtre et apostrophe Eraste en pleine représentation, peu soucieux du scandale et de l'embarras qu'il cause. Par la création de ce personnage, Molière prélude aux railleries qu'il ne cessera de lancer contre ces petits seigneurs auxquels il ne pardonne pas leur cervelle légère, leurs airs évaporés, le tapage qu'ils font sur la scène, leur ignorance doublée de vanité et de prétentions littéraires, et par-dessus tout leurs jugements impertinents sur des œuvres dont ils étaient incapables d'apprécier le mérite ou la portée. Pour la composition de cette scène, Molière s'est plus d'une fois souvenu de la piquante satire où Régnier a peint, avec une si parfaite vérité de détails et dans un style si savoureux, les importunités d'un *fâcheux* obstinément attaché à ses pas. Puis, c'est le marquis auteur, précurseur de l'Oronte du *Misanthrope*, qui vient faire admirer à Eraste sa courante, air et pas; le joueur malheureux avec lequel il faut consentir à repasser par toutes les péripéties du coup qui l'a fait perdre; l'ami trop empressé qui vient offrir ses services pour un duel imaginaire; le chasseur passionné, dont l'original, M. de Soyecourt, fut désigné à Molière par Louis XIV lui-même, et que le Roi eut le plaisir de voir figurer, vrai comme nature, parmi les autres *fâcheux*, à la seconde représentation de la pièce; enfin Caritidès, bon type de savant ridicule; et Ormin, l'homme aux inventions chimériques, qui finit par tendre la main en sollicitant un don... Certes Molière arrivera à une plus grande profondeur d'observation et créera plus tard des types d'une vérité plus générale; mais ces légers croquis enlevés de verve sont déjà d'un dessin très sûr, d'une physionomie très expressive.

LES FÂCHEUX

ACTE PREMIER

Scène première

ÉRASTE, LA MONTAGNE

ÉRASTE

Sous quel astre, bon Dieu, faut-il que je sois né,
Pour être de fâcheux toujours assassiné !
Il semble que partout le sort me les adresse.
Et j'en vois chaque jour quelque nouvelle espèce ;
Mais il n'est rien d'égal au fâcheux d'aujourd'hui ;
J'ai cru n'être jamais débarrassé de lui,
Et cent fois j'ai maudit cette innocente envie
Qui m'a pris à dîner [1] de voir la comédie,
Où, pensant m'égayer, j'ai misérablement
Trouvé de mes péchés le rude châtiment.
Il faut que je te fasse un récit de l'affaire,
Car je m'en sens encor tout ému de colère.
J'étais sur le théâtre [2] en humeur d'écouter
La pièce, qu'à plusieurs j'avais ouï vanter ;
Les acteurs commençaient, chacun prêtait silence,
Lorsque d'un air bruyant et plein d'extravagance,

[1] Le dîner était le repas de midi, et les théâtres donnaient leurs représentations dans la journée.

[2] Il y avait alors sur la scène même des sièges placés à droite et à gauche des acteurs et où se mettaient les hommes de qualité. « Tout le bel air était sur la scène dit Mme de Sévigné, en parlant d'une représentation de Bajazet. » Cette coutume était fort gênante pour les acteurs, et Molière s'est souvent plaint de l'insolence de ces spectateurs incommodes.

Un homme à grands canons[1] est entré brusquement,
En criant : « Holà-ho ! un siège promptement ! »
Et de son grand fracas surprenant l'assemblée,
Dans le plus bel endroit a la pièce troublée[2].
Hé ! mon Dieu ! nos Français si souvent redressés
Ne prendront-ils jamais un air de gens sensés,
Ai-je dit, et faut-il sur nos défauts extrêmes
Qu'en théâtre public nous nous jouions nous-mêmes,
Et confirmions ainsi, par des éclats de fous,
Ce que chez nos voisins on dit partout de nous ?
Tandis que là-dessus je haussais les épaules,
Les acteurs ont voulu continuer leurs rôles :
Mais l'homme pour s'asseoir a fait nouveau fracas,
Et traversant encor le théâtre à grands pas,
Bien que dans les côtés il pût être à son aise,
Au milieu du devant il a planté sa chaise,
Et de son large dos morguant[3] les spectateurs,
Aux trois quarts du parterre a caché les acteurs.
Un bruit s'est élevé, dont un autre eût eu honte ;
Mais lui, ferme et constant, n'en a fait aucun compte
Et se serait tenu comme il s'était posé,
Si, pour mon infortune, il ne m'eût avisé.
« Ha ! Marquis ! m'a-t-il dit, prenant près de moi place,
Comment te portes-tu ? Souffre que je t'embrasse[4]. »
Au visage, sur l'heure, un rouge m'est monté,
Que l'on me vît connu d'un pareil éventé[5].
Je l'étais peu pourtant ; mais on en voit paraître,
De ces gens qui de rien[6] veulent fort vous connaître,
Dont il faut au salut les baisers essuyer,
Et qui sont familiers jusqu'à vous tutoyer.
Il m'a fait à l'abord cent questions frivoles,
Plus haut que les acteurs élevant ses paroles.

[1] Voir page 63, note 4.

[2] Cette construction, qui consiste à mettre le complément entre l'auxiliaire et le participe est fréquente chez les poètes du commencement du siècle, notamment chez Corneille; on la rencontre encore chez La Fontaine et Molière.

[3] *Morguer* quelqu'un, c'est le traiter avec hauteur.

[4] Molière se moquera plus d'une fois de cette manie des embrassades.

[5] Étourdi, homme qui a la tête à l'évent, c'est-à-dire prête à tourner comme une girouette sous l'action du vent.

[6] Pour un rien, pour des relations passagères.

Chacun le maudissait; et moi, pour l'arrêter :
« Je serais, ai-je dit, bien aise d'écouter.
— Tu n'as point vu ceci, Marquis ? Ah! Dieu me damne!
Je le trouve assez drôle, et je n'y suis pas âne ;
Je sais par quelles lois un ouvrage est parfait,
Et Corneille me vient lire tout ce qu'il fait [1]. »
Là-dessus de la pièce il m'a fait un sommaire,
Scène à scène averti de ce qui s'allait faire ;
Et jusques à des vers qu'il en savait par cœur,
Il me les récitait tout haut avant l'acteur.
J'avais beau m'en défendre, il a poussé sa chance [2],
Et s'est devers [3] la fin levé longtemps d'avance ;
Car les gens du bel air, pour agir galamment,
Se gardent bien surtout d'ouïr le dénoûment.
Je rendais grâce au Ciel, et croyais de justice [4],
Qu'avec la comédie eût fini mon supplice ;
Mais, comme si c'en eût été trop bon marché,
Sur nouveaux frais mon homme à moi s'est attaché,
M'a conté ses exploits, ses vertus non communes,
Parlé de ses chevaux, de ses bonnes fortunes,
Et de ce qu'à la cour il avait de faveur,
Disant qu'à m'y servir il s'offrait de grand cœur.
Je le remerciais doucement de la tête,
Minutant [5] à tous coups quelque retraite honnête :
Mais lui, pour le quitter me voyant ébranlé :
« Sortons, ce m'a-t-il dit, le monde est écoulé » ;
Et, sortis de ce lieu, me la donnant plus sèche [6] :
« Marquis, allons au Cours faire voir ma galèche [7].
Elle est bien entendue, et plus d'un duc et pair
En fait à mon faiseur faire une du même air. »
Moi, de lui rendre grâce, et, pour mieux m'en défendre,
De dire que j'avais certain repas à rendre.

[1] En 1661, Corneille faisait représenter, avec beaucoup de succès, *la Toison d'or*, sorte de tragédie lyrique.

[2] Il a tenu bon, profité des circonstances.

[3] Vers.

[4] Et croyais qu'il était de toute justice.

[5] Au propre, dresser une minute ou un brouillon; au figuré, projeter.

[6] Expression proverbiale dont on ne connaît pas l'origine, et qui signifie : annoncer une nouvelle, dire une chose désagréable, sans préparation qui puisse l'adoucir.

[7] Calèche (de l'allemand *Kalesche*) s'écrivait encore par un *g* au temps de Molière. La mode en était assez nouvelle pour qu'un élégant aimât à exhiber la sienne au Cours Saint-Antoine ou au Cours la Reine où allait le beau monde.

« Ah ! parbleu ! j'en veux être, étant de tes amis,
Et manque au maréchal à qui j'avais promis.
— De la chère [1], ai-je fait, la dose est trop peu forte
Pour oser y prier des gens de votre sorte.
— Non, m'a-t-il répondu, je suis sans compliment [2],
Et j'y vais pour causer avec toi seulement ;
Je suis des grands repas fatigué, je te jure.
— Mais si l'on vous attend, ai-je dit, c'est injure...
— Tu te moques, Marquis ; nous nous connaissons tous,
Et je trouve avec toi des passe-temps plus doux. »
Je pestais contre moi, l'âme triste et confuse
Du funeste succès qu'avait eu mon excuse,
Et ne savais à quoi je devais recourir
Pour sortir d'une peine à me faire mourir ;
Lorsqu'un carrosse fait de superbe manière
Et comblé de laquais et devant et derrière,
S'est, avec un grand bruit, devant nous arrêté,
D'où sautant un jeune homme amplement ajusté,
Mon importun et lui, courant à l'embrassade,
Ont surpris les passants de leur brusque incartade [3] ;
Et tandis que tous deux étaient précipités
Dans les convulsions de leurs civilités,
Je me suis doucement esquivé sans rien dire ;
Non sans avoir longtemps gémi d'un tel martyre,
Et maudit ce fâcheux, dont le zèle obstiné
M'ôtait au rendez-vous qui m'est ici donné [4].

LA MONTAGNE

Ce sont chagrins mêlés aux plaisirs de la vie.
Tout ne va pas, Monsieur, au gré de notre envie.
Le Ciel veut qu'ici-bas chacun ait ses fâcheux,
Et les hommes seraient sans cela trop heureux.

Éraste témoigne son impatience de rejoindre Orphise ; mais La Montagne, fâcheux à son tour, le retient pour l'ajuster.

[1] *Chère* vient du bas latin *cara*, visage. Faire bonne chère à quelqu'un, c'est lui faire bon visage, bon accueil, par suite lui offrir un bon repas. C'est ainsi que le mot chère est venu à signifier repas.

[2] *Sans compliment*, sans cérémonie, sans façon.

[3] Voir la note 4, page 31.

[4] Éraste doit rencontrer la dame à la main de laquelle il aspire.

LA MONTAGNE

Monsieur, votre rabat par devant se sépare.

ÉRASTE

N'importe.

LA MONTAGNE

Laissez-moi l'ajuster, s'il vous plaît.

ÉRASTE

Ouf ! tu m'étrangles ; fat, laisse-le comme il est.

LA MONTAGNE

Souffrez qu'on peigne un peu...

ÉRASTE

Sottise sans pareille !
Tu m'as d'un coup de dent presque emporté l'oreille.

LA MONTAGNE

Vos canons...

ÉRASTE

Laisse-les, tu prends trop de souci.

LA MONTAGNE

Ils sont tout chiffonnés.

ÉRASTE

Je veux qu'ils soient ainsi.

LA MONTAGNE

Accordez-moi du moins, pour grâce singulière,
De frotter ce chapeau qu'on voit plein de poussière.

ÉRASTE

Frotte donc, puisqu'il faut que j'en passe par là.

LA MONTAGNE

Le voulez-vous porter fait comme le voilà ?

ÉRASTE

Mon Dieu, dépêche-toi.

LA MONTAGNE

Ce serait conscience.

ÉRASTE, après avoir attendu

C'est assez.

LA MONTAGNE

Donnez-vous un peu de patience.

ÉRASTE

Il me tue.

LA MONTAGNE

En quel lieu vous êtes-vous fourré ?

ÉRASTE

T'es-tu de ce chapeau pour toujours emparé ?

LA MONTAGNE

C'est fait.

ÉRASTE

Donne-moi donc.

LA MONTAGNE, laissant tomber le chapeau

Hay !

ÉRASTE

Le voilà par terre !
Je suis fort avancé. Que la fièvre te serre !

LA MONTAGNE

Permettez qu'en deux coups j'ôte...

ÉRASTE

Il ne me plaît pas.
Au diantre tout valet qui vous est sur les bras,
Qui fatigue son maître et ne fait que déplaire
A force de vouloir trancher du nécessaire.

Scène II

ORPHISE, ALCIDOR, ÉRASTE, LA MONTAGNE

(Orphise traverse le fond du théâtre, Alcidor lui donne la main.)

ÉRASTE

Mais vois-je pas Orphise ? Oui, c'est elle qui vient.
Où va-t-elle si vite, et quel homme la tient[1] ?

(Il la salue comme elle passe, et elle, en passant, détourne la tête.)

[1] Lui donne la main, l'accompagne.

Scène III

ÉRASTE, LA MONTAGNE

ÉRASTE

Quoi ! me voir en ces lieux devant elle paraître,
Et passer en feignant de ne me pas connaître !
Que croire? Qu'en dis-tu ? Parle donc, si tu veux.

LA MONTAGNE

Monsieur, je ne dis rien, de peur d'être fâcheux.

ÉRASTE

Et c'est l'être, en effet, que de ne me rien dire
Dans les extrémités d'un si cruel martyre.
Fais donc quelque réponse à mon cœur abattu.
Que dois-je présumer ? Parle, qu'en penses-tu ?
Dis-moi ton sentiment.

LA MONTAGNE

Monsieur, je veux me taire,
Et ne désire point trancher du nécessaire.

ÉRASTE

Peste l'impertinent ! Va-t'en suivre leurs pas.
Vois ce qu'ils deviendront, et ne les quitte pas.

LA MONTAGNE, revenant sur ses pas

Il faut suivre de loin ?

ÉRASTE

Oui.

LA MONTAGNE, revenant sur ses pas

Sans que l'on me voie,
Ou faire aucun semblant qu'après eux on m'envoie ?

ÉRASTE

Non, tu feras bien mieux de leur donner avis
Que par mon ordre exprès ils sont de toi suivis.

LA MONTAGNE, revenant sur ses pas

Vous trouverai-je ici ?

ÉRASTE

Que le Ciel te confonde,
Homme, à mon sentiment, le plus fâcheux du monde !

. . . .

Un nouveau fâcheux vient interrompre Éraste.

Scène V

LISANDRE, ÉRASTE

LISANDRE

Sous ces arbres de loin mes yeux t'ont reconnu,
Cher marquis, et d'abord je suis à toi venu.
Comme à de mes amis, il faut que je te chante
Certain air que j'ai fait de petite courante[1],
Qui de toute la cour contente les experts,
Et sur qui plus de vingt ont déjà fait des vers.
J'ai le bien, la naissance et quelque emploi passable,
Et fais figure en France assez considérable[2];
Mais je ne voudrais pas, pour tout ce que je suis,
N'avoir point fait cet air qu'ici je te produis.
(Il prélude.)
La, la, hem, hem, écoute avec soin, je te prie.
(Il chante sa courante.)
N'est-elle pas belle ?

ÉRASTE

Ah !

LISANDRE

Cette fin est jolie.
(Il rechante la fin quatre ou cinq fois de suite.)
Comment la trouves-tu ?

ÉRASTE

Fort belle assurément.

[1] Ancienne danse, sur l'air de laquelle on faisait souvent des vers.

[2] Un des marquis du *Misanthrope* se vante d'une manière analogue, mais avec plus de verve et une vanité mieux épanouie.

LISANDRE

Les pas que j'en ai faits n'ont pas moins d'agrément
Et surtout la figure a merveilleuse grâce.

(Il chante, parle et danse tout ensemble et fait faire à Éraste les figures de la femme.)

Tiens, l'homme passe ainsi ; puis la femme repasse ;
Ensemble ; puis on quitte, et la femme vient là.
Vois-tu ce petit trait de feinte[1] que voilà ?
Ce fleuret[2] ? ces coupés[3] courant après la belle ?
Dos à dos, face à face, en se pressant sur elle.
Que t'en semble, Marquis ?

ÉRASTE

Tous ces pas-là sont fins.

LISANDRE

Je me moque, pour moi, des maîtres baladins[4].

ÉRASTE

On le voit.

LISANDRE

Les pas donc ?

ÉRASTE

N'ont rien qui ne surprenne.

LISANDRE

Veux-tu, par amitié, que je te les apprenne ?

ÉRASTE

Ma foi, pour le présent, j'ai certain embarras...

LISANDRE

Eh bien donc ! ce sera lorsque tu le voudras.
Si j'avais dessus moi ces paroles nouvelles,
Nous les lirions ensemble, et verrions les plus belles.

ÉRASTE

Une autre fois.

[1] Sans doute ce semblant de poursuite.
[2] *Fleuret*, pas de bourrée.
[3] Pas qui consiste à se poser sur un pied, tandis qu'on passe l'autre devant ou derrière.
[4] *Baladin* n'est pas pris ici en mauvaise part et a simplement le sens de danseur.

LISANDRE

Adieu ; Baptiste [1] le très cher
N'a point vu ma courante, et je le vais chercher :
Nous avons pour les airs de grandes sympathies,
Et je veux le prier d'y faire des parties.

(Il s'en va toujours en chantant.)

Scène VI

ÉRASTE, seul

Ciel ! faut-il que le rang, dont on veut tout couvrir,
De cent sots tous les jours nous oblige à souffrir,
Et nous fasse abaisser jusques aux complaisances
D'applaudir bien souvent à leurs impertinences !

Éraste a enfin pu joindre Orphise, qui lui explique qu'elle a été obligée de souffrir la compagnie d'un fâcheux ; mais à peine leur entretien est-il commencé qu'un nouvel importun l'interrompt.

Scène X

ALCANDRE, ÉRASTE, LA MONTAGNE

ALCANDRE

Avec peine, Marquis, je te fais la prière :
Mais un homme vient là de me rompre en visière [2],
Et je souhaite fort, pour ne rien reculer,
Qu'à l'heure [3], de ma part, tu l'ailles appeler [4].
Tu sais qu'en pareil cas ce serait avec joie
Que je te le rendrais en la même monnoie [5].

ÉRASTE, après avoir été quelque temps sans parler

Je ne veux point ici faire le capitan [6] ;
Mais on m'a vu soldat avant que courtisan :
J'ai servi quatorze ans, et je crois être en passe
De pouvoir d'un tel pas me tirer avec grâce,

[1] Lulli, très en faveur auprès du roi, et qui avait la charge de surintendant et compositeur de la musique de sa chambre.

[2] Terme de chevalerie, qui signifiait frapper d'un coup de lance la visière de son adversaire. Au figuré *rompre en visière*, c'est attaquer quelqu'un en face, ouvertement.

[3] A l'heure même, tout de suite.

[4] En duel.

[5] On prononçait au XVIIe siècle *jouè* et *monnouè*. On trouvera fréquemment chez les poètes de cette époque des mots en *oi* rimant avec des mots en *ai*. Ce ne sont pas des irrégularités ; c'est parce que l'orthographe et la prononciation ont changé que ces mots ne riment plus aujourd'hui.

[6] Faire le fanfaron. Capitan a la même origine que *capitaine* (de l'italien *capitano*). Dans les pièces bouffonnes imitées de l'italien, le capitan était toujours un fanfaron ; c'est ce sens que le mot a conservé.

Et de ne craindre point qu'à quelque lâcheté
Le refus de mon bras me puisse être imputé.
Un duel met les gens en mauvaise posture[1] ;
Et notre roi n'est pas un monarque en peinture.
Il sait faire obéir les plus grands de l'État,
Et je trouve qu'il fait en digne potentat.
Quand il faut le servir, j'ai du cœur pour le faire ;
Mais je ne m'en sens point quand il faut lui déplaire.
Je me fais de son ordre une suprême loi ;
Pour lui désobéir, cherche un autre que moi.
Je te parle, Vicomte, avec franchise entière,
Et suis ton serviteur en toute autre matière.
Adieu. (Seul.) Cinquante fois au diable les fâcheux!

ACTE DEUXIÈME

Scène Première

ÉRASTE

Mes fâcheux à la fin se sont-ils écartés ?
Je pense qu'il en pleut ici de tous côtés.
Je les fuis, et les trouve ; et, pour second martyre,
Je ne saurais trouver celle que je désire.
Le tonnerre et la pluie ont promptement passé,
Et n'ont point de ces lieux le beau monde chassé.
Plût au Ciel, dans les dons que ses soins y prodiguent,
Qu'ils en eussent chassé tous les gens qui fatiguent!
Le soleil baisse fort, et je suis étonné
Que mon valet encor ne soit point retourné.

Scène II

ALCIPPE, ÉRASTE

ALCIPPE

Console-moi, Marquis, d'une étrange partie
Qu'au piquet je perdis hier[2] contre un Saint-Bouvain,

[1] Les édits contre le duel étaient très rigoureux. Ces vers ne pouvaient qu'être agréables à Louis XIV, devant qui avait lieu la première représentation.

[2] Hier ne compte ici et deux vers plus loin que pour une syllabe.

A qui je donnerais quinze points et la main.
C'est un coup enragé, qui depuis hier m'accable,
Et qui ferait donner tous les joueurs au diable;
Un coup assurément à se pendre en public.
Il ne m'en faut que deux; l'autre a besoin d'un pic [1]:
Je donne, il en prend six [2], et demande à refaire;
Moi, me voyant de tout, je n'en voulus rien faire.
Je porte [3] l'as de trèfle (admire mon malheur!),
L'as, le roi, le valet, le huit et dix de cœur,
Et quitte, comme au point allait la politique,
Dame et roi de carreau, dix et dame de pique.
Sur mes cinq cœurs portés la dame arrive encor,
Qui me fait justement une quinte major;
Mais mon homme avec l'as, non sans surprise extrême,
Des bas carreaux sur table étale une sixième.
J'en avais écarté la dame avec le roi;
Mais, lui fallant un pic, je sortis hors d'effroi,
Et croyais bien du moins faire deux points uniques.
Avec les sept carreaux, il avait quatre piques,
Et, jetant le dernier, m'a mis dans l'embarras
De ne savoir lequel garder de mes deux as.
J'ai jeté l'as de cœur, avec raison, me semble;
Mais il avait quitté quatre trèfles ensemble,
Et par un six de cœur je me suis vu capot [4],
Sans pouvoir, de dépit, proférer un seul mot.
Morbleu! fais-moi raison de ce coup effroyable;
A moins que l'avoir vu, peut-il être croyable?

[1] C'est-à-dire : il ne me fallait que deux points pour gagner, tandis qu'il en fallait au moins soixante à mon adversaire (le pic donnant droit à marquer soixante points).

[2] Les règles du jeu de piquet étaient alors un peu différentes de ce qu'elles sont aujourd'hui. On jouait avec trente-six cartes au lieu de trente-deux, et on en distribuait douze à chaque joueur. Il en restait donc douze au talon; le premier, celui qui avait la main, avait le droit d'en écarter huit de son jeu et de les reprendre au talon où il en restait quatre pour le second. L'adversaire d'Alcippe s'était donc trompé de deux cartes en n'en prenant que six. C'est pour cela qu'il demande à refaire. — *Me voyant de tout*, voyant que j'avais de tout.

[3] *Je porte*, j'ai en main avant d'écarter. *Je quitte*, j'écarte, visant au point (c'est-à-dire à avoir le plus de cartes possible de la même couleur), à compléter la série des cœurs dont j'ai déjà cinq. La quinte majeure dont Eraste parle un peu plus loin consiste à avoir l'as, le roi, la dame, le valet et le dix de même couleur, ce qui compte pour quinze points, tandis que la sixième compte pour seize et annule la quinte de l'adversaire.

[4] On est capot quand on ne fait pas une seule levée; l'adversaire compte alors quarante points.

ÉRASTE

C'est dans le jeu qu'on voit les plus grands coups du sort.

ALCIPPE

Parbleu ! tu jugeras toi-même si j'ai tort.
Et si c'est sans raison que ce coup me transporte;
Car voici nos deux jeux, qu'exprès sur moi je porte.
Tiens, c'est ici mon port [1], comme je te l'ai dit.
Et voici...

ÉRASTE

J'ai compris le tout par ton récit,
Et vois de la justice au transport qui t'agite ;
Mais pour certaine affaire il faut que je te quitte.
Adieu. Console-toi pourtant de ton malheur.

ALCIPPE

Qui, moi ? J'aurai toujours ce coup-là sur le cœur ;
Et c'est, pour ma raison, pis qu'un coup de tonnerre.
Je le veux faire, moi, voir à toute la terre.
(Il s'en va, et rentre en disant :)
Un six de cœur! Deux points !

ÉRASTE

En quel lieu sommes-nous?
De quelque part qu'on tourne on ne voit que des fous.

Scène III

ÉRASTE, LA MONTAGNE

ÉRASTE

Ah ! que tu fais languir ma juste impatience !

LA MONTAGNE

Monsieur, je n'ai pu faire une autre diligence.

ÉRASTE

Mais me rapportes-tu quelque nouvelle, enfin ?

LA MONTAGNE

Sans doute ; et de l'objet qui fait votre destin,
J'ai, par un ordre exprès, quelque chose à vous dire.

[1] Les cartes que j'avais en main avant d'écarter.

ÉRASTE

Et quoi? Déjà mon cœur après ce mot soupire :
Parle.

LA MONTAGNE

Souhaitez-vous de savoir ce que c'est?

ÉRASTE

Oui, dis vite.

LA MONTAGNE

Monsieur, attendez, s'il vous plaît :
Je me suis, à courir, presque mis hors d'haleine.

ÉRASTE

Prends-tu quelque plaisir à me tenir en peine?

LA MONTAGNE

Puisque vous désirez de savoir promptement
L'ordre que j'ai reçu de cet objet charmant,
Je vous dirai... Ma foi! sans vous vanter mon zèle,
J'ai bien fait du chemin pour trouver cette belle ;
Et si...

ÉRASTE

Peste soit fait de tes digressions!

LA MONTAGNE

Ah! il faut modérer un peu ses passions ;
Et Sénèque[1]...

ÉRASTE

Sénèque est un sot dans ta bouche,
Puisqu'il ne me dit rien de tout ce qui me touche.
Dis-moi ton ordre, tôt.

LA MONTAGNE

Pour contenter vos vœux,
Votre Orphise... Une bête est là dans vos cheveux.

ÉRASTE

Laisse.

LA MONTAGNE

Cette beauté, de sa part, vous fait dire...

[1] Philosophe latin. C'est le *Traité de la Colère* ou celui de *la Tranquillité de l'âme* que voudrait sans doute citer ce valet bien appris. Il ne faut pas s'en étonner : un domestique instruit était chose plus commune au XVIIe siècle qu'aujourd'hui : car alors les petits emplois demandant une certaine instruction étaient rares, et l'on se faisait volontiers serviteur d'un homme de cour pour gagner son pain.

ÉRASTE

Quoi?

LA MONTAGNE

Devinez.

ÉRASTE

Sais-tu que je ne veux pas rire?

LA MONTAGNE

Son ordre est qu'en ce lieu vous devez vous tenir,
Assuré que dans peu vous l'y verrez venir,
Lorsqu'elle aura quitté quelques provinciales,
Aux personnes de cour fâcheuses animales.

ÉRASTE

Tenons-nous donc au lieu qu'elle a voulu choisir.
Mais, puisque l'ordre [1] ici m'offre quelque loisir,
Laisse-moi méditer.

(La Montagne sort.)

J'ai dessein de lui faire
Quelques vers sur un air où je la vois se plaire.

(Il rêve.)

Éraste est encore interrompu dans sa rêverie par deux dames qui le consultent sur une question de sentiment. Survient Orphise, qui se pique qu'Éraste n'ait pas fait assez vite attention à elle et le quitte brusquement. Éraste veut la suivre, mais en est empêché par un nouveau fâcheux.

Scène VII

DORANTE [2], ÉRASTE

DORANTE

Ha! Marquis! que l'on voit de fâcheux [3], tous les jours,
Venir de nos plaisirs interrompre le cours!
Tu me vois enragé d'une assez belle chasse
Qu'un fat... C'est un récit qu'il faut que je te fasse

ÉRASTE

Je cherche ici quelqu'un, et ne puis m'arrêter.

DORANTE, le retenant

Parbleu! chemin faisant, je te le veux conter.
Nous étions une troupe assez bien assortie,
Qui, pour courir un cerf, avions hier fait partie;

[1] L'ordre d'Orphise.

[2] Ce Dorante est le personnage que Molière créa pour représenter M. de Soyecourt, que le roi lui-même lui avait désigné.

[3] Un fâcheux qui se plaint des fâcheux, cela est assez piquant.

Et nous fûmes coucher sur le pays exprès,
C'est-à-dire, mon cher, en fin fond de forêts.
Comme cet exercice est mon plaisir suprême,
Je voulus, pour bien faire, aller au bois moi-même,
Et nous conclûmes tous d'attacher nos efforts
Sur un cerf, qu'un chacun nous disait cerf dix-cors [1] :
Mais, moi, mon jugement, sans qu'aux marques j'arrête,
Fut qu'il n'était que cerf à sa seconde tête.
Nous avions, comme il faut, séparé nos relais [2],
Et déjeunions en hâte, avec quelques œufs frais,
Lorsqu'un franc campagnard, avec longue rapière,
Montant superbement sa jument poulinière [3],
Qu'il honorait du nom de sa bonne jument,
S'en est venu nous faire un mauvais compliment,
Nous présentant aussi, pour surcroît de colère,
Un grand benêt de fils aussi sot que son père.
Il s'est dit grand chasseur, et nous a priés tous
Qu'il pût avoir le bien de courir avec nous.
Dieu préserve, en chassant, toute sage personne
D'un porteur de huchet [4], qui mal à propos sonne ;
De ces gens qui, suivis de dix hourets [5] galeux,
Disent « ma meute », et font les chasseurs merveilleux !
Sa demande reçue, et ses vertus prisées,
Nous avons été tous frapper à nos brisées [6].
A trois longueurs de trait [7], tayaut [8] ! voilà d'abord
Le cerf donné aux chiens [9]. J'appuie, et sonne fort.

[1] On appelle cors ou andouillers les branches qui poussent sur les deux principales cornes du cerf. Un cerf dix-cors n'a pas nécessairement dix de ces branches ; il suffit, pour qu'on l'appelle ainsi, qu'il ait atteint sa sixième année. On dit qu'un cerf a sa seconde tête, lorsque les cors commencent à pousser sur les cornes, vers la troisième année.

[2] C'est-à-dire posté des chiens en différents endroits pour poursuivre la bête au passage.

[3] Une jument poulinière, c'est-à-dire qui a eu des poulains, n'est pas assez légère et rapide à la course pour être un bon cheval de chasse.

[4] Sorte de cornet de chasse semblable à celui dont se servaient les postillons.

[5] Mauvais chiens de chasse.

[6] Les brisées sont des branches que l'on brise de place en place pour reconnaître le chemin que la bête a suivi. Frapper aux brisées, c'est découpler les chiens une fois arrivés aux brisées.

[7] Le *trait* est une corde de trois à quatre pieds de long attachée au collier du limier, et qui sert à le tenir lorsque le veneur va aux bois.

[8] *Tayaut*, exclamation que pousse le chasseur lorsqu'il voit la bête, cerf, daim ou chevreuil.

[9] *Donner le cerf aux chiens*, c'est lancer les chiens à sa poursuite. Molière, ne voulant pas changer l'expression consacrée, a laissé l'*hiatus* « donné aux chiens ». — *Appuyer les chiens*, c'est les exciter en leur parlant, en les nommant par leurs noms ou en sonnant du cor.

Mon cerf débuche [1], et passe une assez longue plaine,
Et mes chiens après lui, mais si bien en haleine,
Qu'on les aurait couverts tous d'un seul justaucorps [2].
Il vient à la forêt. Nous lui donnons alors
La vieille meute [3]; et moi, je prends en diligence
Mon cheval alezan [4]. Tu l'as vu ?

ÉRASTE

Non, je pense.

DORANTE

Comment! C'est un cheval aussi bon qu'il est beau,
Et que, ces jours passés, j'achetai de Gaveau [5].
Je te laisse à penser si, sur cette matière,
Il voudrait me tromper, lui qui me considère :
Aussi je m'en contente; et jamais, en effet,
Il n'a vendu cheval, ni meilleur, ni mieux fait.
Une tête de barbe [6], avec l'étoile nette,
L'encolure d'un cygne, effilée et bien droite;
Point d'épaules non plus qu'un lièvre, court-jointé [7],
Et qui fait, dans son port, voir sa vivacité;
Des pieds, morbleu! des pieds! le rein double [8] (à vrai dire,
J'ai trouvé le moyen, moi seul, de le réduire;
Et sur lui, quoique aux yeux il montrât beau semblant [9],
Petit-Jean de Gaveau ne montait qu'en tremblant),
Une croupe, en largeur à nulle autre pareille!
Et des gigots, Dieu sait! Bref, c'est une merveille;
Et j'en ai refusé cent pistoles [10], crois-moi,
Au retour d'un cheval amené pour le Roi.
Je monte donc dessus, et ma joie était pleine,

[1] Un cerf débuche lorsqu'il sort du bois et traverse une plaine pour se diriger sur un autre bois.

[2] Tant ils étaient pressés les uns contre les autres, allant d'une course égale.

[3] La *vieille meute*, c'est le second relais composé de chiens moins ardents et moins vigoureux, qui suffiront à poursuivre le cerf, parce que celui-ci est déjà fatigué.

[4] Cheval brun rouge qui a les crins et les extrémités de la même couleur que la robe.

[5] Marchand de chevaux ayant des chalands à la cour.

[6] *Un cheval barbe* est un cheval Arabe venu de Barbarie, qui a les formes fines. — *Etoile*, marque blanche sur le front d'un cheval.

[7] C'est-à-dire qui n'a pas le *paturon* ou bas de la jambe trop long.

[8] Le rein bien séparé par l'épine dorsale, qui elle-même est épaisse. C'est un signe de vigueur chez les chevaux.

[9] Il fit bonne contenance, il montra un visage assuré.

[10] C'est-à-dire qu'on lui avait offert, en échange de son alezan, un cheval amené au Roi, et plus de mille francs de retour.

De voir filer de loin les coupeurs [1] dans la plaine ;
Je pousse, et je me trouve en un fort [2] à l'écart,
A la queue de nos chiens, moi seul avec Drécar [3].
J'appuie alors mes chiens, et fais le diable à quatre ;
Enfin jamais chasseur ne se vit plus joyeux,
Je le relance [4] seul, et tout allait des mieux,
Lorsque d'un jeune cerf s'accompagne le nôtre ;
Une part de mes chiens se sépare de l'autre ;
Et je les vois, Marquis, comme tu peux penser,
Chasser tous avec crainte, et Finaut balancer [5] :
Il se rabat soudain, dont j'eus l'âme ravie ;
Il empaume [6] la voie ; et moi je sonne et crie :
« A Finaut ! à Finaut ! » j'en revois à plaisir
Sur une taupinière, et résonne à loisir.
Quelques chiens revenaient à moi, quand, pour disgrâce,
Le jeune cerf, Marquis, à mon campagnard passe.
Mon étourdi se met à sonner comme il faut,
Et crie à pleine voix : « tayaut ! tayaut ! tayaut ! »
Mes chiens me quittent tous, et vont à ma pécore [7] ;
J'y pousse [8] et j'en revois dans le chemin encore ;
Mais à terre, mon cher, je n'eus pas jeté l'œil,
Que je connus le change [9], et sentis un grand deuil.
J'ai beau lui faire voir toutes les différences
Des pinces [10] de mon cerf et de ses connaissances,
Il me soutient toujours, en chasseur ignorant,
Que c'est le cerf de meute [11], et, par ce différend,
Il donne temps aux chiens d'aller loin. J'en enrage,

[1] *Coupeurs*, ce sont les chiens qui coupent les autres, c'est-à-dire qui se détachent de la meute pour se jeter dans un chemin de traverse et prendre les devants.

[2] L'endroit le plus épais du bois.

[3] Piqueur renommé.

[4] *Relancer*, c'est poursuivre de nouveau le cerf, lorsque les chiens l'ont forcé à quitter un abri où il se reposait.

[5] Hésiter sur la piste à suivre. Se rabattre c'est la retrouver et l'indiquer au chasseur.

[6] *Empaumer la voie*, c'est s'élancer sur la bonne piste. — *En revoir ou revoir*, c'est voir sur le sol l'empreinte du pied d'un animal. Lorsque la terre est molle, *il fait bon revoir* (j'en revois à plaisir, dit Dorante : lorsqu'elle est sèche et ne garde pas les empreintes, *il fait mauvais revoir*.

[7] A mon sot, à mon imbécile.

[8] Je pousse dans cette direction. Dorante lui-même s'est laissé tromper par la sonnerie du campagnard.

[9] Terme de vénerie qui désigne l'erreur des chiens lorsqu'ils ont quitté la bonne piste pour celle d'une autre bête. C'est de là que vient l'expression figurée : *donner ou prendre le change*.

[10] *Pinces*, en terme de chasse, les pointes des ongles du cerf, du sanglier, etc. *Connaissances*, les indices, les vestiges qui indiquent la direction qu'a prise la bête.

[11] Le cerf sur lequel on a lancé les chiens.

Et, pestant de bon cœur contre le personnage,
Je pousse mon cheval et par haut et par bas [1],
Qui pliait des gaulis[2] aussi gros que les bras :
Je ramène les chiens à ma première voie,
Qui vont, en me donnant une excessive joie,
Requérir notre cerf, comme s'ils l'eussent vu.
Ils le relancent ; mais ce coup est-il prévu ?
A te dire le vrai, cher Marquis, il m'assomme ;
Notre cerf relancé va passer à notre homme,
Qui, croyant faire un trait de chasseur fort vanté,
D'un pistolet d'arçon qu'il avait apporté,
Lui donne justement au milieu de la tête [3],
Et de fort loin me crie : « Ah ! j'ai mis bas la bête ! »
A-t-on jamais parlé de pistolets, bon Dieu !
Pour courre un cerf ? Pour moi, venant dessus le lieu,
J'ai trouvé l'action tellement hors d'usage,
Que j'ai donné des deux à mon cheval, de rage,
Et m'en suis revenu chez moi toujours courant,
Sans vouloir dire un mot à ce sot ignorant.

ÉRASTE

Tu ne pouvais mieux faire, et ta prudence est rare :
C'est ainsi des fâcheux qu'il faut qu'on se sépare [4].
Adieu.

DORANTE

Quand tu voudras nous irons quelque part,
Où nous ne craindrons point de chasseur campagnard.

ÉRASTE, seul

Fort bien. Je crois qu'enfin je perdrai patience.
Cherchons à m'excuser avecque diligence.

[1] Par les monticules et les ravins.

[2] *Gaulis*, grandes branches d'un taillis. Le cheval de Dorante les pliait en passant par-dessus.

[3] Trait d'ignorance grossière des lois de la chasse, le cerf devant se tuer d'un coup de couteau. — *Courre* pour courir, terme de chasse.

[4] Il y a là un trait d'ironie que Dorante ne comprend pas. C'est lui qui est le fâcheux dont à présent Eraste se sépare avec un brusque adieu.

ACTE TROISIÈME

Scène II

CARITIDÈS, ÉRASTE

CARITIDÈS

Monsieur, le temps répugne[1] à l'honneur de vous voir ;
Le matin est plus propre à rendre un tel devoir ;
Mais de vous rencontrer il n'est pas bien facile,
Car vous dormez toujours, ou vous êtes en ville :
Au moins, Messieurs vos gens me l'assurent ainsi ;
Et j'ai, pour vous trouver, pris l'heure que voici.
Encore est-ce un grand heur[2] dont le destin m'honore,
Car, deux moments plus tard, je vous manquais encore.

ÉRASTE

Monsieur, souhaitez-vous quelque chose de moi ?

CARITIDÈS

Je m'acquitte, Monsieur, de ce que je vous doi[3].
Et vous viens... Excusez l'audace qui m'inspire,
Si...

ÉRASTE

Sans tant de façons, qu'avez-vous à me dire ?

CARITIDÈS

Comme le rang, l'esprit, la générosité,
Que chacun vante en vous...

ÉRASTE

Oui, je suis fort vanté.
Passons, Monsieur.

CARITIDÈS

Monsieur, c'est une peine extrême
Lorsqu'il faut à quelqu'un se produire soi-même,

[1] *Répugner à*, pour ne pas convenir, étant un terme d'école, Caritidès s'exprime en pédant. Exemple de l'art avec lequel Molière sait, dès les premières paroles, poser un caractère. Admirons aussi la variété de ses fâcheux et la gradation dans leur importunité. Caritidès renchérit sur les autres par ses circonlocutions et ses longs compliments, très comiques pour qui est dans le secret de l'impatience d'Eraste.

[2] *Heur* s'employait autrefois pour bonheur. Les exemples en sont fréquents au XVIIe siècle.

[3] Voir la note p. 34.

Et toujours près des grands on doit être introduit
Par des gens qui de nous fassent un peu de bruit,
Dont la bouche écoutée avecque poids débite
Ce qui peut faire voir notre petit mérite.
Enfin j'aurais voulu que des gens bien instruits
Vous eussent pu, Monsieur, dire ce que je suis.

ÉRASTE

Je vois assez, Monsieur, ce que vous pouvez être,
Et votre seul abord le peut faire connaître [1].

CARITIDÈS

Oui, je suis un savant charmé de vos vertus,
Non pas de ces savants dont le nom n'est qu'en *us*,
Il n'est rien si commun qu'un nom à la latine :
Ceux qu'on habille en grec ont bien meilleure mine ;
Et, pour en avoir un qui se termine en *ès*,
Je me fais appeler Monsieur Caritidès [2].

ÉRASTE

Monsieur Caritidès, soit. Qu'avez-vous à dire ?

CARITIDÈS

C'est un placet, Monsieur, que je voudrais vous lire,
Et que, dans la posture où vous met votre emploi,
J'ose vous conjurer de présenter au Roi.

ÉRASTE

Hé! Monsieur, vous pouvez le présenter vous-même.

CARITIDÈS

Il est vrai que le Roi fait cette grâce extrême ;
Mais par ce même excès de ses rares bontés,
Tant de méchants placets, Monsieur, sont présentés,
Qu'ils étouffent les bons ; et l'espoir où je fonde [3]
Est qu'on donne le mien quand le Prince est sans monde.

ÉRASTE

Eh bien ! vous le pouvez et prendre votre temps.

[1] Ironie. Par *ce que vous pouvez être*, Eraste entend à part lui un sot et un pédant ridicule.

[2] C'est-à-dire *fils des Grâces* ; comme ce nom va bien à ce lourd et prétentieux personnage !

[3] Au sens de *faire fond*, autrement dit l'espoir sur lequel je compte.

CARITIDÈS

Ah ! Monsieur, les huissiers sont de terribles gens !
Ils traitent les savants de faquins à nasardes [1],
Et je n'en puis venir qu'à la salle des gardes.
Les mauvais traitements qu'il me faut endurer
Pour jamais de la cour me feraient retirer,
Si je n'avais conçu l'espérance certaine
Qu'auprès de notre Roi vous serez mon Mécène [2].
Oui, votre crédit m'est un moyen assuré...

ÉRASTE

Eh bien ! donnez-moi donc, je le présenterai.

CARITIDÈS

Le voici. Mais au moins oyez-en la lecture.

ÉRASTE

Non...

CARITIDÈS

C'est pour être instruit, Monsieur, je vous conjure.

AU ROI

« SIRE.

Votre très humble, très obéissant, très fidèle et très savant sujet et serviteur, Caritidès, Français de nation, Grec [3] de profession, ayant considéré les grands et notables abus qui se commettent aux inscriptions des enseignes des maisons, boutiques, cabarets, jeux de boule et autres lieux de votre bonne ville de Paris, en ce que certains ignorants compositeurs desdites inscriptions renversent par une barbare, pernicieuse et détestable orthographe, toute sorte de sens et raison, sans aucun égard d'étymologie, analogie, énergie, ni allégorie quelconque, au grand scandale de la République des lettres, et de la nation française qui se décrie et déshonore par lesdits abus et fautes grossières envers les étrangers, et notamment envers les Allemands, curieux lecteurs et inspectateurs [4] desdites inscriptions,...

ÉRASTE

Ce placet est fort long, et pourrait bien fâcher...

[1] *Faquins à nasardes*, hommes à recevoir des chiquenaudes sur le nez.

[2] Favori de l'empereur Auguste qui protégeait les gens de lettres.

[3] C'est-à-dire savant en grec.

[4] Mot créé par Caritidès, avec l'intention de renchérir avec emphase sur le mot inspecteur.

CARITIDÈS

Ah ! Monsieur, pas un mot ne s'en peut retrancher.

ÉRASTE

Achevez promptement.

CARITIDÈS *continue*

« ... *Supplie humblement* VOTRE MAJESTÉ *de créer, pour le bien de son État et la gloire de son empire, une charge de contrôleur, intendant, correcteur, reviseur et restaurateur général desdites inscriptions, et d'icelle honorer le suppliant, tant en considération de son rare et éminent savoir, que des grands et signalés services qu'il a rendus à l'État et à* VOTRE MAJESTÉ, *en faisant l'anagramme* [1] *de* VOTRE DITE MAJESTÉ, *en français, latin, grec, hébreu, syriaque, chaldéen, arabe...* »

ÉRASTE *l'interrompant*

Fort bien. Donnez-le vite, et faites la retraite :
Il sera vu du Roi ; c'est une affaire faite.

CARITIDÈS

Hélas ! Monsieur, c'est tout que montrer mon placet.
Si le Roi le peut voir, je suis sûr de mon fait ;
Car, comme sa justice en toute chose est grande,
Il ne pourra jamais refuser ma demande.
Au reste, pour porter au ciel votre renom,
Donnez-moi par écrit votre nom et surnom,
J'en veux faire un poème en forme d'acrostiche [2]
Dans les deux bouts du vers et dans chaque hémistiche.

ÉRASTE

Oui, vous l'aurez demain, Monsieur Caritidès.
(*Seul.*)
Ma foi ! de tels savants sont des ânes bien faits.
J'aurais, dans d'autres temps, bien ri de sa sottise...

[1] L'*anagramme* est la transposition des lettres d'un nom de manière à former d'autres mots.
On voit que la requête de Caritidès est inspirée par un autre souci que celui de l'honneur national, et qu'il ne se croit pas obligé d'être modeste sur le chapitre de ses mérites.

[2] L'*acrostiche* est une petite pièce dont chaque vers commence par une des lettres du nom d'une personne, disposées dans leur ordre régulier. C'est un jeu d'esprit assez puéril. Caritidès l'est encore davantage en se proposant de tripler la difficulté par le retour de la lettre initiale au milieu et à la fin du vers.

Scène III

ORMIN, ÉRASTE

ORMIN

Bien qu'une grande affaire en ce lieu me conduise,
J'ai voulu qu'il sortît avant que vous parler.

ÉRASTE

Fort bien. Mais dépêchons ; car je veux m'en aller.

ORMIN

Je me doute à peu près que l'homme qui vous quitte
Vous a fort ennuyé, Monsieur, par sa visite.
C'est un vieux importun [1] qui n'a pas l'esprit sain.
Et pour qui j'ai toujours quelque défaite en main.
Au Mail, à Luxembourg [2] et dans les Tuileries.
Il fatigue le monde avec ses rêveries ;
Et les gens comme vous doivent fuir l'entretien
De tous ces savantas [3] qui ne sont bons à rien.
Pour moi, je ne crains pas que je vous importune,
Puisque je viens, Monsieur, faire votre fortune.

ÉRASTE, bas, à part

Voici quelque souffleur [4], de ces gens qui n'ont rien,
Et vous viennent toujours promettre tant de bien.
(Haut.)
Vous avez fait, Monsieur, cette bénite pierre [5],
Qui peut seule enrichir tous les rois de la terre ?

[1] Encore un importun qui s'ignore et donne plaisamment à un autre l'épithète qui conviendrait si bien à lui-même.

[2] Le mail était une promenade située près des remparts, à l'extrémité de l'Arsenal. — On disait plus souvent au XVIIe siècle à Luxembourg qu'au Luxembourg. Ce palais, construit pour la reine Marie de Médicis sur l'emplacement d'un hôtel qui avait appartenu à la famille de Luxembourg, était devenu la propriété de Mlle de Montpensier, petite-fille de Marie de Médicis ; les jardins étaient comme aujourd'hui ouverts au public.

[3] *Savantas ou savantasse*, homme qui affecte d'être savant, mais dont la science est vague et confuse.

[4] Nom par lequel on désignait les alchimistes, qui soufflaient sur leurs fourneaux en faisant fondre les métaux. Le but de leurs travaux était de découvrir le secret de faire de l'or. Recherche vaine, et fausse science qui a eu pourtant ses adeptes et ses fervents jusqu'au XVIIIe siècle.

[5] La *pierre philosophale*, dont le bienheureux possesseur aurait eu le pouvoir de changer tous les métaux en or. A combien de gens n'a-t-elle pas tourné la tête ? Que de vies se sont consumées à la chercher sans succès ! On ne croit plus à la pierre philosophale, mais la soif de l'or n'est pas éteinte, et le nombre est grand de ceux qui perdent repos et bonheur à poursuivre en vain la fortune.

ORMIN

La plaisante pensée, hélas! où vous voilà!
Dieu me garde, Monsieur, d'être de ces fous-là!
Je ne me repais point de visions frivoles,
Et je vous porte ici les solides paroles
D'un avis que pour vous je veux donner au Roi,
Et que, tout cacheté, je conserve sur moi:
Non de ces sots projets, de ces chimères vaines,
Dont les surintendants ont les oreilles pleines;
Non de ces gueux d'avis [1] dont les prétentions
Ne parlent que de vingt ou trente millions;
Mais un qui, tous les ans, à si peu qu'on le monte,
En peut donner au Roi quatre cents de bon compte [2],
Avec facilité, sans risque, ni soupçon,
Et sans fouler le peuple en aucune façon;
Enfin c'est un avis d'un gain inconcevable,
Et que du premier mot on trouvera faisable.
Oui, pourvu que par vous je puisse être poussé...

ÉRASTE

Soit; nous en parlerons. Je suis un peu pressé.

ORMIN

Si vous me promettiez de garder le silence,
Je vous découvrirais cet avis d'importance

ÉRASTE

Non, non, je ne veux point savoir votre secret.

ORMIN

Monsieur, pour le trahir, je vous crois trop discret,
Et veux, avec franchise, en deux mots vous l'apprendre.
Il faut voir si quelqu'un ne peut point nous entendre.
(Après avoir regardé si personne ne l'écoute, il s'approche de l'oreille d'Eraste.)
Cet avis merveilleux dont je suis l'inventeur
Est que...

1 Pauvres avis.

2 Excellent type de l'inventeur et de l'homme à projets pour qui sa chimère serait d'une réalisation facile... si seulement on voulait y croire!

La manière dont Ormin parle des projets des autres fait penser à ces vers de La Fontaine :

On se voit d'un autre œil qu'on ne voit son prochain,
Lynx envers nos pareils et taupes envers nous...

ÉRASTE

D'un peu plus loin, et pour cause, Monsieur[1].

ORMIN

Vous voyez le grand gain, sans qu'il faille le dire,
Que de ces ports de mer le Roi tous les ans tire.
Or l'avis, dont encore nul ne s'est avisé,
Est qu'il faut de la France, et c'est un coup aisé,
En fameux ports de mer mettre toutes les côtes.
Ce serait pour monter à des sommes très hautes[2]
Et si...

ÉRASTE

L'avis est bon, et plaira fort au Roi.
Adieu. Nous nous verrons.

ORMIN

Au moins, appuyez-moi,
Pour en avoir ouvert les premières paroles[3].

ÉRASTE

Oui, oui.

ORMIN

Si vous vouliez me prêter deux pistoles[4],
Que vous reprendriez sur le droit de l'avis,
Monsieur...

ÉRASTE

(Il donne de l'argent à Ormin.) (Seul.)
Oui, volontiers. Plût à Dieu qu'à ce prix
De tous les importuns je pusse me voir quitte!
Voyez quel contre-temps[5] prend ici leur visite!
Je pense qu'à la fin je pourrai bien sortir.
Viendra-t-il point quelqu'un encor me divertir?

[1] Ormin était sans doute peu agréable à sentir de près.

[2] Projet d'une exécution facile et surtout peu coûteuse!

[3] *Appuyez-moi*, en disant que c'est moi qui en ai parlé le premier.

[4] Ce trait achève la ressemblance du personnage, car les gens qui possèdent de ces secrets merveilleux, pour faire affluer l'argent dans les coffres d'autrui ou dans les leurs, sont généralement besoigneux, et leurs confidences aboutissent à une demande d'argent, à rembourser *sur le droit de l'avis*, c'est-à-dire sur la récompense que leur vaudra leur invention.

[5] Tour assez singulier, pour dire que les importuns prennent mal leur temps pour leur visite.

Scène IV

FILINTE, ÉRASTE

FILINTE

Marquis, je viens d'apprendre une étrange nouvelle.

ÉRASTE

Quoi ?

FILINTE

Qu'un homme tantôt t'a fait une querelle.

ÉRASTE

A moi?

FILINTE

Que te sert-il de le dissimuler?
Je sais de bonne part qu'on t'a fait appeler,
Et comme ton ami, quoi qu'il en réussisse[1],
Je te viens contre tous faire offre de service.

ÉRASTE

Je te suis obligé ; mais crois que tu me fais...

FILINTE

Tu ne l'avoueras pas : mais tu sors sans valets.
Demeure dans la ville, ou gagne la campagne,
Tu n'iras nulle part que je ne t'accompagne.

ÉRASTE, à part

Ah ! j'enrage!

FILINTE

A quoi bon[2] de te cacher de moi?

ÉRASTE

Je te jure, Marquis, qu'on s'est moqué de toi.

FILINTE

En vain tu t'en défends.

ÉRASTE

Que le Ciel me foudroie
Si d'aucun démêlé... !

FILINTE

Tu penses qu'on te croie?

[1] *Quoi qu'il en réussisse*, quoi qu'il en advienne, quel que soit le succès de l'affaire.

[2] Sous-entendu *est-il*. A quoi est-il bon de te cacher de moi, ce qui légitime l'emploi de la préposition de.

ÉRASTE

Eh! mon Dieu! je te dis, et ne déguise point
Que...

FILINTE

Ne me crois pas dupe, et crédule à ce point.

ÉRASTE

Veux-tu m'obliger?

FILINTE

Non.

ÉRASTE

Laisse-moi, je te prie.

FILINTE

Point d'affaire, Marquis... Je ne te quitte pas;
En quel lieu que ce soit, je veux suivre tes pas.

ÉRASTE

Parbleu! puisque tu veux que j'aie une querelle,
Je consens à l'avoir pour contenter ton zèle;
Ce sera contre toi, qui me fais enrager,
Et dont je ne me puis par douceur dégager.

FILINTE

C'est fort mal d'un ami recevoir le service;
Mais puisque je vous rends un si mauvais office,
Adieu. Videz sans moi tout ce que vous aurez [1].

ÉRASTE

Vous serez mon ami quand vous me quitterez.
(Seul.)
Mais voyez quels malheurs suivent ma destinée!
Ils m'auront fait passer l'heure qu'on[2] m'a donnée.

Un trait de générosité de la part d'Éraste amène le dénouement de la pièce. Ses gens s'étant jetés sur Damis qui avait aposté les siens pour l'attaquer, Éraste met l'épée à la main et défend, contre ses propres partisans, l'oncle d'Orphise; celui-ci, afin de reconnaître ce noble procédé, accorde la main de sa nièce à Éraste. La pièce se termine par un divertissement dont le prétexte est une dernière invasion de fâcheux.

[1] Cette fois, c'est l'importun du dévouement et de l'amitié que nous montre Molière, celui qui fatigue ses amis en voulant les servir malgré eux. Soyons obligeants avec sobriété... et ne nous fâchons pas si l'on repousse nos offres de service. Le dépit de Filinte est on ne peut plus piquant et naturel. Les empressés n'aiment pas à voir leur zèle mal accueilli.

[2] *On*, Orphise.

Scène VII

DAMIS, ORPHISE, ÉRASTE, L'ÉPINE

L'ÉPINE

. . . . Monsieur, ce sont des masques,
Qui portent des crincrins et des tambours de Basques.

(Les masques entrent qui occupent toute la place.)

ÉRASTE

Quoi ! toujours des fâcheux ! Holà ! Suisses, ici :
Qu'on me fasse sortir ces gredins que voici.

Des Suisses entrent et chassent les masques avec leurs hallebardes. Ils se retirent ensuite pour laisser la place à quatre bergers et une bergère qui terminent le divertissement.

LE MARIAGE FORCÉ

1664

Consultation philosophique

NOTICE SUR LE MARIAGE FORCÉ

On sait que Louis XIV se plaisait, au temps de sa brillante jeunesse, à figurer dans les ballets et à faire admirer de sa cour sa royale bonne grâce... *Le Mariage forcé* fut composé spécialement pour lui. Comme *les Fâcheux*, c'était une comédie-ballet, entremêlée de musique et de danses auxquelles le Roi ne dédaigna pas de prendre part avec un certain nombre de seigneurs.

Le Mariage forcé, agrémenté d'un divertissement qui permettait de faire sa cour au Roi en l'applaudissant, eut un tel succès qu'il fut représenté quatre fois en douze jours au Louvre. A la ville, il paraît avoir moins bien réussi et ne tint pas longtemps l'affiche, peut-être à cause des frais trop considérables qu'entraînaient les danses et la musique.

La pièce n'est qu'une farce, et des plus bouffonnes ; mais Louis XIV ne répugnait pas au franc rire que provoque le genre burlesque.

Sganarelle, bourgeois vulgaire et grossier, songe un peu sur le tard à se marier. Il a donné sa parole et est sur le point de s'exécuter, quand tout à coup il conçoit des doutes sur la sagesse de ce qu'il va faire, hésite, s'interroge, consulte, sans obtenir d'avis qui le rassure... et finalement, menacé par le frère de la jeune fille d'un duel qui épouvante sa poltronnerie, ou d'être roué de coups de bâton, s'il refuse d'épouser, il se résigne à opter pour le mariage.

Nous donnons de cette pièce les deux scènes les plus comiques, celle de la consultation des philosophes où Molière raille, avec une mordante ironie, les absurdes subtilités, les doctrines puériles, les formes obscures et pédantesques de l'enseignement philosophique.

LE MARIAGE FORCÉ

Sganarelle, désirant savoir s'il doit ou non se marier, consulte deux philosophes, dont l'un, qui se nomme Pancrace, suit la doctrine d'Aristote, et l'autre, qui se nomme Marphurius, suit celle de Pyrrhon [1].

PANCRACE, SGANARELLE

PANCRACE, se tournant du côté par où il est entré, et sans voir Sganarelle

Allez, vous êtes un impertinent, mon ami, un homme ignare de toute bonne discipline, bannissable de la république des lettres.

SGANARELLE

Ah ! bon. En voici un fort à propos.

PANCRACE, de même, sans voir Sganarelle

Oui, je te soutiendrai par vives raisons, je te montrerai par Aristote, le philosophe des philosophes, que tu es un ignorant, un ignorantissime, ignorantifiant et ignorantifié [2], par tous les cas et modes [3] imaginables.

SGANARELLE, à part

Il a pris querelle contre quelqu'un. (A Pancrace.) Seigneur...

PANCRACE, de même, sans voir Sganarelle

Tu veux te mêler de raisonner, et tu ne sais pas seulement les éléments de la raison.

[1] Aristote et Pyrrhon, philosophes grecs qui vécurent au IVe siècle avant J.-C. La philosophie d'Aristote était alors exclusivement enseignée dans l'école, et on le considérait comme le maître unique de la logique. Pyrrhon est le chef des sceptiques, c'est-à-dire de ceux qui érigent le doute en système.

[2] *Ignorantissime*, mot forgé à l'imitation des superlatifs latins. *Ignorantifiant* et *ignorantifié* ne sont pas français non plus ; le premier signifie *en train de devenir ignorant*, le second *devenu ignorant*.

[3] *Cas et modes*, sont des termes de logique. Pancrace veut dire par toutes les démonstrations possibles.

SGANARELLE, à part

La colère l'empêche de me voir. (A Pancrace.) Seigneur...

PANCRACE, de même, sans voir Sganarelle

C'est une proposition condamnable dans toutes les terres de la philosophie.

SGANARELLE, à part

Il faut qu'on l'ait fort irrité. (A Pancrace.) Je...

PANCRACE, de même, sans voir Sganarelle

Toto cœlo, tota via aberras[1].

SGANARELLE

Je baise les mains à Monsieur le docteur.

PANCRACE

Serviteur.

SGANARELLE

Peut-on...

PANCRACE, se retournant vers l'endroit par où il est entré

Sais-tu bien ce que tu as fait ? un syllogisme *in balordo*[2].

SGANARELLE

Je vous...

PANCRACE, de même

La majeure en est inepte, la mineure impertinente, et la conclusion ridicule[3].

SGANARELLE

Je...

PANCRACE, de même

Je crèverais plutôt que d'avouer ce que tu dis ; et je soutiendrai mon opinion jusqu'à la dernière goutte de mon encre.

SGANARELLE

Puis-je ?...

PANCRACE, de même

Oui, je défendrai cette proposition *pugnis et calcibus, unguibus et rostro*[4].

[1] Tu *t'égares, tu t'éloignes de la vérité*, de toute l'étendue du ciel et de tout le chemin que tu as parcouru, c'est-à-dire du tout au tout.

[2] *Syllogisme*, raisonnement qui se compose de trois propositions, la troisième étant contenue dans les deux premières appelées prémisses. Ex. : Tout homme est mortel. Je suis homme, donc je suis mortel. — *In balordo*, terme de convention pour désigner une certaine forme de syllogisme.

[3] Nom des trois propositions du syllogisme. Dans l'exemple ci-dessus, la première est la majeure, la seconde est la mineure, et la troisième, la conclusion.

[4] Des poings et des pieds, des ongles et du bec.

SGANARELLE

Seigneur Aristote[1], peut-on savoir ce qui vous met si fort en colère ?

PANCRACE

Un sujet le plus juste du monde.

SGANARELLE

Et quoi encore?

PANCRACE

Un ignorant m'a voulu soutenir une proposition erronée, une proposition épouvantable, effroyable, exécrable.

SGANARELLE

Puis-je demander ce que c'est ?

PANCRACE

Ah ! seigneur Sganarelle, tout est renversé aujourd'hui, et le monde est tombé dans une corruption générale. Une licence épouvantable règne partout ; et les magistrats, qui sont établis pour maintenir l'ordre dans cet Etat devraient rougir de honte, en souffrant un scandale aussi intolérable que celui dont je veux parler.

SGANARELLE

Quoi donc ?

PANCRACE

N'est-ce pas une chose horrible, une chose qui crie vengeance au ciel, que d'endurer qu'on dise publiquement la forme d'un chapeau?

SGANARELLE

Comment[2] ?

PANCRACE

Je soutiens qu'il faut dire la figure d'un chapeau, et non pas la forme ; d'autant qu'il y a cette différence entre la forme et la figure, que la forme est la disposition extérieure des corps qui sont animés ; et la figure, la disposition des corps qui sont inanimés : et, puisque

[1] C'est par flatterie et pour le bien disposer que Sganarelle appelle Pancrace ainsi

[2] Sganarelle est ébahi en apprenant le sujet de la querelle; et il y a de quoi, car elle roule sur une subtilité ridicule. Et cependant Molière n'a pas exagéré l'importance qu'on donnait à ces distinctions dans les discussions de l'École, non plus que le jargon barbare qu'on y employait, ni l'admiration susperstitieuse pour Aristote, ni l'asservissement aux formes artificielles d'argumentation et de démonstration du célèbre philosophe.

C'est bien à dessein que Molière fait tenir à Pancrace un langage à peu près inintelligible.

le chapeau est un corps inanimé, il faut dire la figure d'un chapeau, et non pas la forme. (Se retournant encore du côté par où il est entré.) Oui, ignorant que vous êtes ! c'est comme il faut parler, et ce sont les termes exprès d'Aristote dans le chapitre de la qualité.

SGANARELLE, à part

Je pensais que tout fût perdu. (A Pancrace.) Seigneur docteur, ne songez plus à tout cela. Je...

PANCRACE

Je suis dans une colère, que je ne me sens pas.

SGANARELLE

Laissez la forme et le chapeau en paix. J'ai quelque chose à vous communiquer. Je...

PANCRACE

Impertinent fieffé [1] !

SGANARELLE

De grâce, remettez-vous. Je...

PANCRACE

Ignorant !

SGANARELLE

Il a tort. Je...

PANCRACE

Une proposition condamnée par Aristote !

SGANARELLE

Eh ! mon Dieu. Je...

PANCRACE

Me vouloir soutenir une proposition de la sorte !

SGANARELLE

Cela est vrai. Je...

PANCRACE

En termes exprès !

SGANARELLE

Vous avez raison. (Se tournant du côté par où Pancrace est entré.) Oui, vous êtes un sot et un impudent, de vouloir disputer contre un docteur qui sait lire et écrire. Voilà qui est fait : je vous prie de m'écouter. Je viens vous consulter sur une affaire qui m'embarrasse. J'ai dessein de prendre une femme pour me tenir compagnie dans mon

[1] Voir p. 198, note 5.

ménage et je voudrais bien vous prier, comme philosophe, de me dire votre sentiment.

PANCRACE

Plutôt que d'accorder qu'il faille dire la forme d'un chapeau, j'accorderais que *datur vacuum in rerum naturâ* [1], et que je ne suis qu'une bête.

SGANARELLE, à part

La peste soit de l'homme ! (A Pancrace.) Eh ! Monsieur le docteur, écoutez un peu les gens. On vous parle une heure durant, et vous ne répondez point à ce qu'on vous dit.

PANCRACE

Je vous demande pardon. Une juste colère m'occupe l'esprit.

SGANARELLE

Eh ! laissez tout cela, et prenez la peine de m'écouter.

PANCRACE

Soit. Que voulez-vous me dire ?

SGANARELLE

Je veux vous parler de quelque chose.

PANCRACE

Et de quelle langue voulez-vous vous servir avec moi ?

SGANARELLE

De quelle langue ?

PANCRACE

Oui.

SGANARELLE

Parbleu ! de la langue que j'ai dans la bouche. Je crois que je n'irai pas emprunter celle de mon voisin.

PANCRACE

Je vous dis, de quel idiome, de quel langage ?

SGANARELLE

Ah ! c'est une autre affaire.

PANCRACE

Voulez-vous me parler italien ?

[1] Qu'il y a du vide dans la nature. Allusion à l'ancien axiome : « que la nature a horreur du vide ». Les expériences de Torricelli et celle de Pascal, sur la pesanteur de l'air, en avaient démontré l'absurdité; mais quelques entêtés adhéraient encore à cette doctrine vieillie.

SGANARELLE

Non.

PANCRACE

Espagnol ?

SGANARELLE

Non.

PANCRACE

Allemand ?

SGANARELLE

Non.

PANCRACE

Anglais ?

SGANARELLE

Non.

PANCRACE

Latin ?

SGANARELLE

Non.

PANCRACE

Grec ?

SGANARELLE

Non.

PANCRACE

Hébreu ?

SGANARELLE

Non.

PANCRACE

Syriaque ?

SGANARELLE

Non.

PANCRACE

Turc ?

SGANARELLE

Non.

PANCRACE

Arabe ?

SGANARELLE

Non, non ; français, français, français.

PANCRACE

Ah ! français.

SGANARELLE

Fort bien.

PANCRACE

Passez donc de l'autre côté ; car cette oreille-ci est destinée pour les langues scientifiques et étrangères, et l'autre est pour la vulgaire et la maternelle.

SGANARELLE, à part.

Il faut bien des cérémonies avec ces sortes de gens-ci.

PANCRACE

Que voulez-vous ?

SGANARELLE

Vous consulter sur une petite difficulté.

PANCRACE

Sur une difficulté de philosophie, sans doute ?

SGANARELLE

Pardonnez-moi. Je...

PANCRACE

Vous voulez peut-être savoir si la substance et l'accident sont termes synonymes ou équivoques à l'égard de l'être [1] ?

SGANARELLE

Point du tout. Je...

PANCRACE

Si la logique est un art ou une science ?

SGANARELLE

Ce n'est pas cela. Je...

PANCRACE

Si elle a pour objet les trois opérations de l'esprit [2], ou la troisième seulement ?

SGANARELLE

Non. Je...

PANCRACE

S'il y a dix catégories [3] ou s'il n'y en a qu'une ?

SGANARELLE

Point. Je...

[1] En langage philosophique, on appelle accidents les attributs d'un objet, ce qui peut en être séparé ou distrait sans que la nature essentielle en soit altérée ; tandis que la substance, c'est l'objet en lui-même et dans son essence, indépendamment de toutes les circonstances accessoires ou extérieures, etc. Par exemple supposons de l'or, qu'il soit en lingot, ou travaillé en bijoux, ou frappé en monnaie, la substance sera toujours de l'or, tandis que la forme d'un bijou ou d'une pièce de monnaie sera un accident. D'être riche, pauvre, heureux, malheureux, de haute ou basse naissance, autant d'accidents qui n'altèrent pas en nous la nature humaine qui est la *substance*.

[2] Selon la logique du temps, ces trois opérations sont : la conception, le jugement et le raisonnement.

[3] Idées générales sous lesquelles se groupent les vérités particulières. Aristote avait réduit à dix catégories tous les objets de nos pensées.

PANCRACE

Si la conclusion est de l'essence du syllogisme[1]?

SGANARELLE

Nenni. Je...

PANCRACE

Si l'essence du bien est mise dans l'appétibilité, ou dans la convenance[2]?

SGANARELLE

Non. Je...

PANCRACE

Si le bien se réciproque avec la fin[3]?

SGANARELLE

Eh! non! Je...

PANCRACE

Si la fin nous peut émouvoir par son être réel, ou par son être intentionnel[4]?

SGANARELLE

Non, non, non, non, non, de par tous les diables, non!

PANCRACE

Expliquez donc votre pensée, car je ne puis pas la deviner.

SGANARELLE

Je vous la veux expliquer aussi; mais il faut m'écouter. (Pendant que Sganarelle dit :) L'affaire que j'ai à vous dire, c'est que j'ai envie de me marier, mais comme j'appréhende...

PANCRACE dit en même temps, sans écouter Sganarelle

La parole a été donnée à l'homme pour expliquer sa pensée; et, tout ainsi que les pensées sont les portraits des choses, de même nos paroles sont-elles les portraits de nos pensées. (Sganarelle, impatienté, ferme la bouche du docteur avec sa main à plusieurs reprises, et le docteur continue de parler d'abord que Sganarelle ôte sa main.) Mais ces portraits diffèrent des autres portraits en ce que les autres portraits sont dis-

[1] Si elle est nécessairement comprise dans le syllogisme.

[2] *Appétibilité*, faculté de désirer. En termes plus intelligibles : Une chose est-elle bonne en raison de la satisfaction qu'elle nous donne ou de la correspondance avec les vrais besoins de notre nature.

[3] Si tout bien est une fin, ou si toute fin est un bien. Nous tendons naturellement vers ce qui nous paraît un bien, donc ce bien devient pour nous une fin. D'autre part, tout objet dont nous faisons une fin est pour nous un bien.

[4] C'est-à-dire sommes-nous portés à poursuivre une fin parce qu'elle est réellement bonne ou par ce qu'elle nous *paraît* avoir de bon.

tingués partout de leurs originaux, et que la parole enferme en soi son original, puisqu'elle n'est autre chose que la pensée expliquée par un signe extérieur : d'où vient que ceux qui pensent bien sont aussi ceux qui parlent le mieux. Expliquez-moi donc votre pensée par la parole, qui est le plus intelligible de tous les signes.

SGANARELLE repousse le docteur dans sa maison, et tire la porte pour l'empêcher de sortir

Peste de l'homme !

PANCRACE, au dedans de sa maison

Oui, la parole est *animi index et speculum* [1]. C'est le truchement du cœur, c'est l'image de l'âme. (Il monte à la fenêtre et continue. Sganarelle quitte la porte.) C'est un miroir qui nous présente naïvement les secrets les plus arcanes [2] de nos individus ; et, puisque vous avez la faculté de ratiociner [3] et de parler tout ensemble, à quoi tient-il que vous ne vous serviez de la parole pour me faire entendre votre pensée?

SGANARELLE

C'est ce que je veux faire ; mais vous ne voulez pas m'écouter.

PANCRACE

Je vous écoute, parlez.

SGANARELLE

Je dis donc, Monsieur le docteur, que...

PANCRACE

Mais surtout soyez bref.

SGANARELLE

Je le serai.

PANCRACE

Évitez la prolixité.

SGANARELLE

Eh ! monsi...

PANCRACE

Tranchez-moi votre discours d'un apophthegme à la laconienne [4].

SGANARELLE

Je vous...

[1] Le signe est le miroir de la pensée.
[2] Les plus mystérieux.
[3] Raisonner. Encore le mot pédant au lieu du mot simple.
[4] *Apophthegme à la laconienne*, sentence très courte. Les habitants de la Laconie, province du Péloponèse dont Sparte était la capitale, étaient célèbres par la brièveté de leurs discours, d'où le mot laconisme.

PANCRACE

Point d'ambages[1], de circonlocutions. (Sganarelle, de dépit de ne pouvoir parler, ramasse des pierres pour en casser la tête du docteur.) Eh quoi ! vous vous emportez au lieu de vous expliquer ? Allez, vous êtes plus impertinent que celui qui m'a voulu soutenir qu'il faut dire la forme d'un chapeau ; et je vous prouverai, en toute rencontre, par raisons démonstratives et convaincantes, et par arguments *in barbara*[2], que vous n'êtes et ne serez jamais qu'une pécore et que je suis et serai toujours, *in utroque jure*[3], le docteur Pancrace.

SGANARELLE

Quel diable de babillard !

PANCRACE, en rentrant sur le théâtre

Homme de lettres, homme d'érudition.

SGANARELLE

Encore !

PANCRACE

Homme de suffisance, homme de capacité, (S'en allant) homme consommé dans toutes les sciences naturelles, morales et politiques (Revenant) homme savant, savantissime *per omnes modos et casus*[4], (S'en allant) homme qui possède, *superlative*[5] fables, mythologies et histoires, (Revenant) grammaire, poésie, rhétorique, dialectique et sophistique, (S'en allant) mathématique, arithmétique, optique, onirocritique, physique et métaphysique, (Revenant) cosmimométrie, géométrie, architecture, spéculoire et spéculatoire, (S'en allant) médecine, astronomie, astrologie, physionomie, métoposcopie, chiromancie, géomancie[6], etc.

[1] *Ambages*, détours. *Circonlocution*, manière de parler qui consiste à tourner autour de ce qu'on veut dire.

[2] Nom de convention, comme *in balordo*, pour désigner une certaine forme de syllogisme.

[3] En droit civil et en droit canon (*droit ecclésiastique*).

[4] Par tous les cas et modes imaginables. Pancrace s'est servi plus haut des mêmes termes en français.

[5] Au superlatif, au suprême degré.

[6] Dans cet avalanche de termes savants nous choisirons, pour les expliquer, les moins usités. L'*onirocritique* est l'interprétation des songes ; la *cosmométrie* la science de mesurer les distances dans l'univers (Pancrace a dit *cosmimométrie*, ce qui est un barbarisme); la *spéculoire*, ou plutôt *spéculaire*, enseigne à faire les miroirs ; la *spéculatoire* a pour objet d'expliquer certains phénomènes célestes ; la *métoposcopie*, l'art de connaître ce qui doit arriver à quelqu'un par l'inspection des traits du visage ; la *chiromancie*, d'après les lignes de la main ; la *géomancie* celui de deviner l'avenir en jetant sur une table une poignée de poussière et de juger les événements futurs par les figures et les lignes qui s'y dessinent.

SGANARELLE

Au diable les savants qui ne veulent point écouter les gens! On me l'avait bien dit que son maître Aristote n'était rien qu'un bavard. Il faut que j'aille trouver l'autre; peut-être qu'il sera plus posé et plus raisonnable. Holà !

MARPHURIUS, SGANARELLE

MARPHURIUS

Que voulez-vous de moi, seigneur Sganarelle ?

SGANARELLE

Seigneur docteur, j'aurais besoin de votre conseil sur une petite affaire dont il s'agit, et je suis venu ici pour cela. (A part.) Ah! voilà qui va bien. Il écoute le monde, celui-ci.

MARPHURIUS

Seigneur Sganarelle, changez, s'il vous plaît, cette façon de parler. Notre philosophie ordonne de ne point énoncer de proposition décisive, de parler de tout avec incertitude, de suspendre toujours son jugement; et, par cette raison, vous ne devez pas dire : Je suis venu, mais : Il me semble que je suis venu.

SGANARELLE

Il me semble ?

MARPHURIUS

Oui.

SGANARELLE

Parbleu! il faut bien qu'il me semble, puisque cela est.

MARPHURIUS

Ce n'est pas une conséquence, et il peut vous le sembler sans que la chose soit véritable.

SGANARELLE

Comment! il n'est pas vrai que je suis venu ?

MARPHURIUS

Cela est incertain, et nous devons douter de tout.

SGANARELLE

Quoi! je ne suis pas ici, et vous ne me parlez pas ?

MARPHURIUS

Il m'apparaît que vous êtes là, et il me semble que je vous parle ; mais il n'est pas sûr que cela soit.

SGANARELLE

Eh! que diable! vous vous moquez. Me voilà et bien nettement, et il n'y a point de *me semble* à tout cela. Laissons ces subtilités, je vous prie, et parlons de mon affaire. Je viens vous dire que j'ai envie de me marier.

MARPHURIUS

Je n'en sais rien.

SGANARELLE

Je vous le dis.

MARPHURIUS

Il peut se faire.

SGANARELLE

La fille que je veux prendre est fort jeune et fort belle.

MARPHURIUS

Il n'est pas impossible.

SGANARELLE

Ferai-je bien ou mal de l'épouser?

MARPHURIUS

L'un ou l'autre.

SGANARELLE, à part

Ah! ah! voici une autre musique. (A Marphurius.) Je vous demande si je ferai bien d'épouser la fille dont je vous parle.

MARPHURIUS

Selon la rencontre.

SGANARELLE

Ferai-je mal?

MARPHURIUS

Par aventure.

SGANARELLE

De grâce, répondez-moi comme il faut.

MARPHURIUS

C'est mon dessein.

SGANARELLE

Mais que feriez-vous si vous étiez à ma place?

MARPHURIUS

Je ne sais.

SGANARELLE

Que me conseillez-vous de faire?

MARPHURIUS

Ce qu'il vous plaira.

SGANARELLE

J'enrage!

MARPHURIUS

Je m'en lave les mains.

SGANARELLE

Au diable soit le vieux rêveur !

MARPHURIUS

Il en sera ce qu'il pourra.

SGANARELLE

La peste du bourreau ! Je te ferai changer de note, chien de philosophe enragé !

(Il donne des coups de bâton à Marphurius.)

MARPHURIUS

Ah ! ah ! ah !

SGANARELLE

Te voilà payé de ton galimatias et me voilà content !

MARPHURIUS

Comment ! Quelle insolence ! M'outrager de la sorte ! Avoir eu l'insolence de battre un philosophe comme moi !

SGANARELLE

Corrigez, s'il vous plaît, cette manière de parler. Il faut douter de toutes choses ; et vous ne devez pas dire que je vous ai battu [1], mais qu'il vous semble que je vous ai battu.

MARPHURIUS

Ah ! je m'en vais faire ma plainte au commissaire du quartier des coups que j'ai reçus.

SGANARELLE

Je m'en lave les mains.

MARPHURIUS

J'en ai les marques sur ma personne.

SGANARELLE

Il se peut faire.

MARPHURIUS

C'est toi qui m'as traité ainsi.

SGANARELLE

Il n'y a pas d'impossibilité.

[1] Avec quelle intarissable verve Molière a multiplié les réponses ambiguës du philosophe ! et qu'il est plaisant de voir Sganarelle lui renvoyer l'argument après que ses coups de bâton l'ont forcé à s'apercevoir qu'il y a des choses dont on ne doute point.

MARPHURIUS

J'aurai un décret contre toi.

SGANARELLE

Je n'en sais rien.

MARPHURIUS

Et tu seras condamné en justice.

SGANARELLE

Il en sera ce qu'il pourra.

MARPHURIUS

Laisse-moi faire.

LE MISANTHROPE

Comédie en cinq actes

Représentée pour la première fois a Paris, le 4 juin 1666

PERSONNAGES

ALCESTE.
PHILINTE, ami d'Alceste.
ORONTE.
CÉLIMÈNE.
ÉLIANTE, cousine de Célimène.
ARSINOÉ, amie de Célimène.
ACASTE, } marquis.
CLITANDRE, } marquis.
BASQUE, valet de Célimène.
UN GARDE de la maréchaussée de France.
DU BOIS, valet d'Alceste.

La scène est à Paris, dans la maison de Célimène.

NOTICE SUR LE MISANTHROPE

Le Misanthrope est, de toutes les pièces de Molière, celle qui est le plus purement une comédie de caractères. L'intrigue peut se résumer en deux mots : Alceste aime et voudrait épouser une veuve de vingt ans qui a nom Célimène. Celle-ci agit si mal avec lui, se montre si sèche de cœur, si mondaine et si peu vraie dans ses sentiments, qu'il renonce à elle et refuse publiquement le don de sa main. L'action ne se compose que de quelques incidents fort simples qui amènent, après deux discussions orageuses suivies de raccommodements passagers, la rupture définitive. Elle résulte directement du jeu des caractères, celui d'Alceste dominant tous les autres, et ne progresse que par des entretiens familiers et naturels, tels qu'en peuvent avoir des gens de bonne compagnie que leur situation dans le monde, leurs goûts, leurs sympathies ou leurs intérêts ont rapprochés. C'est comme une page détachée de l'histoire d'un groupe de personnes intimes entre elles, à un moment décisif de leur existence. L'attrait du *Misanthrope* n'est donc pas un attrait de curiosité ; il est d'un genre plus délicat et ne persiste, à travers cette action sans événements, que par l'étude vraie et profonde du cœur, le développement des caractères et la vivacité naturelle et brillante du dialogue, dont l'intérêt est encore accru par de piquantes peintures des mœurs du temps. D'abord la manie de faire des vers, finement critiquée chez Oronte, seigneur bien en cour et d'ailleurs galant homme, qui, voulant ajouter la gloire littéraire à ses autres illustrations, ne réussit qu'à composer un mauvais sonnet et à se faire railler par Alceste ; puis les extravagances des marquis outrecuidants et vantards, contents de leur personne, de leur esprit et de leurs succès ; enfin cette mode des portraits, l'amusement favori des cercles élégants de l'époque, qui donne occasion à Célimène de faire briller son esprit et d'éblouir ses auditeurs par d'étincelantes épigrammes.

Le comique du *Misanthrope* est un comique sobre, mesuré, discret, qui n'excite pas le gros rire, mais fait naître un sourire sur les lèvres des connaisseurs. Tout est distingué dans ce chef-d'œuvre, tout s'y passe entre gens d'esprit et de bon ton.

L'antiquité a eu son misanthrope, un certain Timon d'Athènes qui, ruiné par ses folles prodigalités, a pris tous les hommes en haine parce qu'à l'heure de sa détresse il n'a trouvé qu'indifférence, ingratitude et égoïsme parmi ceux qu'il avait comblés de bienfaits. L'excès de sa déconvenue fait de lui un ennemi forcené de ses semblables. Mais ses infortunes n'excitent pas de sympathie, parce qu'il n'a ni bon sens, ni élévation d'âme et que, s'étant conduit comme un sot au temps de sa prospérité, ayant distribué ses largesses sans choix ni discernement, ses griefs contre l'humanité sont mal fondés. Le poète anglais Shakespeare s'est emparé de ce personnage et a énergiquement rendu l'ostentation de ses extravagantes générosités, puis sa misanthropie violente et farouche. Mais l'Alceste de Molière n'a rien de commun avec cet énergumène : il est entièrement original, parce qu'en lui la misanthropie s'allie au bon sens, à la culture de l'esprit, à la tendresse du cœur et à l'usage du grand monde. On a prétendu que Molière, en créant ce caractère, avait pris pour modèle le duc de Montausier [1]. Erreur : Molière crée des types et ne fait point de portraits, bien qu'on pût trouver qu'Alceste, par la sévérité de ses jugements et sa brusquerie, offre quelques traits de ressemblance avec Montausier; par la sûreté du goût et l'horreur du style précieux, avec Boileau ; par la souffrance d'un cœur dont se joue une femme égoïste et légère, à Molière lui-même [2]... Toujours est-il qu'Alceste a une de ces natures élevées, délicates et sensibles qui se meurtrissent au contact des hommes et des rudesses de la vie.

Alceste supporte cela d'autant moins bien qu'il a l'humeur impatiente, chagrine, intolérante. Cette humeur est encore aigrie par la perte de ses illusions sur le compte de Célimène ; de là une irritation habituelle contre ses semblables ; une série de révoltes, plaisantes parce qu'elles sont excessives, contre le monde et ses manières de faire. Alceste touche, excite la sympathie... et fait rire. Grand scandale pour plusieurs, qui ont accusé Molière d'avoir rendu le vice aimable et la vertu ridicule, n'apercevant pas que le ridicule porte sur les travers d'Alceste, sans arrêter l'élan d'admiration que provoquent ses hautes vertus.

Au reste, le poète n'a pas prétendu nous offrir en Alceste, non plus qu'en Philinte, un modèle idéal. Il n'a voulu que nous montrer des spécimens vrais de notre espèce ; chez l'un, des faiblesses et des défauts de caractère qui contribuent autant que les exigences d'une âme supérieure à lui rendre la vie presque impossible; chez l'autre, une philosophie facile et quelque peu égoïste qui prend aisément son parti de ce qu'elle ne peut empêcher.

Les deux cararactères se font ressortir par le contraste. Il y a peut-être d'ailleurs, plus de réelle philanthropie dans les colères d'Alceste que dans la souriante indifférence de Philinte, où il entre beaucoup de dédain. C'est encore croire les hommes capables de quelque bien que de s'indigner si fort de ne les pas trouver meilleurs ; c'est les mépriser à fond que de déclarer qu'on ne s'étonne pas plus de les voir méchants et vicieux,

> Que de voir des vautours affamés de carnage,
> Des singes malfaisants ou des loups pleins de rage.

[1] On chercha même à faire une mauvaise affaire à Molière auprès de M. de Montausier; mais on ne réussit qu'à lui attirer le bon vouloir du duc qui se trouva flatté qu'on le crût l'original d'Alceste.

[2] Ce n'est pas la première fois que Molière ait tiré de sa propre expérience de quoi défrayer son art... On sait qu'il a cruellement souffert de la frivolité et de l'indifférence de sa femme, Armande Béjart.

Il ne faudrait pas pourtant, à l'exemple de Rousseau, faire de Philinte un monstre d'égoïsme ; il y a en lui, avec une sagesse mondaine un peu trop sceptique, des qualités de bon aloi, dont la meilleure est sa fidèle amitié pour Alceste.

On peut regretter que Molière, ayant peint sous de si vives couleurs les manèges de la coquetterie chez Célimène et les basses manœuvres de la prude envieuse chez cette vipère d'Arsinoé, n'ait pas donné plus de relief à « la sincère Eliante », une des rares femmes de son théâtre qui joigne le charme et la distinction de l'esprit à une raison solide et aux qualités de l'âme. Son rôle est bien effacé.

Quant à la perfection du style, il n'y a que *le Tartuffe* et *les Femmes savantes* qui puissent soutenir la comparaison avec *le Misanthrope*. Encore le style de celui-ci a-t-il, avec la même fermeté, le même relief, quelque chose de plus choisi, de plus élégant et de plus achevé, comme il convient à une pièce dont tous les personnages appartiennent à la meilleure société. Les expressions neuves, vives, étincelantes de justesse et d'esprit y foisonnent, ainsi que les vers bien frappés. Quelques-uns même, par la noblesse du sentiment et l'énergie avec laquelle il est rendu, feraient bonne figure à côté des plus fameux de Corneille :

Ceux-ci par exemple :

..... C'est une chose indigne, lâche, infâme,
De s'abaisser ainsi jusqu'à *trahir son âme.*

Ou bien encore :

..... Et je hais tous les hommes,
Les uns parce qu'ils sont méchants et malfaisants,
Et les autres pour être aux méchants complaisants
Et n'avoir pas pour eux ces haines vigoureuses
Que doit donner le vice aux âmes vertueuses.

LE MISANTHROPE

ACTE PREMIER

Scène I

PHILINTE, ALCESTE

PHILINTE

Qu'est-ce donc? Qu'avez-vous?

ALCESTE, assis

Laissez-moi, je vous prie[1].

PHILINTE

Mais encor, dites-moi quelle bizarrerie...

ALCESTE

Laissez-moi là, vous dis-je, et courez vous cacher.

[1] Est-il besoin de faire remarquer la vivacité de ce début, et la rapidité avec laquelle Molière nous introduit dans le vif de l'action et des caractères? La brusquerie d'Alceste éclate dès les premiers vers et l'intérêt naît de la plaisante dispute entre les deux amis si différents d'humeur. Il n'est pas rare, dans la vie, de voir l'affection s'établir entre gens de caractère opposé.

PHILINTE

Mais on entend les gens au moins sans se fâcher.

ALCESTE

Moi, je veux me fâcher et ne veux point entendre.

PHILINTE

Dans vos brusques chagrins je ne puis vous comprendre,
Et, quoique amis [1] enfin, je suis tout des premiers...

ALCESTE, *se levant brusquement*

Moi, votre ami ? Rayez cela de vos papiers.
J'ai fait jusques ici profession de l'être ;
Mais, après ce qu'en vous je viens de voir paraître,
Je vous déclare net que je ne le suis plus
Et ne veux nulle place en des cœurs corrompus.

PHILINTE

Je suis donc bien coupable, Alceste, à votre compte ?

ALCESTE

Allez, vous devriez mourir de pure honte ;
Une telle action ne saurait s'excuser,
Et tout homme d'honneur s'en doit scandaliser.
Je vous vois accabler un homme de caresses,
Et témoigner pour lui les dernières tendresses ;
De protestations, d'offres et de serments,
Vous chargez la fureur de vos embrassements [2] ;
Et, quand je vous demande après quel est cet homme
A peine pouvez-vous dire comme il se nomme ;
Votre chaleur pour lui tombe en vous séparant,
Et vous me le traitez, à moi, d'indifférent.
Morbleu ! c'est une chose indigne, lâche, infâme,
De s'abaisser ainsi jusqu'à trahir son âme [3] ;
Et si, par un malheur [4], j'en avais fait autant,
Je m'irais, de regret, pendre tout à l'instant.

[1] Aujourd'hui, la correction grammaticale exigerait : quoique *nous soyons* amis.

[2] C'est-à-dire vous ajoutez à vos embrassements des protestations d'amitié et des offres de service.

Cette mode des embrassades entre gentilshommes et gens de cour était fort ancienne. Molière l'avait déjà tournée en ridicule dans *les Précieuses* et *les Fâcheux*. Oronte, dans la scène du sonnet, ignorant à quel homme il a affaire, dira à Alceste : *Souffrez qu'à cœur ouvert, Monsieur, je vous embrasse.*

[3] Vers plein d'énergie ; belle expression pour rendre un sentiment très noble : c'est une trahison envers soi-même que de dire le contraire de ce que l'on pense.

[4] On dit aujourd'hui : *par malheur*.

PHILINTE

Je ne vois pas, pour moi, que le cas soit pendable ;
Et je vous supplierai d'avoir pour agréable
Que je me fasse un peu grâce sur votre arrêt,
Et ne me pende pas pour cela, s'il vous plaît[1].

ALCESTE

Que la plaisanterie est de mauvaise grâce !

PHILINTE

Mais, sérieusement, que voulez-vous qu'on fasse ?

ALCESTE

Je veux qu'on soit sincère, et qu'en homme d'honneur
On ne lâche aucun mot qui ne parte du cœur.

PHILINTE

Lorsqu'un homme vous vient embrasser avec joie
Il faut bien le payer de la même monnoie[2],
Répondre, comme on peut, à ses empressements,
Et rendre offre pour offre, et serments pour serments

ALCESTE

Non, je ne puis souffrir cette lâche méthode
Qu'affectent la plupart de vos gens à la mode ;
Et je ne hais rien tant que les contorsions
De tous ces grands faiseurs de protestations,
Ces affables donneurs d'embrassades frivoles,
Ces obligeants diseurs d'inutiles paroles,
Qui de civilités avec tous font combat,
Et traitent du même air l'honnête homme[3] et le fat.
Quel avantage a-t-on qu'un homme vous caresse,
Vous jure amitié, foi, zèle, estime, tendresse,
Et vous fasse de vous un éloge éclatant,
Lorsque au premier faquin[4] il court en faire autant ?

[1] Comme ce ton de badinage contraste bien avec le ton tragique d'Alceste !

[2] On prononçait, au XVIIe siècle, *jouè*, *monnouè*, ce qui permettait de faire rimer ces mots ensemble.

[3] *Honnête homme*. Au XVIIe siècle, l'homme du monde, qui est en même temps homme d'honneur et homme de bien.

[4] De l'italien *facchino*, porte-faix. Terme de mépris.

Non, non, il n'est point d'âme un peu bien située[1]
Qui veuille d'une estime ainsi prostituée[2],
Et la plus glorieuse a des régals peu chers[3],
Dès qu'on voit qu'on nous mêle avec tout l'univers ;
Sur quelque préférence une estime se fonde ;
Et c'est n'estimer rien qu'estimer tout le monde.
Puisque vous y donnez, dans ces vices du temps,
Morbleu ! vous n'êtes pas pour être de mes gens[4] ;
Je refuse d'un cœur la vaste complaisance
Qui ne fait du mérite aucune différence ;
Je veux qu'on me distingue, et, pour le trancher net,
L'ami du genre humain n'est point du tout mon fait.

PHILINTE

Mais, quand on est du monde, il faut bien que l'on rende
Quelques dehors civils que l'usage demande.

ALCESTE

Non, vous dis-je, on devrait châtier sans pitié
Ce commerce honteux de semblants d'amitié.
Je veux que l'on soit homme, et qu'en toute rencontre
Le fond de notre cœur dans nos discours se montre ;
Que ce soit lui qui parle, et que nos sentiments
Ne se masquent jamais sous de vains compliments.

PHILINTE

Il est bien des endroits où la pleine franchise
Deviendrait ridicule et serait peu permise ;
Et parfois, n'en déplaise à votre austère honneur,
Il est bon de cacher ce qu'on a dans le cœur[5].
Serait-il à propos, et de la bienséance,
De dire à mille gens tout ce que d'eux on pense ?

[1] D'âme un peu haute, expression analogue à celle de : *cœur bien placé.*

[2] Avilie.

[3] A peu de quoi vous régaler, à peu de prix. On a cité ce vers comme exemple du *jargon* qui se trouve parfois dans Molière. Celui-ci convenait que la rapidité de son travail ne lui permettait pas de polir ses vers, et que, du reste, il ne savait pas retoucher.

[4] *Être pour*, tour fréquemment employé par Molière, et qui signifie : *être capable de.* — De *mes gens*, des gens qui me sont chers.

[5] Il ne faut jamais rien dire de contraire à la vérité ; mais toute vérité n'est pas bonne à dire. Le côté comique du caractère d'Alceste vient de ce que, pour combattre un vice ou un travers, il donne dans l'excès opposé. Le monde abuse des protestations mensongères, Alceste déclare qu'il faut jeter au nez des gens les vérités les plus désagréables... et cependant, dans la scène suivante, il hésitera à dire en face à Oronte que son sonnet est mauvais.

Et, quand on a quelqu'un qu'on hait ou qui déplaît,
Lui doit-on déclarer la chose comme elle est ?

ALCESTE

Oui.

PHILINTE

Quoi ! vous iriez dire à la vieille Émilie
Qu'à son âge il sied mal de faire la jolie,
Et que le blanc qu'elle a scandalise chacun ?

ALCESTE

Sans doute.

PHILINTE

A Dorilas, qu'il est trop importun ;
Et qu'il n'est, à la cour, oreille qu'il ne lasse
A conter sa bravoure et l'éclat de sa race?

ALCESTE

Fort bien.

PHILINTE

Vous vous moquez.

ALCESTE

Je ne me moque point,
Et je vais n'épargner personne sur ce point.
Mes yeux sont trop blessés, et la cour et la ville
Ne m'offrent rien qu'objets à m'échauffer la bile ;
J'entre en une humeur noire, en un chagrin profond,
Quand je vois vivre entre eux les hommes comme ils font.
Je ne trouve partout que lâche flatterie,
Qu'injustice, intérêt, trahison, fourberie ;
Je n'y puis plus tenir, j'enrage ; et mon dessein
Est de rompre en visière[1] à tout le genre humain.

PHILINTE

Ce chagrin philosophe[2] est un peu trop sauvage.
Je ris des noirs accès où je vous envisage,

[1] Terme emprunté aux combats de chevalerie.
Rompre en visière, c'était frapper, avec la lance, la visière de son adversaire. Au figuré, cette locution signifie attaquer quelqu'un en face.

[2] *Philosophe* est ici employé comme adjectif.

Et crois voir en nous deux, sous mêmes soins nourris,
Ces deux frères que peint *l'École des Maris*[1],
Dont...

ALCESTE

Mon Dieu! laissons là vos comparaisons fades.

PHILINTE

Non : tout de bon, quittez toutes ces incartades[2].
Le monde, par vos soins, ne se changera pas :
Et, puisque la franchise a pour vous tant d'appas,
Je vous dirai tout franc que cette maladie,
Partout où vous allez, donne la comédie,
Et qu'un si grand courroux contre les mœurs du temps
Vous tourne en ridicule auprès de bien des gens.

ALCESTE

Tant mieux, morbleu! tant mieux, c'est ce que je demande,
Ce m'est un fort bon signe, et ma joie en est grande :
Tous les hommes me sont à tel point odieux
Que je serais fâché d'être sage à leurs yeux.

PHILINTE

Vous voulez un grand mal à la nature humaine!

ALCESTE

Oui, j'ai conçu pour elle une effroyable haine.

PHILINTE

Tous les pauvres mortels, sans nulle exception,
Seront enveloppés dans cette aversion?
Encore en est-il bien, dans le siècle où nous sommes...

ALCESTE

Non, elle est générale, et je hais tous les hommes :
Les uns, parce qu'ils sont méchants et malfaisants,
Et les autres, pour être aux méchants complaisants,
Et n'avoir pas pour eux ces haines vigoureuses[3]
Que doit donner le vice aux âmes vertueuses.

[1] *Ariste et Sganarelle*, dont l'un professe une morale aimable et souriante, et dont l'autre a une humeur farouche qui fuit toutes les douceurs de la société.

[2] Voir la note 1, p. 31.

[3] Belle expression. Mais Alceste ne fait pas la distinction entre le péché, qu'il faut haïr, et le pécheur, qu'il faut aimer.

De cette complaisance on voit l'injuste excès
Pour le franc scélérat avec qui j'ai procès.
Au travers de son masque, on voit à plein le traître ;
Partout il est connu pour tout ce qu'il peut être ;
Et ses roulements d'yeux et son ton radouci
N'imposent qu'à des gens qui ne sont point d'ici.
On sait que ce pied-plat [1], digne qu'on le confonde,
Par de sales emplois s'est poussé dans le monde,
Et que, par eux, son sort, de splendeur revêtu,
Fait gronder le mérite et rougir la vertu.
Quelques titres honteux qu'en tous lieux on lui donne,
Son misérable honneur ne voit pour lui personne :
Nommez-le fourbe, infâme et scélérat maudit,
Tout le monde en convient, et nul n'y contredit.
Cependant, sa grimace est partout bienvenue :
On l'accueille, on lui rit, partout il s'insinue ;
Et, s'il est, par la brigue [2], un rang à disputer,
Sur le plus honnête homme on le voit l'emporter.
Têtebleu ! ce me sont de mortelles blessures
De voir qu'avec le vice on garde des mesures ;
Et parfois il me prend des mouvements soudains
De fuir dans un désert l'approche des humains.

PHILINTE

Mon Dieu ! des mœurs du temps mettons-nous moins en peine,
Et faisons un peu grâce à la nature humaine ;
Ne l'examinons point dans la grande rigueur,
Et voyons ses défauts avec quelque douceur.
Il faut, parmi le monde, une vertu traitable ;
A force de sagesse, on peut être blâmable ;
La parfaite raison fuit toute extrémité
Et veut que l'on soit sage avec sobriété [3].
Cette grande roideur des vertus des vieux âges
Heurte trop notre siècle et les communs usages ;

[1] Plat personnage, homme vil et sans dignité. L'origine de cette expression paraît être la différence qui existait entre la chaussure plate du paysan et la chaussure élégante, à hauts talons, des gens à la mode. *Pied-plat* a donc d'abord eu le sens de rustre, de lourdaud, avant de prendre la signification méprisante que lui donne Molière et que nous lui donnons encore.

[2] Par des manœuvres, par des intrigues.

[3] Expression de saint Paul dans l'*Épître aux Romains*.

Elle veut aux mortels trop de perfection :
Il faut fléchir au temps[1] sans obstination ;
Et c'est une folie à nulle autre seconde[2]
De vouloir se mêler de corriger le monde.
J'observe, comme vous, cent choses tous les jours,
Qui pourraient mieux aller, prenant un autre cours ;
Mais, quoi qu'à chaque pas je puisse voir paraître,
En courroux, comme vous, on ne me voit point être ;
Je prends tout doucement les hommes comme ils sont :
J'accoutume mon âme à souffrir ce qu'ils font,
Et je crois qu'à la cour, de même qu'à la ville,
Mon flegme est philosophe autant que votre bile.

ALCESTE

Mais ce flegme, Monsieur, qui raisonne si bien,
Ce flegme pourra-t-il ne s'échauffer de rien ?
Et s'il faut, par hasard, qu'un ami vous trahisse,
Que, pour avoir vos biens, on dresse un artifice,
Ou qu'on tâche à[3] semer de méchants bruits de vous,
Verrez-vous tout cela sans vous mettre en courroux?

PHILINTE

Oui, je vois ces défauts dont votre âme murmure
Comme vices unis à l'humaine nature ;
Et mon esprit enfin n'est pas plus offensé
De voir un homme fourbe, injuste, intéressé,
Que de voir des vautours affamés de carnage,
Des singes malfaisants, et des loups pleins de rage[4].

ALCESTE

Je me verrai trahir, mettre en pièces, voler,
Sans que je sois... Morbleu ! je ne veux point parler,
Tant ce raisonnement est plein d'impertinence !

[1] Céder aux circonstances, tenir compte des mœurs.

[2] Qui n'est inférieure à nulle autre.

[3] *Tâcher à*, très usité au temps de Molière, était plus expressif et marquait mieux l'effort que *tâcher de*.

[4] La philosophie de Philinte est un composé d'indifférence et de mépris pour l'espèce humaine. Il en pense autant de mal qu'Alceste ; mais il a pris son parti de ce qu'il considère comme incurable. L'indignation d'Alceste n'est-elle pas plus généreuse et en même temps plus honorable à l'humanité ? S'il en veut à ses semblables de leurs vices, c'est qu'il les croit capables de sagesse et de vertu, à condition que leur volonté obéisse à la raison. Philinte, lui, les met au rang des brutes.

PHILINTE

Ma foi ! vous ferez bien de garder le silence.
Contre votre partie éclatez un peu moins,
Et donnez au procès une part de vos soins.

ALCESTE

Je n'en donnerai point, c'est une chose dite.

PHILINTE

Mais qui voulez-vous donc qui, pour vous, sollicite[1] ?

ALCESTE

Qui je veux? La raison, mon bon droit, l'équité.

PHILINTE

Aucun juge par vous ne sera visité ?

ALCESTE

Non. Est-ce que ma cause est injuste ou douteuse?

PHILINTE

J'en demeure d'accord ; mais la brigue est fâcheuse,
Et...

ALCESTE

Non. J'ai résolu de n'en pas faire un pas.
J'ai tort, ou j'ai raison.

PHILINTE

Ne vous y fiez pas.

ALCESTE

Je ne remuerai point.

PHILINTE

Votre partie est forte,
Et peut, par sa cabale[2], entraîner...

ALCESTE

Il n'importe.

[1] Il a été d'usage, jusqu'à la Révolution, d'aller solliciter les juges en faveur de sa cause ; on leur offrait même quelquefois des présents. Il est facile d'imaginer ce qu'un pareil usage devait entraîner d'abus. Alceste est donc dans le vrai en s'élevant contre

[2] Ce mot fut d'abord le nom d'une secte de rabbins ; il a ensuite désigné une réunion de gens qui intriguent pour quelque fin obscure et mystérieuse.

PHILINTE

Vous vous tromperez.

ALCESTE

Soit. J'en veux voir le succès.

PHILINTE

Mais...

ALCESTE

J'aurai le plaisir de perdre mon procès.

PHILINTE

Mais enfin...

ALCESTE

Je verrai, dans cette plaiderie[1],
Si les hommes auront assez d'effronterie,
Seront assez méchants, scélérats et pervers,
Pour me faire injustice aux yeux de l'univers.

PHILINTE

Quel homme !

ALCESTE

Je voudrais, m'en coûtât-il grand'chose,
Pour la beauté du fait, avoir perdu ma cause.

PHILINTE

On se rirait de vous, Alceste, tout de bon,
Si l'on vous entendait parler de la façon.

ALCESTE

Tant pis pour qui rirait.

PHILINTE

Mais cette rectitude
Que vous voulez en tout avec exactitude,
Cette pleine droiture où vous vous renfermez,
La trouvez-vous ici dans ce que vous aimez ?
Je m'étonne, pour moi, qu'étant, comme il le semble,
Vous et le genre humain, si fort brouillés ensemble,
Malgré tout ce qui peut vous le rendre odieux,
Vous ayez pris chez lui ce qui charme vos yeux...

[1] Synonyme de plaidoirie, mais employé ici avec une intention de mépris.

En effet, Célimène, à la main de laquelle Alceste aspire, est une jeune veuve brillante, mondaine, médisante, coquette et fort égoïste. Alceste convient, avec son ami, de l'inconséquence de son choix, mais ajoute que, malgré les remontrances de sa raison, il cède à l'attrait qu'exercent sur lui la beauté et l'esprit de cette séduisante personne.

Scène II

ORONTE, ALCESTE, PHILINTE

ORONTE, à Alceste

J'ai su là-bas que, pour quelques emplettes,
Éliante est sortie, et Célimène aussi.
Mais, comme l'on m'a dit que vous étiez ici,
J'ai monté pour vous dire, et d'un cœur véritable,
Que j'ai conçu pour vous une estime incroyable,
Et que, depuis longtemps, cette estime m'a mis
Dans un ardent désir d'être de vos amis.
Oui, mon cœur au mérite aime à rendre justice
Et je brûle qu'un nœud d'amitié nous unisse.
Je crois qu'un ami chaud et de ma qualité [1]
N'est pas assurément pour être rejeté.

(Pendant le discours d'Oronte, Alceste est rêveur et semble ne pas entendre que c'est à lui qu'on parle. Il ne sort de sa rêverie que quand Oronte lui dit :)

C'est à vous, s'il vous plaît, que ce discours s'adresse.

ALCESTE

A moi, Monsieur ?

ORONTE

A vous. Trouvez-vous qu'il vous blesse ?

ALCESTE

Non pas. Mais la surprise est fort grande pour moi,
Et je n'attendais pas l'honneur que je reçoi [2].

ORONTE

L'estime où je vous tiens ne doit point vous surprendre,
Et de tout l'univers vous la pouvez prétendre.

[1] De mon rang, de ma naissance.

[2] La première personne des verbes, ne prenant pas d'*s* en latin, n'en prenait pas non plus dans l'ancien français. Cet usage tomba en désuétude vers le milieu du XVIIe siècle, mais la poésie le conserva.

ALCESTE

Monsieur...

ORONTE

L'État n'a rien qui ne soit au-dessous
Du mérite éclatant que l'on découvre en vous.

ALCESTE

Monsieur...

ORONTE

Oui, de ma part [1], je vous tiens préférable
A tout ce que j'y vois de plus considérable [2].

ALCESTE

Monsieur...

ORONTE

Sois-je du ciel écrasé, si je mens !
Et, pour vous confirmer ici mes sentiments,
Souffrez qu'à cœur ouvert, Monsieur, je vous embrasse [3],
Et qu'en votre amitié je vous demande place.
Touchez là, s'il vous plaît. Vous me la promettez,
Votre amitié?

ALCESTE

Monsieur...

ORONTE

Quoi ! vous y résistez?

ALCESTE

Monsieur, c'est trop d'honneur que vous me voulez faire;
Mais l'amitié demande un peu plus de mystère,
Et c'est assurément en profaner le nom
Que de vouloir le mettre à toute occasion [4].
Avec lumière et choix, cette union veut naître;
Avant que nous lier, il faut nous mieux connaître ;
Et nous pourrions avoir telles complexions
Que tous deux du marché nous nous repentirions.

[1] Pour ma part.
[2] Le plus digne d'être considéré.
[3] Il tombe bien !
[4] *Le mettre*, l'employer à toute occasion. Pour Alceste, l'amitié est une religion; il ne veut pas qu'on la traite légèrement.

ORONTE

Parbleu ! c'est là-dessus parler en homme sage,
Et je vous en estime encore davantage.
Souffrons donc que le temps forme des nœuds si doux ;
Mais, cependant, je m'offre entièrement à vous ;
S'il faut faire à la cour pour vous quelque ouverture,
On sait qu'auprès du Roi je fais quelque figure ;
Il m'écoute ; et, dans tout, il en use, ma foi !
Le plus honnêtement du monde avecque moi.
Enfin, je suis à vous de toutes les manières ;
Et, comme votre esprit a de grandes lumières,
Je viens, pour commencer entre nous ce beau nœud,
Vous montrer un sonnet [1] que j'ai fait depuis peu,
Et savoir s'il est bon qu'au public je l'expose.

ALCESTE

Monsieur, je suis mal propre [2] à décider la chose.
Veuillez m'en dispenser.

ORONTE

Pourquoi ?

ALCESTE

J'ai le défaut
D'être un peu plus sincère en cela qu'il ne faut.

ORONTE

C'est ce que je demande, et j'aurais lieu de plainte,
Si, m'exposant à vous pour me parler sans feinte,
Vous alliez me trahir et me déguiser rien.

ALCESTE

Puisqu'il vous plaît ainsi, Monsieur, je le veux bien.

ORONTE

Sonnet... C'est un sonnet... *L'espoir*... C'est une dame
Qui de quelque espérance avait flatté ma flamme.

[1] Petite pièce de vers divisée en deux quatrains et trois tercets, dont les règles sont fort étroites, et qui doit enfermer sous une forme exquise quelque pensée ingénieuse. Le sonnet était alors très à la mode.

[2] Peu propre à.

L'espoir... Ce ne sont point de ces grands vers pompeux,
Mais de petits vers doux, tendres et langoureux.
(A toutes ces interruptions, il regarde Alceste.)

ALCESTE

Nous verrons bien.

ORONTE

L'espoir... Je ne sais si le style
Pourra vous en paraître assez net et facile,
Et si du choix des mots vous vous contenterez.

ALCESTE

Nous allons voir, Monsieur.

ORONTE

Au reste, vous saurez
Que je n'ai demeuré qu'un quart d'heure à le faire.

ALCESTE

Voyons, Monsieur; le temps ne fait rien à l'affaire.

ORONTE, lisant

L'espoir, il est vrai, nous soulage,
Et nous berce un temps notre ennui :
Mais, Philis, le triste avantage,
Lorsque rien ne marche après lui!

PHILINTE

Je suis déjà charmé de ce petit morceau.

ALCESTE, bas, à Philinte

Quoi? Vous avez le front de trouver cela beau?

ORONTE

Vous eûtes de la complaisance ;
Mais vous en deviez moins avoir,
Et ne vous pas mettre en dépense
Pour ne me donner que l'espoir.

PHILINTE

Ah ! qu'en termes galants ces choses-là sont mises !

ALCESTE, bas, à Philinte

Morbleu ! vil complaisant, vous louez des sottises.

ORONTE

S'il faut qu'une attente éternelle
Pousse à bout l'ardeur de mon zèle,
Le trépas sera mon recours.

Vos soins ne m'en peuvent distraire ;
Belle Philis, on désespère,
Alors qu'on espère toujours[1].

PHILINTE

La chute en est jolie, amoureuse, admirable.

ALCESTE, bas, à part

La peste de ta chute, empoisonneur au diable[2] !
En eusses-tu fait une à te casser le nez !

PHILINTE

Je n'ai jamais ouï de vers si bien tournés.

ALCESTE, bas, à part

Morbleu !

ORONTE, à Philinte

Vous me flattez, et vous croyez peut-être...

PHILINTE

Non, je ne flatte point.

ALCESTE, bas, à part

Et que fais-tu donc, traître ?

ORONTE, à Alceste

Mais, pour vous, vous savez quel est notre traité :
Parlez-moi, je vous prie, avec sincérité.

ALCESTE

Monsieur, cette matière est toujours délicate,
Et sur le bel esprit[3] nous aimons qu'on nous flatte,
Mais un jour, à quelqu'un dont je tairai le nom,
Je disais, en voyant des vers de sa façon,

[1] On a prétendu que le public s'était laissé prendre, comme Philinte, à l'air galant de ce sonnet et avait applaudi tout de bon ces platitudes recherchées.

[2] Digne d'aller au diable. — La colère fait faire à Alceste un mauvais jeu de mots.

[3] Ce terme est pris ici en bonne part dans le sens de délicatesse de l'esprit.

Qu'il faut qu'un galant homme ait toujours grand empire
Sur les démangeaisons qui nous prennent d'écrire ;
Qu'il doit tenir la bride aux grands empressements
Qu'on a de faire éclat de tels amusements ;
Et que, par la chaleur de montrer ses ouvrages,
On s'expose à jouer de mauvais personnages.

ORONTE

Est-ce que vous voulez me déclarer par là
Que j'ai tort de vouloir ?...

ALCESTE

Je ne dis pas cela[1].
Mais je lui disais, moi, qu'un froid écrit assomme,
Qu'il ne faut que ce faible à décrier un homme,
Et qu'eût-on d'autre part cent belles qualités,
On regarde les gens par leurs méchants côtés.

ORONTE

Est-ce qu'à mon sonnet vous trouvez à redire ?

ALCESTE

Je ne dis pas cela. Mais, pour ne point écrire[2],
Je lui mettais aux yeux comme, dans notre temps,
Cette soif a gâté de fort honnêtes gens.

ORONTE

Est-ce que j'écris mal, et leur ressemblerais-je ?

ALCESTE

Je ne dis pas cela. Mais enfin, lui disais-je,
Quel besoin si pressant avez-vous de rimer ?
Et qui diantre vous pousse à vous faire imprimer ?
Si l'on peut pardonner l'essor d'un mauvais livre,
Ce n'est qu'aux malheureux qui composent pour vivre.
Croyez-moi, résistez à vos tentations,
Dérobez au public ces occupations,

[1] Rien de plus comique que ces *je ne dis pas cela*. Alceste s'est déclaré ennemi de toute complaisance, de tout compromis avec la vérité, et pourtant il n'ose la dire à Oronte sans l'envelopper et la déguiser. Au fond, chaque *je ne dis pas cela* est un mensonge, car c'est précisément *cela* qu'Alceste veut dire.

[2] La correction grammaticale voudrait que le mot suivant l'infinitif en fût le sujet.

Et n'allez point quitter, de quoi que l'on vous somme,
Le nom que dans la cour vous avez d'honnête homme [1],
Pour prendre de la main d'un avide imprimeur
Celui de ridicule et misérable auteur.
C'est ce que je tâchai de lui faire comprendre.

ORONTE

Voilà qui va fort bien, et je crois vous entendre.
Mais ne puis-je savoir ce que dans mon sonnet?...

ALCESTE

Franchement, il est bon à mettre au cabinet [2].
Vous vous êtes réglé sur de méchants [3] modèles,
Et vos expressions ne sont point naturelles.
Qu'est-ce que : *Nous berce un temps notre ennui?*
Et que : *Rien ne marche après lui?*
Que : *Ne vous pas mettre en dépense,*
Pour ne me donner que l'espoir?
Et que : *Philis, on désespère,*
Alors qu'on espère toujours?
Ce style figuré, dont on fait vanité,
Sort du bon caractère et de la vérité ;
Ce n'est que jeu de mots, qu'affectation pure,
Et ce n'est point ainsi que parle la nature.
Le méchant goût du siècle en cela me fait peur ;
Nos pères, tout grossiers [4], l'avaient beaucoup meilleur,
Et je prise bien moins tout ce que l'on admire,
Qu'une vieille chanson que je m'en vais vous dire :
Si le Roi m'avait donné
Paris, sa grand'ville,

[1] De galant homme, que ne dépare aucune singularité. Molière s'est sans doute souvenu, en écrivant ces vers d'un passage d'une lettre de Balzac : « Est-il possible « qu'un homme, qui n'a pas appris l'art « d'écrire et à qui il n'a point été fait de « commandement de par le Roi, et sur « peine de la vie, de faire des livres, veuille « quitter son rang d'*honnête homme* pour « aller prendre celui d'impertinent et de ri- « dicule parmi les docteurs et les écoliers ? »

[2] Petit meuble à tiroirs intérieurs dans lequel on serrait des livres précieux ou des papiers secrets.

Alceste veut dire que le sonnet d'Oronte serait bon à garder pour soi seul, dans quelque cachette ignorée du public.

[3] Fréquemment employé, au XVIIe siècle, dans le sens de *mauvais*. Mme de Sévigné écrit à sa fille : Vous savez comme je suis blessée des *méchants* styles.

[4] Tout grossiers qu'ils étaient.

Et qu'il me fallût quitter
L'amour de ma mie,
Je dirais au roi Henri :
« Reprenez votre Paris ;
J'aime mieux ma mie, au gué !
J'aime mieux ma mie. »
La rime n'est pas riche [1], et le style en est vieux ;
Mais ne voyez-vous pas que cela vaut bien mieux
Que ces colifichets dont le bon sens murmure,
Et que la passion parle là toute pure ?
Si le Roi m'avait donné
Paris, sa grand'ville,
Et qu'il me fallût quitter
L'amour de ma mie,
Je dirais au roi Henri :
« Reprenez votre Paris ;
J'aime mieux ma mie, au gué !
J'aime mieux ma mie. »
Voilà ce que peut dire un cœur vraiment épris.
(A Philinte, qui rit.)
Oui, Monsieur le rieur, malgré vos beaux esprits,
J'estime plus cela que la pompe fleurie
De tous ces faux brillants, où chacun se récrie...

ORONTE

Et moi, je vous soutiens que mes vers sont fort bons !

ALCESTE

Pour les trouver ainsi vous avez vos raisons ;
Mais vous trouverez bon que j'en puisse avoir d'autres,
Qui se dispenseront de se soumettre aux vôtres.

ORONTE

Il me suffit de voir que d'autres en font cas.

ALCESTE

C'est qu'ils ont l'art de feindre ; et moi, je ne l'ai pas.

ORONTE

Croyez-vous donc avoir tant d'esprit en partage ?

[1] Elle se réduit même à une simple assonance, ou ressemblance de la voyelle qui porte l'accent tonique.

ALCESTE

Si je louais vos vers, j'en aurais davantage.

ORONTE

Je me passerai bien que vous les approuviez.

ALCESTE

Il faut bien, s'il vous plaît, que vous vous en passiez.

ORONTE

Je voudrais bien, pour voir, que, de votre manière,
Vous en composassiez sur la même matière.

ALCESTE

J'en pourrais, par malheur, faire d'aussi méchants;
Mais je me garderais de les montrer aux gens.

ORONTE

Vous me parlez bien ferme, et cette suffisance...

ALCESTE

Autre part que chez moi cherchez qui vous encense.

ORONTE

Mais, mon petit Monsieur, prenez-le [1] un peu moins haut.

ALCESTE

Ma foi, mon grand Monsieur, je le prends comme il faut.

PHILINTE, se mettant entre eux deux.

Eh! Messieurs, c'en est trop. Laissez cela, de grâce.

ORONTE

Ah! j'ai tort, je l'avoue, et je quitte la place.
Je suis votre valet, Monsieur, de tout mon cœur.

ALCESTE

Et moi, je suis, Monsieur, votre humble serviteur [2].

[1] L'e doit être élidé pour que la mesure soit juste, mais cela est contraire aux lois de l'accent tonique.

[2] Ces deux phrases, dites en se quittant, équivalent à une provocation en duel offerte et acceptée.

SCÈNE III

PHILINTE, ALCESTE

PHILINTE

Hé bien! vous le voyez. Pour être trop sincère,
Vous voilà sur les bras une fâcheuse affaire;
Et j'ai bien vu qu'Oronte, afin d'être flatté...

ALCESTE

Ne me parlez pas.

PHILINTE

Mais.

ALCESTE

Plus de société.

PHILINTE

C'est trop...

ALCESTE

Laissez-moi là.

PHILINTE

Si je...

ALCESTE

Point de langage.

PHILINTE

Mais quoi...

ALCESTE

Je n'entends rien.

PHILINTE

Mais...

ALCESTE

Encore?

PHILINTE

On outrage...

ALCESTE

Ah! parbleu! c'en est trop. Ne suivez point mes pas.

PHILINTE

Vous vous moquez de moi, je ne vous quitte pas.

ACTE DEUXIÈME

Alceste a eu, avec Célimène, une vive explication, au cours de laquelle il lui a reproché son humeur frivole et sa trop grande facilité à recevoir les hommages de tous. Au moment où la dispute s'apaise, et où Alceste espère obtenir satisfaction par la promesse d'une vie plus retirée et d'une union prochaine avec lui, on annonce un des visiteurs qui lui portent ombrage.

Scène II

CÉLIMÈNE, ALCESTE, BASQUE

CÉLIMÈNE

Qu'est-ce ?

BASQUE

Acaste est là-bas.

CÉLIMÈNE

Hé bien ! faites monter.

Scène III

CÉLIMÈNE, ALCESTE

ALCESTE

Quoi ! l'on ne peut jamais vous parler tête à tête ?
A recevoir le monde, on vous voit toujours prête !
Et vous ne pouvez pas, un seul moment de tous[1],
Vous résoudre à souffrir de n'être pas chez vous?

CÉLIMÈNE

Voulez-vous qu'avec lui je me fasse une affaire ?

ALCESTE

Vous avez des égards qui ne sauraient me plaire.

CÉLIMÈNE

C'est un homme à jamais ne me le pardonner,
S'il savait que sa vue eût pu m'importuner.

ALCESTE

Et que vous fait cela, pour vous gêner de sorte?...

[1] Entre tous.

CÉLIMÈNE

Mon Dieu ! de ses pareils la bienveillance importe ;
Et ce sont de ces gens qui, je ne sais comment,
Ont gagné, dans la cour, de parler hautement.
Dans tous les entretiens on les voit s'introduire ;
Ils ne sauraient servir, mais ils peuvent vous nuire ;
Et jamais, quelque appui qu'on puisse avoir d'ailleurs,
On ne doit se brouiller avec ces grands brailleurs [1].

ALCESTE

Enfin, quoi qu'il en soit, et sur quoi qu'on se fonde,
Vous trouvez des raisons pour souffrir tout le monde ;
Et les précautions de votre jugement...

Scène IV

ALCESTE, CÉLIMÈNE, BASQUE

BASQUE

Voici Clitandre, encor, Madame.

ALCESTE

(Il témoigne s'en vouloir aller.)

Justement.

CÉLIMÈNE

Où courez-vous ?

ALCESTE

Je sors

CÉLIMÈNE

Demeurez.

ALCESTE

Pour quoi faire ?

CÉLIMÈNE

Demeurez.

ALCESTE

Je ne puis.

[1] Il faut croire, puisque l'élégante Célimène emploie ce terme, qu'il était alors moins trivial qu'aujourd'hui.

CÉLIMÈNE

Je le veux.

ALCESTE

Point d'affaire.
Ces conversations ne font que m'ennuyer,
Et c'est trop que vouloir me les faire essuyer.

CÉLIMÈNE

Je le veux, je le veux.

ALCESTE

Non, il m'est impossible.

CÉLIMÈNE

Hé bien! allez, sortez, il vous est tout loisible.

Scène V

ÉLIANTE, PHILINTE, ACASTE, CLITANDRE, ALCESTE, CÉLIMÈNE, BASQUE

ÉLIANTE, à Célimène

Voici les deux marquis qui montent avec nous;
Vous l'est-on venu dire?

CÉLIMÈNE, à Basque

Oui. Des sièges pour tous.
(Basque donne des sièges et sort.)
(A Alceste.)
Vous n'êtes pas sorti?

ALCESTE

Non; mais je veux, Madame,
Ou pour eux, ou pour moi, faire expliquer votre âme.

CÉLIMÈNE

Taisez-vous.

ALCESTE

Aujourd'hui vous vous expliquerez.

CÉLIMÈNE

Vous perdez le sens.

ALCESTE

Point. Vous vous déclarerez.

CÉLIMÈNE

Ah !

ALCESTE

Vous prendrez parti.

CÉLIMÈNE

Vous vous moquez, je pense.

ALCESTE

Non. Mais vous choisirez ; c'est trop de patience.

. . . .

CLITANDRE

Parbleu ! je viens du Louvre, où Cléonte, au levé,
Madame, a bien paru ridicule achevé.
N'a-t-il point quelque ami qui pût, sur ses manières,
D'un charitable avis lui prêter les lumières ?

CÉLIMÈNE

Dans le monde, à vrai dire, il se barbouille fort[1] ;
Partout il porte un air qui saute aux yeux d'abord,
Et, lorsqu'on le revoit après un peu d'absence,
On le retrouve encor plus plein d'extravagance.

ACASTE

Parbleu ! s'il faut parler de gens extravagants,
Je viens d'en essuyer un des plus fatigants ;
Damon, le raisonneur, qui m'a, ne vous déplaise,
Une heure, au grand soleil, tenu hors de ma chaise.

CÉLIMÈNE

C'est un parleur étrange, et qui trouve toujours
L'art de ne vous rien dire avec de grands discours ;

[1] Il se ridiculise. — Ici commence cette série de portraits, aussi spirituels que méchants, que Célimène va tracer d'une main si leste et avec une si impitoyable sûreté de touche. — Molière a joué, dans cette scène, un des amusements les plus goûtés du monde élégant et lettré de l'époque. C'est chez Mlle de Montpensier, la grande Mademoiselle, que la mode de faire des portraits avait pris naissance ; les romans de Mlle de Scudéry, ceux de cette princesse elle-même en sont remplis. On faisait le portrait de ses amis, le sien propre. Quand on n'était pas assez habile pour l'écrire soi-même, on en chargeait quelque écrivain de salon. Des hommes illustres, La Rochefoucauld, auteur des *Maximes*, Fléchier, le grand orateur, n'ont pas dédaigné de se peindre eux-mêmes. Un livre de génie, *les Caractères*, de La Bruyère, est comme le fruit littéraire de ce qui n'avait d'abord été qu'un ingénieux passe-temps de société.

Dans les propos qu'il tient, on ne voit jamais goutte,
Et ce n'est que du bruit que tout ce qu'on écoute.

ÉLIANTE, à Philinte

Ce début n'est pas mal : et, contre le prochain
La conversation prend un assez bon train.

CLITANDRE

Timante encor, Madame, est un bon caractère.

CÉLIMÈNE

C'est, de la tête aux pieds, un homme tout mystère
Qui vous jette en passant un coup d'œil égaré,
Et, sans aucune affaire, est toujours affairé.
Tout ce qu'il vous débite en grimaces abonde;
A force de façons, il assomme le monde;
Sans cesse il a, tout bas, pour rompre l'entretien,
Un secret à vous dire, et ce secret n'est rien;
De la moindre vétille il fait une merveille,
Et, jusques au bonjour, il dit tout à l'oreille [1].

ACASTE

Et Géralde, Madame ?

CÉLIMÈNE

O l'ennuyeux conteur !
Jamais on ne le voit sortir du grand seigneur [2] ;
Dans le brillant commerce il se mêle sans cesse,
Et ne cite jamais que duc, prince ou princesse ;
La qualité l'entête [3] ; et tous ses entretiens
Ne sont que de chevaux, d'équipage et de chiens :
Il tutaye [4], en parlant, ceux du plus haut étage,
Et le nom de Monsieur est chez lui hors d'usage.

CLITANDRE

On dit qu'avec Bélise il est du dernier bien.

[1] L'original de ce portrait était, rapporte Brossette, sur le témoignage de Boileau, un M. de Saint-Gilles, « homme fort mystérieux, qui ne parlait jamais que tout bas et à l'oreille, quelque chose qu'il eût à dire ». Il aimait fort Molière et l'importunait sans le savoir.

[2] *Sortir du grand seigneur*. Il ne parle que des grands seigneurs. — *Dans le brillant commerce*, dans la compagnie des gens qui brillent par leur rang.

[3] *L'entête*. Il en a la tête remplie.

[4] Le tutoiement n'était usité qu'avec les gens de service, et c'était mode toute nouvelle que les jeunes marquis affectassent de s'en servir entre eux.

CÉLIMÈNE

Le pauvre esprit de femme, et le sec entretien!
Lorsqu'elle vient me voir, je souffre le martyre :
Il faut suer sans cesse à chercher que lui dire,
Et la stérilité de son expression
Fait mourir à tous coups la conversation ;
En vain, pour attaquer son stupide silence,
De tous les lieux communs [1] vous prenez l'assistance;
Le beau temps et la pluie, et le froid et le chaud,
Sont des fonds qu'avec elle on épuise bientôt.
Cependant sa visite, assez insupportable,
Traîne en une longueur encore épouvantable,
Et l'on demande l'heure, et l'on bâille vingt fois,
Qu'elle grouille [2] aussi peu qu'une pièce de bois.

ACASTE

Que vous semble d'Adraste ?

CÉLIMÈNE

Ah! quel orgueil extrême!
C'est un homme gonflé de l'amour de soi-même.
Son mérite jamais n'est content de la cour :
Contre elle il fait métier de pester chaque jour;
Et l'on ne donne emploi, charge, ni bénéfice [3],
Qu'à tout ce qu'il se croit on ne fasse injustice.

CLITANDRE

Mais le jeune Cléon, chez qui vont aujourd'hui
Nos plus honnêtes gens, que dites-vous de lui ?

CÉLIMÈNE

Que de son cuisinier il s'est fait un mérite,
Et que c'est à sa table à qui l'on rend visite.

ÉLIANTE

Il prend soin d'y servir des mets fort délicats.

[1] *Lieux communs* vient d'une expression latine, laquelle désignait ces vérités générales qui peuvent se développer à propos de n'importe quel sujet. En français, *lieux communs* est, le plus souvent, synonyme de banalité.

[2] N'est-ce pas là une des expressions qui firent accuser Molière de trivialité par les puristes et les amateurs de beau style? On se permit de la remplacer, dans l'édition de 1682, après la mort de Molière, par : *Elle s'émeut.*

[3] *Bénéfice* se disait des revenus attachés à une charge ecclésiastique, et qui souvent se donnaient à des séculiers.

CÉLIMÈNE

Oui ; mais je voudrais bien qu'il ne s'y servît pas :
C'est un fort méchant plat que sa sotte personne.
Et qui gâte, à mon goût, tous les repas qu'il donne.

PHILINTE

On fait assez de cas de son oncle Damis ;
Qu'en dites-vous, Madame ?

CÉLIMÈNE

Il est de mes amis [1].

PHILINTE

Je le trouve honnête homme, et d'un air assez sage.

CÉLIMÈNE

Oui ; mais il veut avoir trop d'esprit, dont j'enrage [2].
Il est guindé [3] sans cesse ; et, dans tous ses propos,
On voit qu'il se travaille à dire de bons mots.
Depuis que dans la tête il s'est mis d'être habile,
Rien ne touche son goût, tant il est difficile.
Il veut voir des défauts à tout ce qu'on écrit,
Et pense que louer n'est pas d'un bel esprit,
Que c'est être savant que trouver à redire,
Qu'il n'appartient qu'aux sots d'admirer et de rire,
Et qu'en n'approuvant rien des ouvrages du temps,
Il se met au-dessus de tous les autres gens.
Aux conversations même il trouve à reprendre ;
Ce sont propos trop bas pour y daigner descendre ;
Et, les deux bras croisés, du haut de son esprit,
Il regarde en pitié tout ce que chacun dit.

ACASTE

Dieu me damne [4], voilà son portrait véritable.

CLITANDRE, à Célimène

Pour bien peindre les gens vous êtes admirable.

[1] Il ne faudra pas cependant la pousser beaucoup pour qu'elle exerce, aux dépens de cet ami, son esprit médisant.

[2] Ce dont.

[3] *Guinder* signifie littéralement tirer en haut à l'aide de machines, s'élever avec effort ; et, au figuré, affecter une raideur hautaine.

[4] Il était du bel air, pour un marquis, de savoir jurer du bout des dents.

ALCESTE

Allons, ferme, poussez, mes bons amis de cour[1],
Vous n'en épargnez point, et chacun a son tour :
Cependant aucun d'eux à vos yeux ne se montre,
Qu'on ne vous voie, en hâte, aller à sa rencontre,
Lui présenter la main, et, d'un baiser flatteur,
Appuyer les serments d'être son serviteur.

CLITANDRE

Pourquoi s'en prendre à nous ? Si ce qu'on dit vous blesse,
Il faut que le reproche à Madame s'adresse.

ALCESTE

Non, morbleu ! c'est à vous ; et vos ris complaisants
Tirent de son esprit tous ces traits médisants.
Son humeur satirique est sans cesse nourrie
Par le coupable encens de votre flatterie ;
Et son cœur à railler trouverait moins d'appas,
S'il avait observé qu'on ne l'applaudît pas.
C'est ainsi qu'aux flatteurs on doit partout se prendre
Des vices où[2] l'on voit les humains se répandre.

PHILINTE

Mais pourquoi pour ces gens un intérêt si grand,
Vous qui condamneriez ce qu'en eux on reprend ?

CÉLIMÈNE

Et ne faut-il pas bien que Monsieur contredise[3] ?
A la commune voix veut-on qu'il se réduise,
Et qu'il ne fasse pas éclater en tous lieux
L'esprit contrariant qu'il a reçu des cieux ?
Le sentiment d'autrui n'est jamais pour lui plaire.
Il prend toujours en main l'opinion contraire ;
Et penserait paraître un homme du commun,
Si l'on voyait qu'il fût de l'avis de quelqu'un.

[1] On voit qu'Alceste, si sévère pour les vices de l'humanité, prend en main la défense des individus, surtout des absents, et ne souffre pas qu'on les maltraite impunément devant lui.

[2] Où est souvent employé, au XVIIe siècle, pour auxquels ou dans lesquels.

[3] Excitée par les approbations, la verve de Célimène va *crescendo ;* ce ne sont plus les absents qu'elle raille à présent ; mais, pour se venger d'Alceste qui, dans ce concert d'éloges si agréables, a osé jeter une note discordante, elle improvise ce piquant et cruel portrait qui fait ressortir l'humeur « contredisante » d'Alceste. C'est le sublime du genre.

L'honneur de contredire a pour lui tant de charmes,
Qu'il prend contre lui-même assez souvent les armes,
Et ses vrais sentiments sont combattus par lui,
Aussitôt qu'il les voit dans la bouche d'autrui.

ALCESTE

Les rieurs sont pour vous, Madame, c'est tout dire,
Et vous pouvez pousser contre moi la satire.

PHILINTE

Mais il est véritable aussi que votre esprit
Se gendarme toujours contre tout ce qu'on dit,
Et que, par un chagrin que lui-même il avoue,
Il ne saurait souffrir qu'on blâme ni qu'on loue.

ALCESTE

C'est que jamais, morbleu ! les hommes n'ont raison,
Que le chagrin contre eux est toujours de saison,
Et que je vois qu'ils sont, sur toutes les affaires,
Loueurs impertinents, ou censeurs téméraires.

CÉLIMÈNE

Mais...

ALCESTE

Non, Madame, non : quand j'en devrais mourir,
Vous avez des plaisirs que je ne puis souffrir;
Et l'on a tort ici de nourrir dans votre âme
Ce grand attachement aux défauts qu'on y blâme [1].

CLITANDRE

Pour moi, je ne sais pas ; mais j'avouerai tout haut
Que j'ai cru jusqu'ici Madame sans défaut.

ACASTE

De grâces et d'attraits je vois qu'elle est pourvue ;
Mais les défauts qu'elle a ne frappent point ma vue.

ALCESTE

Ils frappent tous la mienne, et, loin de m'en cacher,
Elle sait que j'ai soin de les lui reprocher.

[1] Sous-entendu, en arrière. Le reproche s'adresse surtout à Philinte qui, après avoir critiqué Célimène comme il l'a fait dans la première scène, s'est mis du côté des rieurs.

Plus on aime quelqu'un, moins il faut qu'on le flatte.

. . . .

CÉLIMÈNE

Enfin, s'il faut qu'à vous s'en rapportent les cœurs,
On doit, pour bien aimer, renoncer aux douceurs,
Et du parfait amour mettre l'honneur suprême
A bien injurier les personnes qu'on aime.

Scène VI

ALCESTE, CÉLIMÈNE, ÉLIANTE, ACASTE, PHILINTE, CLITANDRE, BASQUE

BASQUE, à Alceste

Monsieur, un homme est là qui voudrait vous parler
Pour affaire, dit-il, qu'on ne peut reculer.

ALCESTE

Dis-lui que je n'ai point d'affaires si pressées.

BASQUE

Il porte une jaquette à grand'basques plissés,
Avec du dor [1] dessus.

CÉLIMÈNE, à Alceste

Allez voir ce que c'est.
Ou bien faites-le [2] entrer.

Scène VII

ALCESTE, CÉLIMÈNE, ÉLIANTE, ACASTE, PHILINTE, CLITANDRE, UN GARDE DE LA MARÉCHAUSSÉE

ALCESTE, allant au-devant du garde

Qu'est-ce donc qu'il vous plaît !
Venez, Monsieur.

LE GARDE

Monsieur, j'ai deux mots à vous dire.

[1] *Du dor* pour de l'or. Locution vicieuse, sans doute répandue alors dans le peuple.

[2] Encore un *e* élidé qui ne devrait pas l'être, parce qu'il porte l'accent tonique.

ALCESTE

Vous pouvez parler haut, Monsieur, pour m'en instruire.

LE GARDE

Messieurs les maréchaux[1], dont j'ai commandement,
Vous mandent de venir les trouver promptement,
Monsieur.

ALCESTE

Qui ? moi, Monsieur ?

LE GARDE

Vous même.

ALCESTE

Et pourquoi faire ?

PHILINTE, à Alceste

C'est d'Oronte et de vous la ridicule affaire.

CÉLIMÈNE, à Philinte

Comment ?

PHILINTE

Oronte et lui se sont tantôt bravés
Sur certains petits vers, qu'il n'a pas approuvés;
Et l'on veut assoupir la chose en sa naissance.

ALCESTE

Moi, je n'aurai jamais de lâche complaisance.

PHILINTE

Mais il faut suivre l'ordre ; allons, disposez-vous.

ALCESTE

Quel accommodement veut-on faire entre nous ?
La voix de ces Messieurs me condamnera-t-elle
A trouver bons les vers qui font notre querelle ?
Je ne me dédis point de ce que j'en ai dit,
Je les trouve méchants.

[1] Les *maréchaux* de France formaient un tribunal qui jugeait des affaires d'honneur survenues entre gentilshommes. Lorsqu'il était informé d'une querelle pouvant amener un duel, il envoyait à chacun des intéressés un de ses lieutenants ; celui-ci ne devait pas le quitter jusqu'à ce qu'il se fût présenté devant les maréchaux, qui leur ordonnaient de s'embrasser et de vivre en bonne intelligence.

PHILINTE

Mais, d'un plus doux esprit...

ALCESTE

Je n'en démordrai point ; les vers sont exécrables.

PHILINTE

Vous devez faire voir des sentiments traitables.
Allons, venez.

ALCESTE

J'irai ; mais rien n'aura pouvoir
De me faire dédire.

PHILINTE

Allons vous faire voir.

ALCESTE

Hors qu'un commandement exprès du Roi me vienne [1],
De trouver bons les vers dont on se met en peine,
Je soutiendrai toujours, morbleu ! qu'ils sont mauvais,
Et qu'un homme est pendable après les avoir faits.
(A Clitandre et à Acaste, qui rient.)
Par la sangbleu [2] ! Messieurs, je ne croyais pas être
Si plaisant que je suis !

CÉLIMÈNE

Allez vite paraître
Où vous devez.

ALCESTE

J'y vais, Madame, et sur mes pas
Je reviens en ce lieu, pour vider mes débats.

---

[1] Molière s'est emparé ici d'une plaisante saillie de Boileau, à qui on demandait un jour d'épargner Chapelain, sous prétexte qu'il était fort aimé de Colbert et même du Roi : « Oh ! le Roi et M. Colbert feront ce qu'il leur plaira, répondit brusquement Boileau, mais à moins que le Roi ne m'ordonne expressément de trouver bons les vers de Chapelain, je soutiendrai qu'un homme, après avoir fait les vers de *la Pucelle*, mérite d'être pendu. »

[2] Corruption de palsambleu qui, lui-même, est un euphémisme pour : Par le sang de Dieu.

ACTE TROISIÈME

Scène I

CLITANDRE, ACASTE

CLITANDRE

Cher marquis, je te vois l'âme bien satisfaite :
Toute chose t'égaye, et rien ne t'inquiète.
En bonne foi, crois-tu, sans t'éblouir les yeux,
Avoir de grands sujets de paraître joyeux ?

ACASTE

Parbleu, je ne vois pas, lorsque je m'examine,
Où prendre aucun sujet d'avoir l'âme chagrine.
J'ai du bien, je suis jeune, et sors d'une maison
Qui se peut dire noble avec quelque raison ;
Et je crois, par le rang que me donne ma race,
Qu'il est fort peu d'emplois dont je ne sois en passe [1].
Pour le cœur [2], dont sur tout nous devons faire cas,
On sait, sans vanité, que je n'en manque pas ;
Et l'on m'a vu pousser dans le monde une affaire [3]
D'une assez vigoureuse et gaillarde manière.
Pour de l'esprit, j'en ai sans doute ; et du bon goût
A juger sans étude et raisonner de tout ;
A faire aux nouveautés, dont je suis idolâtre,
Figure de savant, sur les bancs du théâtre,
Y décider en chef, et faire du fracas [4]
A tous les beaux endroits qui méritent des has !
Je suis assez adroit ; j'ai bon air, bonne mine,
Les dents belles, surtout, et la taille fort fine.

[1] *Être en passe* se disait, au jeu de mail ou de billard, du joueur dont la bille était placée de manière à passer à travers un arceau ou une porte qui portait le nom de *passe*.

[2] *Cœur* veut dire ici courage. Sens fréquent au XVIIe siècle. Bossuet dit, dans l'oraison funèbre de Condé : « Le prince calma les *courages* émus. »

[3] Une affaire d'honneur pouvant finir par un duel.

[4] Ce n'est pas la première fois que Molière s'attaque à l'outrecuidance de ces marquis ignorants qui se croyaient en droit de décider de tout, et qui, pendant la représentation, assis sur le théâtre même, y faisaient souvent un fracas incommode aux acteurs et aux spectateurs.

Quant à se mettre bien, je crois, sans me flatter,
Qu'on serait mal venu de me le disputer.
Je crois qu'avec cela, mon cher Marquis, je croi
Qu'on peut, par tout pays, être content de soi.

Scène II

CÉLIMÈNE, ACASTE, CLITANDRE

CÉLIMÈNE

Je viens d'ouïr entrer un carrosse là-bas ;
Savez-vous qui c'est ?

CLITANDRE

Non.

Scène III

CÉLIMÈNE, ACASTE, CLITANDRE, BASQUE

BASQUE

Arsinoé, Madame,
Monte ici pour vous voir.

CÉLIMÈNE

Que me veut cette femme ?

BASQUE

Éliante là-bas est à l'entretenir.

CÉLIMÈNE

De quoi s'avise-t-elle et qui la fait venir ?
. . . .
Elle est impertinente au suprême degré
Et...

Scène IV

ARSINOÉ, CÉLIMÈNE, CLITANDRE, ACASTE

CÉLIMÈNE

Ah ! quel heureux sort en ce lieu vous amène [1] ?
Madame, sans mentir, j'étais de vous en peine.

[1] On ne saurait être perfide avec plus d'élégance. Quelle vérité dans ce brusque revirement ! et comme il provoque irrésistiblement le rire !

ARSINOÉ

Je viens pour quelque avis que j'ai cru vous devoir.

CÉLIMÈNE

Ah ! mon Dieu! que je suis contente de vous voir!
(Clitandre et Acaste sortent en riant.)

SCÈNE V

ARSINOÉ, CÉLIMÈNE

ARSINOÉ

Leur départ ne pouvait plus à propos se faire.

CÉLIMÈNE

Voulons-nous nous asseoir?

ARSINOÉ

Il n'est pas nécessaire.
Madame, l'amitié doit surtout éclater
Aux choses qui le plus nous peuvent importer ;
Et, comme il n'en est point de plus grande importance
Que celles de l'honneur et de la bienséance,
Je viens, par un avis qui touche votre honneur,
Témoigner l'amitié que pour vous a mon cœur[1] ;
Hier[2], j'étais chez des gens de vertu singulière,
Où, sur vous, du discours on tourna la matière ;
Et là, votre conduite, avec ses grands éclats,
Madame, eut le malheur qu'on ne la loua pas.
Cette foule de gens dont vous souffrez visite,
Votre galanterie, et les bruits qu'elle excite,
Trouvèrent des censeurs plus qu'il n'aurait fallu,
Et bien plus rigoureux que je n'eusse voulu.
Vous pouvez bien penser quel parti je sus prendre ;
Je fis ce que je pus pour vous pouvoir défendre,
Je vous excusai fort sur votre intention,
Et voulus de votre âme être la caution,
Mais vous savez qu'il est des choses dans la vie
Qu'on ne peut excuser, quoiqu'on en ait envie ;

[1] Les griffes sont prêtes, malgré l'accent doucereux.

[2] Hier ne compte que pour une syllabe.

Et je me vis contrainte à demeurer d'accord
Que l'air dont vous viviez vous faisait un peu tort;
Qu'il prenait dans le monde une méchante face;
Qu'il n'est conte fâcheux que partout on n'en fasse,
Et que, si vous vouliez, tous vos déportements [1]
Pourraient moins donner prise aux mauvais jugements.
Non que j'y croie au fond l'honnêteté blessée;
Me préserve le ciel d'en avoir la pensée!
Mais aux ombres du crime on prête aisément foi,
Et ce n'est pas assez de bien vivre pour soi,
Madame, je vous crois l'âme trop raisonnable
Pour ne pas prendre bien cet avis profitable,
Et pour l'attribuer qu'aux mouvements secrets
D'un zèle qui m'attache à tous vos intérêts.

CÉLIMÈNE

Madame, j'ai beaucoup de grâces à vous rendre [2];
Un tel avis m'oblige, et, loin de le mal prendre,
J'en prétends reconnaître à l'instant la faveur,
Par un avis aussi qui touche votre honneur;
Et, comme je vous vois vous montrer mon amie
En m'apprenant les bruits que de moi l'on publie,
Je veux suivre, à mon tour, un exemple si doux,
En vous avertissant de ce qu'on dit de vous.
En un lieu, l'autre jour, où je faisais visite,
Je trouvai quelques gens d'un très rare mérite [3],
Qui, parlant des vrais soins d'une âme qui vit bien,
Firent tomber sur vous, Madame, l'entretien.
Là, votre pruderie et vos éclats de zèle
Ne furent pas cités comme un fort bon modèle:
Cette affectation d'un grave extérieur,
Vos discours éternels de sagesse et d'honneur,

[1] *Déportements* s'employait au XVIIe siècle dans le sens d'actions, de conduite.

[2] Aux premiers mots de cette tirade, on sent qu'Arsinoé n'aura pas le dessus dans ce duel de paroles. Avec quelle grâce Célimène ramasse les traits de l'adversaire, avec quelle légèreté de main elle les lui renvoie. Forte de ses vingt ans, elle sait bien que rappeler à Arsinoé la différence de leur âge, c'est le meilleur moyen de la blesser au cœur.

[3] Arsinoé la prude a dit: « J'étais chez des gens *de vertu singulière*; » Célimène, qui se pique d'esprit, réplique: « J'étais chez des gens *de très rare mérite.* » Chacune est dans son rôle.

Vos mines et vos cris aux ombres d'indécence
Que d'un mot ambigu peut avoir l'innocence,
Cette hauteur d'estime où vous êtes de vous,
Et ces yeux de pitié que vous jetez sur tous,
Vos fréquentes leçons et vos aigres censures
Sur des choses qui sont innocentes et pures;
Tout cela, si je puis vous parler franchement,
Madame, fut blâmé d'un commun sentiment.
A quoi bon, disaient-ils, cette mine modeste,
Et ce sage dehors que dément tout le reste?
Elle est, à bien prier, exacte au dernier point;
Mais elle bat ses gens [1] et ne les paye point.
Dans tous les lieux dévots elle étale un grand zèle;
Mais elle met du blanc et veut paraître belle.
Pour moi, contre chacun, je pris votre défense,
Et leur assurai fort que c'était médisance [2];
Mais tous les sentiments combattirent le mien,
Et leur conclusion fut que vous feriez bien
De prendre moins de soin des actions des autres,
Et de vous mettre un peu plus en peine des vôtres;
Qu'on doit se regarder soi-même un fort long temps
Avant que de songer à condamner les gens;
Qu'il faut mettre le poids d'une vie exemplaire
Dans les corrections qu'aux autres on veut faire:
Et qu'encor vaut-il mieux s'en remettre au besoin,
A ceux à qui le ciel en a commis le soin.
Madame, je vous crois aussi trop raisonnable,
Pour ne pas prendre bien cet avis profitable,
Et pour l'attribuer qu'aux mouvements secrets
D'un zèle qui m'attache à tous vos intérêts.

ARSINOÉ

A quoi qu'en reprenant on soit assujettie,
Je ne m'attendais pas à cette repartie,

[1] Procédé qui n'était pas rare, paraît-il, de grande dame à valet ou à suivante. Dans une lettre de la seconde duchesse d'Orléans, citée par M. Paul Mesnard, on lit: « La princesse d'Harcourt logeait au-« dessus de moi, à Versailles, et je l'en-« tendais souvent battre ses domestiques; « parfois, le bâton dont elle se servait lui « échappait des mains et je l'entendais « rouler par terre. » Dans la plupart des pièces de Molière, on voit les valets recevoir des coups.

[2] *Médisance*, pas calomnie; donc c'était vrai.

Madame ; et je vois bien, par ce qu'elle a d'aigreur,
Que mon sincère avis vous a blessée au cœur.

CÉLIMÈNE

Au contraire, Madame ; et si l'on était sage,
Ces avis mutuels seraient mis en usage.
On détruirait par là, traitant de bonne foi [1],
Ce grand aveuglement où chacun est pour soi.
Il ne tiendra qu'à vous qu'avec le même zèle
Nous ne continuions cet office fidèle,
Et ne prenions grand soin de nous dire, entre nous,
Ce que nous entendrons, vous de moi, moi de vous.

ARSINOÉ

Ah ! Madame, de vous je ne puis rien entendre ;
C'est en moi que l'on peut trouver fort à reprendre.

CÉLIMÈNE

Madame, on peut, je crois, louer et blâmer tout ;
Et chacun a raison suivant l'âge ou le goût.
Il est une saison pour la galanterie ;
Il en est une aussi propre à la pruderie.
On peut, par politique, en prendre le parti,
Quand de nos jeunes ans l'éclat est amorti ;
Cela sert à couvrir de fâcheuses disgrâces.
Je ne dis pas qu'un jour je ne suive vos traces :
L'âge amènera tout, et ce n'est pas le temps,
Madame, comme on sait, d'être prude à vingt ans.

ARSINOÉ

Certes, vous vous targuez d'un bien faible avantage,
Et vous faites sonner terriblement votre âge.
Ce que de plus que vous on en pourrait avoir
N'est pas un si grand cas [2] pour s'en tant prévaloir ;
Et je ne sais pourquoi votre âme ainsi s'emporte,
Madame, à me pousser de cette étrange sorte.

CÉLIMÈNE

Et moi, je ne sais pas, Madame, aussi pourquoi
On vous voit en tout lieu vous déchaîner sur moi.

[1] *Traiter* est pris ici dans le sens d'avoir des relations, de converser ensemble ; *traitant de bonne foi*, ayant des entretiens sincères.

[2] Une chose si importante, si considérable.

Faut-il de vos chagrins, sans cesse, à moi vous prendre ?
Et puis-je mais[1] des soins qu'on ne va pas vous rendre ?

. . . .

ARSINOÉ

Brisons, Madame, un pareil entretien ;
Il pousserait trop loin votre esprit et le mien ;
Et j'aurais pris déjà le congé qu'il faut prendre,
Si mon carrosse encor ne m'obligeait d'attendre.

CÉLIMÈNE

Autant qu'il vous plaira vous pouvez arrêter[2],
Madame, et là-dessus, rien ne doit vous hâter ;
Mais, sans vous fatiguer de ma cérémonie,
Je m'en vais vous donner meilleure compagnie ;
Et Monsieur, qu'à propos le hasard fait venir,
Remplira mieux ma place à vous entretenir.

Scène VI

ALCESTE, CÉLIMÈNE, ARSINOÉ

CÉLIMÈNE

Alceste, il faut que j'aille écrire un mot de lettre,
Que, sans me faire tort, je ne saurais remettre.
Soyez avec Madame ; elle aura la bonté
D'excuser aisément mon incivilité.

Scène VII

ALCESTE, ARSINOÉ

ARSINOÉ

Vous voyez, elle veut que je vous entretienne,
Attendant un moment que mon carrosse vienne ;
Et jamais tous ses soins ne pouvaient m'offrir rien
Qui me fût plus charmant qu'un pareil entretien.

[1] *Puis-je mais*, suis-je coupable ou responsable. Cette locution s'explique par le sens de *plus*, de *davantage*, que *mais* (du latin *magis*) avait dans l'ancien français. *Je n'en puis mais* signifie encore aujourd'hui : je n'en puis (faire) davantage, je ne suis pas cause de...

[2] Faire arrêt, demeurer.

En vérité, les gens d'un mérite sublime
Entraînent de chacun et l'amour et l'estime ;
Et le vôtre, sans doute, a des charmes secrets
Qui font entrer mon cœur dans tous vos intérêts[1].
Je voudrais que la cour, par un regard propice,
A ce que vous valez rendît plus de justice :
Vous avez à vous plaindre ; et je suis en courroux,
Quand je vois chaque jour qu'on ne fait rien pour vous.

ALCESTE

Moi, Madame ? Et sur quoi pourrais-je en rien prétendre ?
Quel service à l'État est-ce qu'on m'a vu rendre ?
Qu'ai-je fait, s'il vous plaît, de si brillant de soi[2],
Pour me plaindre à la cour qu'on ne fait rien pour moi ?

ARSINOÉ

Tous ceux sur qui la cour jette des yeux propices
N'ont pas toujours rendu de ces fameux services.
Il faut l'occasion ainsi que le pouvoir ;
Et le mérite enfin que vous nous faites voir
Devrait...

ALCESTE

Mon Dieu ! laissons mon mérite, de grâce ;
De quoi voulez-vous là que la cour s'embarrasse ?
Elle aurait fort à faire, et ses soins seraient grands
D'avoir à déterrer le mérite des gens[3].

ARSINOÉ

Un mérite éclatant se déterre lui-même :
Du vôtre en bien des lieux on fait un cas extrême ;
Et vous saurez de moi qu'en deux fort bons endroits
Vous fûtes hier[4] loué par des gens d'un grand poids.

ALCESTE

Eh ! Madame, l'on loue aujourd'hui tout le monde,

[1] Ces avances si peu réservées, ces compliments de si mauvais goût seront repoussés comme ils le méritent.

[2] En soi, par soi-même.

[3] Si elle avait à déterrer.

[4] Hier ne compte que pour une syllabe

Et le siècle par là n'a rien qu'on ne confonde [1];
Tout est d'un grand mérite également doué,
Ce n'est plus un honneur que de se voir loué :
D'éloges on regorge, à la tête on les jette,
Et mon valet de chambre est mis dans la Gazette.

ARSINOÉ

Pour moi je voudrais bien que, pour vous montrer mieux,
Une charge à la cour vous pût frapper les yeux.
Pour peu que d'y songer vous nous fassiez les mines [2],
On peut, pour vous servir remuer des machines,
Et j'ai des gens en main que j'emploierai pour vous,
Qui vous feront à tout un chemin assez doux.

ALCESTE

Et que voudriez-vous, Madame, que j'y fisse ?
L'humeur que je me sens veut que je m'en bannisse ;
Le Ciel ne m'a point fait, en me donnant le jour,
Une âme compatible avec l'air de la cour.
Je ne me trouve point les vertus nécessaires
Pour y bien réussir et faire mes affaires.
Être franc et sincère est mon plus grand talent ;
Je ne sais point jouer les hommes en parlant ;
Et qui n'a pas le don de cacher ce qu'il pense
Doit faire en ce pays fort peu de résidence [3].
Hors de la cour, sans doute, on n'a pas cet appui
Et ces titres d'honneur qu'elle donne aujourd'hui ;
Mais on n'a pas aussi, perdant ces avantages,
Le chagrin de jouer de fort sots personnages ;
On n'a point à souffrir mille rebuts cruels,
On n'a point à louer les vers de Messieurs tels,
A donner de l'encens à Madame une telle,
Et de nos francs marquis essuyer la cervelle [4].

. . . .

[1] N'a rien qui ne soit confondu dans cet éloge universel.

[2] Pourvu que vous en ayez seulement l'air, que vous en donniez des marques.

[3] « Un homme qui sait la cour est maître de son geste, de ses yeux et de son visage ; il est profond, impénétrable ; il dissimule les mauvais offices, sourit à ses ennemis, contraint son humeur, déguise ses passions, dément son cœur, parle, agit contre ses sentiments : tout ce grand raffinement n'est qu'un vice, que l'on appelle fausseté... » (La Bruyère, *de la Cour.*) Cette amère satire semble être le commentaire de celle qu'Alceste fait de la cour.

[4] La cervelle folle, la tête écervelée. Cela s'entend de reste. Encore un trait contre les marquis et une peinture de la cour assez chagrine.

ACTE QUATRIÈME

Scène I

ÉLIANTE, PHILINTE

PHILINTE

Non, l'on n'a point vu d'âme à manier si dure,
Ni d'accommodement plus pénible à conclure :
En vain de tous côtés on l'a voulu tourner,
Hors de son sentiment on n'a pu l'entraîner ;
Et jamais différend si bizarre, je pense,
N'avait de ces Messieurs occupé la prudence.
« Non, Messieurs, disait-il, je ne me dédis point,
Et tomberai d'accord de tout, hors de ce point.
De quoi s'offense-t-il ? et que veut-il me dire ?
Y va-t-il de sa gloire à ne pas bien écrire ?
Que lui fait mon avis, qu'il a pris de travers ?
On peut être honnête homme et faire mal des vers :
Ce n'est point à l'honneur que touchent ces matières,
Je le tiens galant homme en toutes les manières,
Homme de qualité, de mérite et de cœur,
Tout ce qu'il vous plaira, mais fort méchant auteur.
Je louerai, si l'on veut, son train et sa dépense,
Son adresse à cheval, aux armes, à la danse ;
Mais, pour louer ses vers, je suis son serviteur ;
Et, lorsque d'en mieux faire on n'a pas le bonheur,
On ne doit de rimer avoir aucune envie,
Qu'on n'y soit condamné sur peine de la vie[1]. »
Enfin toute la grâce et l'accommodement
Où s'est avec effort plié son sentiment
C'est de dire, croyant adoucir bien son style :
« Monsieur, je suis fâché d'être si difficile,

[1] Peut-être cette scène si plaisante, si finement contée, a-t-elle été inspirée à Molière par une anecdote sur Malherbe que rapporte Racan : « Un homme de « robe longue, de condition, lui apporta « des vers assez mal polis, sur une dame, « et lui dit, avant de les lui montrer, que « des considérations l'avaient obligé à faire « ces vers. M. de Malherbe les lut avec mé- « pris, et lui demanda... s'il avait été con- « damné à être pendu ou à faire ces vers-là, « parce que, à moins de cela, il ne devait « point exposer sa réputation en produisant « des ouvrages si ridicules. »

Et, pour l'amour de vous, je voudrais, de bon cœur,
Avoir trouvé tantôt votre sonnet meilleur. »
Et dans une embrassade on leur a, pour conclure,
Fait vite envelopper toute la procédure.

ÉLIANTE

Dans ses façons d'agir il est fort singulier,
Mais j'en fais, je l'avoue, un cas particulier,
Et la sincérité dont son âme se pique
A quelque chose en soi de noble et d'héroïque[1].

. . . .

C'est une vertu rare au siècle d'aujourd'hui,
Et je la voudrais voir partout comme chez lui.

Alceste, averti, par la perfide Arsinoé, que Célimène le dupe, vient d'avoir avec la jeune femme une explication encore plus orageuse que la première. Célimène ne s'est pas même donné la peine de se justifier, et cependant, avec sa trompeuse douceur, elle est parvenue à amadouer Alceste. Au moment où celui-ci s'écrie qu'il voudrait voir Célimène sans biens, ni beauté, ni naissance, ni rang, ni amis, afin de pouvoir, par son seul attachement, réparer l'injustice du sort, M. Du Bois, domestique d'Alceste, entre précipitamment.

Scène IV

CÉLIMÈNE, ALCESTE, DU BOIS

ALCESTE

Que veut[2] cet équipage et cet air effaré?
Qu'as-tu ?

DU BOIS

Monsieur...

ALCESTE

Hé bien ?

DU BOIS

Voici bien des mystères.

ALCESTE

Qu'est-ce ?

[1] « La sincère Éliante a du penchant pour vous », disait Philinte au premier acte. L'appréciation du caractère d'Alceste par Éliante est la vraie ; et l'auteur a voulu que nous partagions l'admiration de cette aimable fille, en riant cependant des travers et des bizarreries d'Alceste.

[2] Que veut dire.

DU BOIS

Nous sommes mal, Monsieur, dans nos affaires.

ALCESTE

Quoi ?

DU BOIS

Parlerai-je haut ?

ALCESTE

Oui, parle, et promptement.

DU BOIS

N'est-il point là quelqu'un ?...

ALCESTE

Ah ! que d'amusement[1] !

Veux-tu parler ?

DU BOIS

Monsieur, il faut faire retraite.

ALCESTE

Comment ?

DU BOIS

Il faut d'ici déloger sans trompette.

ALCESTE

Et pourquoi ?

DU BOIS

Je vous dis qu'il faut quitter ce lieu.

ALCESTE

La cause ?

DU BOIS

Il faut partir, Monsieur, sans dire adieu.

ALCESTE

Mais par quelle raison me tiens-tu ce langage.

DU BOIS

Par la raison, Monsieur, qu'il faut plier bagage.

ALCESTE

Ah ! je te casserai la tête assurément,
Si tu ne veux, maraud, t'expliquer autrement.

[1] De retard, de perte de temps.

Ma foi ! je l'ai, Monsieur, laissé sur votre table.

DU BOIS

Monsieur, un homme noir et d'habit et de mine,
Est venu nous laisser, jusque dans la cuisine,
Un papier griffonné d'une telle façon,
Qu'il faudrait, pour le lire, être pis que démon.
C'est de votre procès, je n'en fais aucun doute ;
Mais le diable d'enfer, je crois, n'y verrait goutte.

ALCESTE

Hé bien ? quoi ? ce papier, qu'a-t-il à démêler,
Traître, avec le départ dont tu viens me parler ?

DU BOIS

C'est pour vous dire ici, Monsieur, qu'une heure ensuite,
Un homme, qui souvent vous vient rendre visite,
Est venu vous chercher avec empressement,
Et, ne vous trouvant pas, m'a chargé doucement,
Sachant que je vous sers avec beaucoup de zèle,
De vous dire... Attendez, comme est-ce qu'il s'appelle?

ALCESTE

Laisse là son nom, traître, et dis ce qu'il t'a dit.

DU BOIS

C'est un de vos amis enfin, cela suffit?
Il m'a dit que d'ici votre péril vous chasse,
Et que d'être arrêté le sort vous y menace.

ALCESTE

Mais quoi ? n'a-t-il voulu te rien spécifier ?

DU BOIS

Non. Il m'a demandé de l'encre et du papier,
Et vous a fait un mot, où vous pourrez, je pense,
Du fond de ce mystère avoir la connaissance.

ALCESTE

Donne-le donc.

CÉLIMÈNE

Que peut envelopper ceci ?

ALCESTE

Je ne sais; mais j'aspire à m'en voir éclairci[1].
Auras-tu bientôt fait, impertinent au diable?

DU BOIS, après avoir longtemps cherché le billet

Ma foi ! je l'ai, Monsieur, laissé sur votre table.

ALCESTE

Je ne sais qui me tient...

CÉLIMÈNE

Ne vous emportez pas,
Et courez démêler un pareil embarras.

ALCESTE

Il semble que le sort, quelque soin que je prenne,
Ait juré d'empêcher que je vous entretienne ;
Mais, pour en triompher, souffrez[2] à mon amour
De vous revoir, Madame, avant la fin du jour.

ACTE CINQUIÈME

Scène I

ALCESTE, PHILINTE

ALCESTE

La résolution en est prise, vous dis-je.

PHILINTE

Mais, quel que soit ce coup, faut-il qu'il vous oblige ?...

ALCESTE

Non, vous avez beau faire et beau me raisonner,
Rien, de ce que je dis, ne me peut détourner :
Trop de perversité règne au siècle où nous sommes,
Et je veux me tirer[3] du commerce des hommes.

[1] Instruit, informé. Éclairci ne s'emploie plus dans ce sens.

[2] *Souffrez*, permettez.

[3] Me retirer.

Quoi? contre ma partie on voit tout à la fois
L'honneur, la probité, la pudeur et les lois;
On publie en tous lieux l'équité de ma cause;
Sur la foi de mon droit [1] mon âme se repose :
Cependant je me vois trompé par le succès,
J'ai pour moi la justice, et je perds mon procès!
Un traître, dont on sait la scandaleuse histoire,
Est sorti triomphant d'une fausseté noire!
Toute la bonne foi cède à sa trahison!
Il trouve, en m'égorgeant, moyen d'avoir raison!
Le poids de sa grimace, où brille l'artifice,
Renverse le bon droit, et tourne la justice!
Il fait, par un arrêt, couronner son forfait!
Et, non content encor du tort que l'on me fait [2],
Il court parmi le monde un livre abominable
Et de qui la lecture est même condamnable,
Un livre à mériter la dernière rigueur,
Dont le fourbe a le front de me faire l'auteur!
Et là-dessus on voit Oronte qui murmure [3],
Et tâche méchamment d'appuyer l'imposture!
Lui qui d'un honnête homme à la cour tient le rang,
A qui je n'ai rien fait qu'être sincère et franc,
Qui me vient, malgré moi, d'une ardeur empressée,
Sur des vers qu'il a faits demander ma pensée;
Et parce que j'en use avec honnêteté,
Et ne le veux trahir, lui, ni la vérité,
Il aide à m'accabler d'un crime imaginaire!
Le voilà devenu mon plus grand adversaire!
Et jamais de son cœur je n'aurai de pardon,
Pour n'avoir pas trouvé que son sonnet fût bon!
Et les hommes, morbleu! sont faits de cette sorte!
C'est à ces actions que la gloire [4] les porte!
Voilà la bonne foi, le zèle vertueux,
La justice et l'honneur que l'on trouve chez eux!
Allons, c'est trop souffrir les chagrins qu'on nous forge :

[1] *Sur la foi*, sur la confiance en mon bon droit.

[2] Inversion assez hardie dont le sens est : il court parmi le monde un livre abominable dont le fourbe, non content du tort que l'on me fait, a le front de me faire l'auteur.

[3] Qui chuchote contre moi.

[4] *Gloire* est pris ici dans le sens de vanité.

Tirons-nous de ce bois et de ce coupe-gorge.
Puisque entre humains ainsi vous vivez en vrais loups.
Traîtres ! vous ne m'aurez de ma vie avec vous [1].

PHILINTE

Je trouve un peu bien prompt le dessein où vous êtes :
Et tout le mal n'est pas si grand que vous le faites.
Ce que votre partie ose vous imputer
N'a point eu le crédit de vous faire arrêter ;
On voit son faux rapport lui-même se détruire,
Et c'est une action qui pourrait bien lui nuire.

ALCESTE

Lui ? De semblables tours il ne craint point l'éclat ;
Il a permission d'être franc scélérat ;
Et, loin qu'à son crédit nuise cette aventure,
On l'en verra demain en meilleure posture.

PHILINTE

Enfin il est constant qu'on n'a point trop donné
Au bruit [2] que contre vous sa malice a tourné ;
De ce côté déjà vous n'avez rien à craindre :
Et pour votre procès, dont vous pouvez vous plaindre,
Il vous est en justice aisé d'y revenir,
Et contre cet arrêt...

ALCESTE

Non, je veux m'y tenir.
Quelque sensible tort qu'un tel arrêt me fasse,
Je me garderai bien de vouloir qu'on le casse ;
On y voit trop à plein le bon droit maltraité,
Et je veux qu'il demeure à la postérité
Comme une marque insigne, un fameux témoignage
De la méchanceté des hommes de notre âge.
Ce sont vingt mille francs qu'il m'en pourra coûter ;
Mais, pour vingt mille francs, j'aurai droit de pester
Contre l'iniquité de la nature humaine,
Et de nourrir pour elle une immortelle haine.

[1] Alceste a raison d'être indigné ; mais il a tort de s'emporter à des résolutions extrêmes. Ainsi nous trouvons toujours en lui, avec le sentiment de la justice et de nobles instincts, les travers de l'humeur et du caractère.

[2] *Donner au bruit*, se laisser prendre au bruit.

PHILINTE

Mais enfin...

ALCESTE

Mais, enfin, vos soins sont superflus :
Que pouvez-vous, Monsieur, me dire là-dessus ?
Aurez-vous bien le front de me vouloir, en face,
Excuser les horreurs de tout ce qui se passe ?

PHILINTE

Non, je tombe d'accord de tout ce qu'il vous plaît :
Tout marche par cabale [1] et par pur intérêt ;
Ce n'est plus que la ruse aujourd'hui qui l'emporte,
Et les hommes devraient être faits d'autre sorte.
Mais est-ce une raison que leur peu d'équité
Pour vouloir se tirer de leur société ?
Tous ces défauts humains nous donnent dans la vie
Des moyens d'exercer notre philosophie :
C'est le plus bel emploi que trouve la vertu ;
Et, si de probité tout était revêtu,
Si tous les cœurs étaient francs, justes et dociles,
La plupart des vertus nous seraient inutiles,
Puisque on en met l'usage à pouvoir sans ennui
Supporter, dans nos droits, l'injustice d'autrui ;
Et, de même qu'un cœur d'une vertu profonde...

ALCESTE

Je sais que vous parlez, Monsieur, le mieux du monde ;
En beaux raisonnements vous abondez toujours ;
Mais vous perdez le temps et tous vos beaux discours.
La raison, pour mon bien, veut que je me retire :
Je n'ai point sur ma langue un assez grand empire ;
De ce que je dirais je ne répondrais pas,
Et je me jetterais cent choses sur les bras.
Laissez-moi, sans dispute, attendre Célimène :
Il faut qu'elle consente au dessein qui m'amène ;
Je vais voir si son cœur a de l'amour pour moi ;
Et c'est ce moment-ci qui doit m'en faire foi.

PHILINTE

Montons chez Éliante, attendant sa venue.

[1] Voir la note 2, page 141.

ALCESTE

Non : de trop de souci je me sens l'âme émue.
Allez-vous-en la voir, et me laissez enfin
Dans ce petit coin sombre, avec mon noir chagrin.

PHILINTE

C'est une compagnie étrange pour attendre
Et je vais obliger Éliante à descendre.

Oronte et Alceste, dans la scène II, ont voulu, sans y réussir, obliger Célimène à se déclarer pour l'un d'eux, lorsque survient Éliante [1] à qui Célimène se plaint de la violence qu'on veut lui faire, et qui répond :

ÉLIANTE

N'allez point là-dessus me consulter ici :
Peut-être y pourriez-vous être mal adressée,
Et je suis pour les gens qui disent leur pensée.

ORONTE, à Célimène

Madame, c'est en vain que vous vous défendez.

ALCESTE

Tous vos détours ici seront mal secondés.

ORONTE

Il faut, il faut parler, et lâcher la balance.

ALCESTE

Il ne faut que poursuivre à garder le silence.

ORONTE

Je ne veux qu'un seul mot pour finir nos débats.

ALCESTE

Et moi, je vous entends, si vous ne parlez pas

Scène IV

ARSINOÉ, CÉLIMÈNE, ÉLIANTE, ALCESTE, PHILINTE, ACASTE, CLITANDRE, ORONTE

ACASTE, à Célimène

Madame, nous venons tous deux, sans vous déplaire,
Éclaircir, avec vous, une petite affaire.

CLITANDRE, à Oronte et à Alceste

Fort à propos, Messieurs, vous vous trouvez ici.
Et vous êtes mêlés dans cette affaire aussi.

[1] Scène III : Éliante, Philinte, Célimène, Oronte, Alceste.

ARSINOÉ, à Célimène

Madame, vous serez surprise de ma vue ;
Mais ce sont ces Messieurs qui causent ma venue :
Tous deux ils m'ont trouvée, et se sont plaints à moi
D'un trait à qui mon cœur ne saurait prêter foi.
J'ai du fond de votre âme une trop haute estime,
Pour vous croire jamais capable d'un tel crime,
Mes yeux ont démenti leurs témoins les plus forts [1],
Et, l'amitié passant sur de petits discords,
J'ai bien voulu chez vous leur faire compagnie,
Pour vous voir vous laver de cette calomnie [2].

ACASTE

Oui, Madame, voyons d'un esprit adouci,
Comment vous vous prendrez à soutenir ceci [3].
Cette lettre, par vous, est écrite à Clitandre ?

CLITANDRE

Vous avez, pour Acaste, écrit ce billet tendre ?

ACASTE, à Oronte et à Alceste

Messieurs, ces traits pour vous n'ont point d'obscurité,
Et je ne doute pas que sa civilité
A connaître sa main n'ait trop su vous instruire ;
Mais ceci vaut assez la peine de le lire.

Vous êtes un étrange homme de condamner mon enjouement et de me reprocher que je n'ai jamais tant de joie que lorsque je ne suis pas avec vous. Il n'y a rien de plus injuste ; et, si vous ne venez bien vite me demander pardon de cette offense, je ne vous la pardonnerai de ma vie. Notre grand flandrin [4] de Vicomte...

Il devrait être ici.

Notre grand flandrin de Vicomte, par qui vous commencez vos plaintes, est un homme qui ne saurait me revenir ; et, depuis que je l'ai vu, trois quarts d'heure durant, cracher dans un puits pour faire des ronds, je n'ai pu jamais prendre bonne opinion de lui. Pour le petit Marquis...

[1] Les preuves qu'ils voyaient.

[2] Comme ce rôle est bien soutenu ! jusqu'au bout Arsinoé couvrira sa méchanceté sous les dehors de l'amitié. En réalité, elle ne vient qu'afin de se repaître de la confusion de Célimène, et profiter de la colère d'Alceste pour le souffler à sa rivale, si elle peut.

[3] On dirait aujourd'hui : comment vous vous *y* prendrez *pour* soutenir ceci.

[4] Grand et fluet, comme les habitants de la Flandre.

C'est moi-même, Messieurs, sans nulle vanité.

Pour le petit Marquis, qui me tint hier longtemps la main[1], *je trouve qu'il n'y a rien de si mince que toute sa personne; et ce sont de ces mérites qui n'ont que la cape et l'épée. Pour l'homme aux rubans verts*[2]*...*

(A Alceste.)

A vous le dé, Monsieur.

Pour l'homme aux rubans verts, il me divertit quelquefois avec ses brusqueries et son chagrin bourru; mais il est cent moments où je le trouve le plus fâcheux du monde. Et pour l'homme à la veste...

(A Oronte.)

Voici votre paquet.

Et pour l'homme à la veste[3], *qui s'est jeté dans le bel esprit et veut être auteur malgré tout le monde, je ne puis me donner la peine d'écouter ce qu'il dit; et sa prose me fatigue autant que ses vers. Mettez-vous donc en tête que je ne me divertis pas toujours si bien que vous pensez; que je vous trouve à dire, plus que je ne voudrais, dans toutes les parties où l'on m'entraîne; et que c'est un merveilleux assaisonnement aux plaisirs qu'on goûte, que la présence des gens qu'on aime.*

CLITANDRE

Me voici maintenant, moi.

Votre Clitandre dont vous me parlez, et qui fait tant le doucereux, est le dernier des hommes pour qui j'aurais de l'amitié. Il est extravagant... Voyez-moi le plus que vous pourrez, pour m'aider à porter le chagrin d'en être obsédée.

D'un fort beau caractère on voit là le modèle,
Madame, et vous savez comment cela s'appelle?
Il suffit. Nous allons l'un et l'autre en tous lieux
Montrer, de votre cœur, le portrait glorieux.

ACASTE

J'aurais de quoi vous dire et belle est la matière;
Mais je ne vous tiens pas digne de ma colère;

[1] Il était d'usage alors d'offrir la main aux dames pour les conduire, comme on leur offre aujourd'hui le bras.

Célimène veut dire que le Marquis a été son cavalier la veille.

[2] L'habit d'Alceste était orné de rubans verts. Il semble d'ailleurs que le vert ait été la couleur favorite de Molière.

[3] Oronte qui, sans doute, exagérait la mode assez nouvelle de la veste.

Et je vous ferai voir que les petits marquis
Ont, pour se consoler, des cœurs du plus haut prix.

ORONTE

Quoi, de cette façon je vois qu'on me déchire?
Après tout ce qu'à moi je vous ai vu m'écrire.
Allez, j'étais trop dupe, et je ne vais plus l'être.
Vous me faites un bien en vous faisant connaître :
J'y profite d'un cœur qu'ainsi vous me rendez
Et trouve ma vengeance en ce que vous perdez.

Scène VI

CÉLIMÈNE, ÉLIANTE, ARSINOÉ, ALCESTE, PHILINTE

ARSINOÉ, à Célimène

Certes, voilà le trait du monde le plus noir ;
Je ne m'en saurais taire, et me sens émouvoir.
Voit-on des procédés qui soient pareils aux vôtres?
Je ne prends point de part aux intérêts des autres ;
(Montrant Alceste.)
Mais Monsieur, que chez vous fixait votre bonheur,
Un homme comme lui, de mérite et d'honneur,
Et qui vous chérissait avec idolâtrie,
Devait-il ?...

ALCESTE

Laissez-moi, Madame, je vous prie,
Vider mes intérêts moi-même là-dessus,
Et ne vous chargez point de ces soins superflus.
Mon cœur a beau vous voir prendre ici sa querelle,
Il n'est point en état de payer ce grand zèle ;
Et ce n'est pas à vous que je pourrai songer,
Si, par un autre choix je cherche à me venger [1].

. . . .

[1] Avec quel plaisir on voit le zèle faux d'Arsinoé payé de cette rebuffade...

SCÈNE VII

CÉLIMÈNE, ÉLIANTE, ALCESTE, PHILINTE

ALCESTE, à Célimène

Hé bien ! je me suis tu, malgré ce que je voi,
Et j'ai laissé parler tout le monde avant moi :
Ai-je pris sur moi-même un assez long empire.
Et puis-je maintenant... ?

CÉLIMÈNE

Oui, vous pouvez tout dire :
Vous en êtes en droit, lorsque vous vous plaindrez,
Et de me reprocher tout ce que vous voudrez.
J'ai tort, je le confesse ; et mon âme confuse
Ne cherche à vous payer d'aucune vaine excuse.
J'ai des autres ici méprisé le courroux,
Mais je tombe d'accord de mon crime envers vous.
Votre ressentiment, sans doute, est raisonnable :
Je sais combien je dois vous paraître coupable,
Que toute chose dit que j'ai pu vous trahir,
Et qu'enfin vous avez sujet de me haïr [1].
Faites-le, j'y consens.

ALCESTE

Hé ! le puis-je, traîtresse ?
Puis-je ainsi triompher de toute ma tendresse?
Et, quoique avec ardeur je veuille vous haïr,
Trouvé-je un cœur en moi tout prêt à m'obéir ?
(A Éliante et à Philinte.)
Vous voyez ce que peut une indigne tendresse,
Et je vous fais tous deux témoins de ma faiblesse,
Mais, à vous dire vrai, ce n'est pas encor tout,
Et vous allez me voir la pousser jusqu'au bout,

[1] Le repentir de Célimène n'est pas sincère ; si elle convient de ses torts envers Alceste, c'est qu'elle sait qu'il lui est fortement attaché et qu'elle espère le désarmer par ses aveux. Epouser un homme d'un mérite aussi reconnu, ce serait donner un démenti éclatant aux bruits que vont semer contre elle les marquis. Elle jette habilement, en coquette qu'elle est, à la fin de sa tirade, le mot de *haïr* qui provoquera, elle y compte, une explosion de tendresse d'Alceste.

Montrer que c'est à tort que sages on nous nomme,
Et que dans tous les cœurs il est toujours de l'homme.

(A Célimène.)

Oui, je veux bien, perfide, oublier vos forfaits.
J'en saurai, dans mon âme, excuser tous les traits.
Et me les couvrirai du nom d'une faiblesse
Où le vice du temps porte votre jeunesse,
Pourvu que votre cœur veuille donner les mains [1]
Au dessein que j'ai fait de fuir tous les humains,
Et que dans mon désert [2], où j'ai fait vœu de vivre,
Vous soyez, sans tarder, résolue à me suivre :
C'est par là seulement que, dans tous les esprits,
Vous pouvez réparer le mal de vos écrits,
Et qu'après cet éclat, qu'un noble cœur abhorre.
Il peut m'être permis de vous aimer encore [3].

CÉLIMÈNE

Moi, renoncer au monde avant que de vieillir,
Et dans votre désert aller m'ensevelir !

ALCESTE

Et s'il faut qu'à mes feux votre flamme réponde,
Que vous doit importer tout le reste du monde?
Vos désirs avec moi ne sont-ils pas contents ?

CÉLIMÈNE

La solitude effraye une âme de vingt ans :
Je ne sens point la mienne assez grande, assez forte,
Pour me résoudre à prendre un dessein de la sorte.
Si le don de ma main peut contenter vos vœux,
Je pourrai me résoudre à serrer de tels nœuds ;
Et l'hymen...

[1] Un cœur n'a pas de mains ; il y a donc de l'incohérence dans cette métaphore ; mais c'est une faute qu'on commet très facilement en employant des locutions toutes faites comme *donner les mains*. Le sens est : pourvu que votre cœur se prête au dessein, etc.

[2] Ce désert, ce sont sans doute les terres d'Alceste. Ne pas vivre à la cour, se retirer à la campagne, c'était, au XVIIe siècle, vivre au désert.

[3] Quel noble langage ! Et comme Molière a su nous faire admirer le beau caractère et la vertu d'Alceste, malgré ses excentricités. Il a eu une faiblesse, celle d'aimer, pour ses attraits, une femme indigne de lui ; mais le refus courageux qu'il va faire de la main de Célimène rachète cette faiblesse.

ALCESTE

Non. Mon cœur à présent vous déteste,
Et ce refus lui seul fait plus que tout le reste.
Puisque vous n'êtes point, en des liens si doux,
Pour trouver tout en moi, comme moi tout en vous,
Allez, je vous refuse ; et ce sensible outrage
De vos indignes fers pour jamais me dégage.

(Célimène se retire.)

Scène VIII

ÉLIANTE, ALCESTE, PHILINTE

ALCESTE, à Éliante

Madame, cent vertus ornent votre beauté,
Et je n'ai vu qu'en vous de la sincérité ;
De vous, depuis longtemps, je fais un cas extrême ;
Mais laissez-moi toujours vous estimer de même ;
Et souffrez que mon cœur, dans ses troubles divers,
Ne se présente point à l'honneur de vos fers :
Je m'en sens trop indigne, et commence à connaître
Que le Ciel pour ce nœud ne m'avait point fait naître ;
Que ce serait pour vous un hommage trop bas,
Que le rebut d'un cœur qui ne vous valait pas ;
Et qu'enfin...

ÉLIANTE

Vous pouvez suivre cette pensée :
Ma main de se donner n'est pas embarrassée ;
Et voilà votre ami, sans trop m'inquiéter,
Qui, si je l'en priais, la pourrait accepter.

PHILINTE

Ah ! cet honneur, Madame, est toute mon envie,
Et j'y sacrifierais et mon sang et ma vie.

ALCESTE

Puissiez-vous goûter de vrais contentements,
L'un pour l'autre à jamais garder ces sentiments !
Trahi de toutes parts, accablé d'injustices,
Je vais sortir d'un goufre où triomphent les vices.

Et chercher sur la terre un endroit écarté
Où d'être homme d'honneur on ait la liberté.

PHILINTE

Allons, Madame, allons employer toute chose,
Pour rompre le dessein que son cœur se propose[1].

[1] Philinte et Eliante réussiront-ils à faire revenir leur ami sur cette farouche détermination? Molière n'en dit rien, et cette incertitude ne nuit pas à la beauté du dénoûment qui termine bien l'action principale, puisque nous y voyons Célimène châtiée de ses manèges, et Alceste dégagé de ses chaînes, tandis que chacun des personnages secondaires est traité selon ses mérites: les vaniteux marquis, Oronte le chercheur d'éloges, ont eu le déplaisir de voir qu'on se jouait d'eux; la perfidie d'Arsinoé a été punie par le mépris d'Alceste. Quant à celui-ci, il demeure fidèle à son caractère en finissant sur un trait de misanthropie. On se le figure volontiers répondant, par des boutades, aux efforts de Philinte pour le retenir et allant cuver son chagrin dans la solitude. S'y enfoncera-t-il à jamais ou bien, un jour, assagi par l'âge, calmé par quelque affection sincère et dévouée, devenu plus indulgent, reparaîtra-t-il dans la société polie où son rang et son mérite lui donnent droit à une place distinguée? C'est ce que chacun reste libre d'imaginer.

LE

MÉDECIN MALGRÉ LUI

Comédie

Représentée pour la première fois sur le théâtre du Palais-Royal
le 6 aout 1666, par la troupe du Roi

PERSONNAGES

SGANARELLE, mari de Martine.
MARTINE, femme de Sganarelle.
M. ROBERT, voisin de Sganarelle.
VALÈRE [1], domestique de Géronte.
LUCAS, mari de Jacqueline.
GÉRONTE, père de Lucinde.
JACQUELINE, nourrice chez Géronte et femme de Lucas.
LUCINDE, fille de Géronte.
LÉANDRE.
THIBAUT, père de Perrin, } paysans.
PERRIN, }

[1] Le nom de domestique s'appliquait au XVIIe siècle à toute personne qui était attachée au service d'une famille à un titre quelconque, exerçât-elle même une fonction relevée. Valère est plus qu'un simple valet.

NOTICE SUR LE MÉDECIN MALGRÉ LUI

Voici la première apparition, sur la scène de Molière, de cette classe des médecins qu'il ne cessera d'attaquer, de dauber, de harceler, suivant en cela une vieille tradition de la malice gauloise. Encore ne nous en fait-il ici qu'une joyeuse caricature, car Sganarelle est un faux médecin, de même que le Mascarille des *Précieuses Ridicules* était un faux marquis... Mais, en attendant le jour où Molière mettra sur le théâtre des spécimens plus complets de l'espèce, les Purgon et les Diafoirus, Sganarelle n'en servira pas moins bien son envie de donner à rire aux dépens du corps médical, qu'elle vienne des rancunes du malade qui a souffert des remèdes sans en être guéri, ou de l'aversion naturelle du grand comique pour tout ce qui se pare de fausses prétentions : science, religion ou pruderie. La satire n'a du reste ici rien d'amer ; cela viendra plus tard, avec la tristesse que produit la souffrance prolongée.

Le Médecin malgré lui n'est qu'une farce, mais la plus leste, la plus gaie, la plus vivement enlevée des farces. On y reconnaît à chaque ligne l'esprit gouailleur de notre race. Elle fut composée peu de temps après *le Misanthrope*, comme si le poète, à la suite de cette comédie d'une beauté sérieuse et distinguée, faite pour les délicats, avait eu besoin de se détendre par de joyeuses facéties, qui fissent éclater le rire à plein gosier de la foule.

Le Médecin malgré lui évoque le souvenir d'un des plus piquants fabliaux du moyen âge, *le Vilain Mire*, c'est-à-dire *le Paysan médecin*. Ce rustre a épousé une damoiselle dont il se méfie. Pour l'empêcher de courir les champs tandis qu'il vaquera à son travail, il imagine de la battre tous les matins, afin que, passant sa journée à pleurer, elle ne songe pas à quitter le logis. La damoiselle, qui ne goûte pas ce régime, mais qui est une bonne âme, suppose que, si son mari savait le mal que cela fait de recevoir des coups, il ne lui en donnerait plus. Et voilà que surviennent deux messagers à la recherche d'un médecin qui puisse extraire du gosier de la fille du roi une arête qui l'étrangle. La femme du vilain saisit l'occasion au vol, déclare que son mari est un savant médecin, mais qu'il ne s'avouera tel que contraint et forcé par le bâton. Le stratagème réussit. Mené bon gré mal gré devant la fille du roi, le Vilain fait devant elle tant de contorsions et de grimaces qu'elle éclate de rire et rejette l'arête qu'elle avait avalée... Telle est la première partie du fabliau duquel se rapproche par tant de points la pièce de Molière. A-t-il connu ce fabliau? On l'ignore. Mais ce qui est certain c'est que l'histoire avait couru le monde, qu'elle faisait partie de ce fond de récits populaires qui circulent de bouche en bouche et prennent mille formes différentes, et que Molière a dû la connaître au moins en substance. Sa pièce n'en reste pas moins une création originale, par la condition différente des personnages et les péripéties nouvelles de l'intrigue. Le travestissement de Sganarelle aidera à l'union de deux jeunes gens qu'avait d'abord séparés la volonté paternelle; la maladie que doit guérir le prétendu médecin n'est qu'une feinte, et c'est la présence de Léandre déguisé en apothicaire qui rend la parole à la fausse muette; enfin le point de départ de l'action est une querelle entre Sganarelle et sa femme Martine qui lui reproche sa paresse et son ivrognerie. Le mari, brutal par-dessus le marché, répond à ces reproches par des coups, et c'est pour se venger que Martine le fait passer pour un médecin d'une humeur bizarre, dont on ne peut obtenir les services qu'à condition de le battre. Quel parti Molière a su tirer de ces diverses situations! Que de détails d'une vérité frappante. C'est d'abord cette dispute entre les époux rustiques toute prise sur le vif, indignée et acerbe de la part de la femme, d'une insouciance et d'une gouaillerie effrontée de la part du mari, et qui se termine par ce trait si plaisant de Martine tournant sa colère contre l'intrus qui se mêle de la défendre... Avis à ceux qui s'avisent de mettre le doigt entre l'arbre et l'écorce! Et cette bouffonne consultation chargée de mots latins, ou soi-disant tels, enfilés au hasard et de termes savants qui étourdissent l'épaisse niaiserie du gros bourgeois Géronte? Et cette prodigieuse anatomie contre laquelle il proteste faiblement, mais que sa crédulité finit par accepter à titre d'invention récente; et l'imperturbable aplomb de Sganarelle, et l'impayable consultation des paysans où les symptômes et les noms des maladies sont si pittoresquement travestis ou écorchés? La verve, l'entrain, languissent-ils un seul moment? Les plus rétifs au rire pourraient-ils résister à une si désopilante gaieté? Et Molière n'est-il pas le roi de la farce comme de la haute comédie?

LE
MÉDECIN MALGRÉ LUI

ACTE PREMIER[1]

Scène Première

SGANARELLE, MARTINE, paraissant sur le théâtre, en se querellant

SGANARELLE

Non, je te dis que je n'en veux rien faire, et que c'est à moi de parler et d'être le maître.

MARTINE

Et je te dis, moi, que je veux que tu vives à ma fantaisie, et que je ne me suis point mariée avec toi pour souffrir tes fredaines.

[1] Le théâtre doit, pour cet acte, représenter un lieu voisin à la fois de la forêt et des maisons de Sganarelle et de M. Robert.

SGANARELLE

Oh ! la grande fatigue que d'avoir une femme, et qu'Aristote [1] a bien raison quand il dit qu'une femme est pire qu'un démon.

MARTINE

Voyez un peu l'habile homme, avec son benêt [2] d'Aristote !

SGANARELLE

Oui, habile homme. Trouve-moi un faiseur de fagots qui sache, comme moi, raisonner des choses, qui ait servi six ans un fameux médecin [3], et qui ait su dans son jeune âge son rudiment [4] par cœur.

MARTINE

Peste du fou fieffé [5] !

SGANARELLE

Peste de la carogne !

MARTINE

Que maudit soit le jour où je m'avisai d'aller dire oui [6] !

SGANARELLE

Que maudit soit le bec cornu [7] de notaire qui me fit signer ma ruine !

MARTINE

C'est bien à toi, vraiment, à te plaindre de cette affaire ! Devrais-tu être un seul moment sans rendre grâce au Ciel de m'avoir pour ta femme ? et méritais-tu d'épouser une personne comme moi ?

SGANARELLE

Baste ! tu fus bien heureuse de me trouver.

. . . .

MARTINE

Qu'appelles-tu bien heureuse de te trouver ? Un homme qui me réduit à l'hôpital, un débauché, un traître, qui me mange tout ce que j'ai !...

SGANARELLE

Tu as menti ! j'en bois une partie.

[1] Que vient faire ici Aristote ? Molière n'a-t-il pas voulu se moquer de la manie qu'avaient ses contemporains d'invoquer son autorité, en lui faisant prêter par un homme grossier et ignorant cette singulière sentence ?

[2] *Benêt* à la même origine que bénit et que benoît ; mais il a le sens de niais, de bonasse.

[3] Ceci explique que Sganarelle connaisse quelques mots savants et sache discourir d'un ton de pédant comme un vrai médecin.

[4] Petit livre qui contient les premiers principes de la grammaire latine.

[5] Qui a la folie pour fief, pour apanage.

[6] Combien de fois ce mot n'a-t-il pas été dit en réalité ?

[7] Expression italienne francisée, *becco cornuto* (bouc cornu), c'est-à-dire sot, imbécile.

MARTINE

Qui me vend, pièce à pièce, tout ce qui est dans mon logis.

SGANARELLE

C'est vivre de ménage [1].

MARTINE

Qui m'a ôté jusqu'au lit que j'avais !...

SGANARELLE

Tu t'en lèveras plus matin.

MARTINE

Enfin qui ne laisse aucun meuble dans toute la maison !...

SGANARELLE

On en déménage plus aisément.

MARTINE

Et qui, du matin jusqu'au soir, ne fait que jouer et que boire.

SGANARELLE

C'est pour ne point m'ennuyer.

MARTINE

Et que veux-tu, pendant ce temps, que je fasse avec ma famille.

SGANARELLE

Tout ce qu'il te plaira.

MARTINE

J'ai quatre pauvres petits enfants sur les bras...

SGANARELLE

Mets-les à terre.

MARTINE

Qui me demandent à toute heure du pain.

SGANARELLE

Donne-leur le fouet; quand j'ai bien bu et bien mangé, je veux que tout le monde soit saoûl [2] dans ma maison.

MARTINE

Et tu prétends, ivrogne, que les choses aillent toujours de même ?

[1] Sganarelle joue sur le mot *ménage* qui est pris ici dans le double sens d'économie et de mobilier. Sganarelle vit de *son ménage* en le vendant.

[2] Plus que rassasié. Rien de plus comique que ce cynisme imperturbable de Sganarelle en réponse aux justes plaintes de sa femme.

SGANARELLE

Ma femme, allons tout doucement, s'il vous plaît.

MARTINE

Que j'endure éternellement tes insolences et tes débauches ?

SGANARELLE

Ne nous emportons point, ma femme.

MARTINE

Et que je ne sache pas trouver le moyen de te ranger à ton devoir?

SGANARELLE

Ma femme, vous savez que je n'ai pas l'âme endurcie et que j'ai le bras assez bon.

MARTINE

Je me moque de tes menaces !

SGANARELLE

Ma petite femme, ma mie, votre peau vous démange à votre ordinaire.

MARTINE

Je te montrerai bien que je ne te crains nullement.

SGANARELLE

Ma chère moitié, vous avez envie de me dérober quelque chose [1].

MARTINE

Crois-tu que je m'épouvante de tes paroles ?

SGANARELLE

Doux objet de mes vœux, je vous frotterai les oreilles.

MARTINE

Ivrogne que tu es !

SGANARELLE

Je vous battrai.

MARTINE

Sac à vin !

SGANARELLE

Je vous rosserai.

MARTINE

Infâme !

[1] C'est-à-dire des coups. Manière de parler populaire.

SGANARELLE

Je vous étrillerai.

MARTINE

Traître! insolent! trompeur! lâche! coquin! pendard! gueux! belître[1]! fripon! maraud! voleur!

SGANARELLE

Ah! vous en voulez donc?

(Sganarelle prend un bâton et lui en donne.)

MARTINE

Ah! ah! ah! ah!

SGANARELLE

Voilà le vrai moyen de vous apaiser.

Scène II

M. ROBERT, SGANARELLE, MARTINE

MONSIEUR ROBERT

Holà! holà! holà! fi! Qu'est ceci? Quelle infamie! Peste soit le coquin de battre ainsi sa femme!

MARTINE, les mains sur les côtés, lui parle en le faisant reculer et, à la fin, lui donne un soufflet[2]

Et je veux qu'il me batte, moi!

MONSIEUR ROBERT

Ah! j'y consens de tout mon cœur!

MARTINE

De quoi vous mêlez-vous?

MONSIEUR ROBERT

J'ai tort.

MARTINE

Est-ce là votre affaire?

MONSIEUR ROBERT

Vous avez raison.

[1] Mot qui a d'abord signifié mendiant, puis gueux, coquin. Il vient du latin *benedictor;* celui qui dit Dieu vous bénisse, d'où *beneistre*, *benistre*, puis *belistre* (*Dict. étymologique* de Laurent et Richardot).

[2] Plaisante mise en action du proverbe : « Entre l'arbre et l'écorce il ne faut pas mettre le doigt. » Martine veut bien crier lorsqu'on la bat, mais ne veut pas qu'on se mêle de la défendre. C'est dans la nature.

MARTINE

Voyez un peu cet impertinent, qui veut empêcher les maris de battre leurs femmes !

MONSIEUR ROBERT

Je me rétracte.

MARTINE

Qu'avez-vous à voir là-dessus[1] ?

MONSIEUR ROBERT

Rien.

MARTINE

Est-ce à vous d'y mettre le nez ?

MONSIEUR ROBERT

Non.

MARTINE

Mêlez-vous de vos affaires !

MONSIEUR ROBERT

Je ne dis plus mot.

MARTINE

Il me plaît d'être battue.

MONSIEUR ROBERT

D'accord.

MARTINE

Ce n'est pas à vos dépens.

MONSIEUR ROBERT

Il est vrai.

MARTINE

Et vous êtes un sot de venir vous fourrer où vous n'avez que faire.

(Il passe ensuite vers le mari qui, pareillement, lui parle toujours en le faisant reculer, le frappe avec le même bâton et le met en fuite. Il finit par dire.)

MONSIEUR ROBERT, à Sganarelle

Compère, je vous demande pardon de tout mon cœur. Faites, rossez, battez comme il faut votre femme ; je vous aiderai, si vous le voulez...

SGANARELLE

Il ne me plaît pas moi.

[1] On dirait aujourd'hui là-dedans. Mais autrefois l'expression : vous n'avez rien à voir sur moi, dans le sens de : vous n'avez aucun droit d'inspection sur ma conduite, était usitée.

MONSIEUR ROBERT

Ah ! c'est une autre chose...

SGANARELLE

Je la veux battre, si je le veux ; et ne la veux pas battre, si je ne le veux pas.

MONSIEUR ROBERT

Fort bien.

SGANARELLE

C'est ma femme, et non pas la vôtre.

MONSIEUR ROBERT

Sans doute.

SGANARELLE

Vous n'avez rien à me commander.

MONSIEUR ROBERT

D'accord.

SGANARELLE

Je n'ai que faire de votre aide.

MONSIEUR ROBERT

Très volontiers !

SGANARELLE

Et vous êtes un impertinent de vous ingérer des affaires d'autrui ! Apprenez que Cicéron dit qu'entre l'arbre et le doigt il ne faut point mettre l'écorce [1].

(Ensuite il revient vers sa femme et lui dit en lui pressant la main :)

SGANARELLE

Oh çà ! faisons la paix, nous deux. Touche là.

MARTINE

Oui, après m'avoir ainsi battue !

SGANARELLE

Cela n'est rien. Touche.

MARTINE

Je ne veux pas.

SGANARELLE

Eh !

MARTINE

Non.

SGANARELLE

Ma petite femme !

[1] Voilà Sganarelle qui cite le proverbe en l'écorchant. Bien entendu, il n'en est pas question dans Cicéron. Mais Sganarelle aime à rappeler, fût-ce à tort et à travers, les noms qui lui sont restés, dans la mémoire, de ses anciennes lectures.

MARTINE

Point.

SGANARELLE

Allons, te dis-je.

MARTINE

Je n'en ferai rien.

SGANARELLE

Viens, viens, viens!

MARTINE

Non ! je veux être en colère.

SGANARELLE

Fi ! c'est une bagatelle. Allons, allons.

MARTINE

Laisse-moi là.

SGANARELLE

Touche, te dis-je.

MARTINE

Tu m'as trop maltraitée.

SGANARELLE

Eh bien, va, je te demande pardon; mets là ta main.

MARTINE

Je te pardonne. (Elle dit le reste tout bas.) Mais tu le payeras.

SGANARELLE

Tu es une folle de prendre garde à cela : ce sont petites choses qui sont de temps en temps nécessaires dans l'amitié ; et, cinq ou six coups de bâton, entre gens qui s'aiment, ne font que ragaillardir l'affection. Va, je m'en vais au bois, et je te promets aujourd'hui plus d'un cent de fagots.

Scène III

MARTINE

Va, quelque mine que je fasse, je n'oublie pas mon ressentiment, et je brûle en moi-même de trouver les moyens de te punir des coups que tu me donnes.

. . . .

. . . .

Scène IV

VALÈRE, LUCAS, MARTINE[1]

LUCAS

Parguienne ! j'avons pris là tous deux une guèble[2] de commission, et je ne sais pas, moi, ce que je pensons attraper.

VALÈRE

Que veux-tu, mon pauvre nourricier? il faut bien obéir à notre maître : et puis nous avons intérêt, l'un et l'autre, à la santé de sa fille, notre maîtresse ; et sans doute son mariage, différé par sa maladie, nous vaudrait quelque récompense. Horace, qui est libéral, a bonne part aux prétentions qu'on peut avoir sur sa personne ; et, quoiqu'elle ait fait voir de l'amitié pour un certain Léandre, tu sais bien que son père n'a jamais voulu consentir à le recevoir pour son gendre.

MARTINE, rêvant à part elle

Ne puis-je point trouver quelque invention pour me venger?

LUCAS

Mais quelle fantaisie s'est-il boutée[3] là dans la tête, puisque les médecins y avont tous pardu leur latin?

VALÈRE

On trouve quelquefois, à force de chercher, ce qu'on ne trouve pas d'abord, et souvent en de simples lieux...

MARTINE

Oui, il faut que je m'en venge à quelque prix que ce soit. Ces coups me reviennent au cœur, je ne les saurais digérer ; et... (Elle dit tout ceci en rêvant, de sorte que, ne prenant pas garde à ces deux hommes, elle les heurte en se retournant et leur dit :) Ah ! Messieurs, je vous demande pardon ; je ne vous voyais pas, et cherchais dans ma tête quelque chose qui m'embarrasse.

VALÈRE

Chacun a ses soins[4] dans le monde et nous cherchons aussi ce que nous voudrions bien trouver.

[1] Les deux hommes parlent d'abord ensemble sans voir Martine qui ne les voit pas non plus.

[2] Prononciation vicieuse de diable.

[3] *Boutée*, mise.

[4] *Soins*, soucis.

MARTINE

Serait-ce quelque chose où je vous puisse aider?

VALÈRE

Cela se pourrait faire; et nous tâchons de rencontrer quelque habile homme, quelque médecin particulier[1], qui pût donner quelque soulagement à la fille de notre maître, attaquée d'une maladie qui lui a ôté tout d'un coup l'usage de la langue. Plusieurs médecins ont déjà épuisé toute leur science auprès d'elle; mais on trouve parfois des gens avec des secrets admirables, de certains remèdes particuliers, qui font le plus souvent ce que les autres n'ont su faire, et c'est ce que nous cherchons.

MARTINE, elle dit ces premières lignes bas

Ah! que le Ciel m'inspire une admirable invention pour me venger de mon pendard! (Haut.) Vous ne pouviez jamais vous mieux adresser pour rencontrer ce que vous cherchez; et nous avons ici un homme, le plus merveilleux homme du monde pour les maladies désespérées.

VALÈRE

Et de grâce, où pouvons-nous le rencontrer?

MARTINE

Vous le trouverez maintenant vers ce petit lieu que voilà, qui s'amuse à couper du bois.

LUCAS

Un médecin qui coupe du bois!

VALÈRE

Qui s'amuse à cueillir des simples[2], voulez-vous dire?

MARTINE

Non; c'est un homme extraordinaire qui se plaît à cela, fantasque, bizarre, quinteux, et que vous ne prendriez jamais pour ce qu'il est. Il va vêtu d'une façon extravagante, affecte quelquefois de paraître ignorant, tient sa science renfermée, et ne fuit rien tant tous les jours que d'exercer les merveilleux talents qu'il a eus du Ciel pour la médecine.

VALÈRE

C'est une chose admirable, que tous les grands hommes ont toujours du caprice, quelque petit grain de folie mêlé à leur science.

[1] D'un mérite particulier.

[2] Plantes médicinales.

MARTINE

La folie de celui-ci est plus grande qu'on ne peut croire, car elle va parfois jusqu'à vouloir être battu pour demeurer d'accord de sa capacité ; et je vous donne avis que vous n'en viendrez point à bout, qu'il n'avouera jamais qu'il est médecin, s'il se le met en fantaisie, que vous ne preniez [1] chacun un bâton, et ne le réduisiez, à force de coups, à vous confesser à la fin ce qu'il vous cachera d'abord. C'est ainsi que nous en usons quand nous avons besoin de lui.

VALÈRE

Voilà une étrange folie !

MARTINE

Il est vrai ; mais, après cela, vous verrez qu'il fait des merveilles.

VALÈRE

Comment s'appelle-t-il ?

MARTINE

Il s'appelle Sganarelle. Mais il est aisé à connaître. C'est un homme qui a une large barbe noire [2] et qui porte une fraise [3], avec un habit jaune et vert.

LUCAS

Un habit jaune et vart ! C'est donc le médecin des parroquets ?

VALÈRE

Mais est-il bien vrai qu'il soit si habile que vous le dites.

MARTINE

Comment ! c'est un homme qui fait des miracles. Il y a six mois qu'une femme fut abandonnée de tous les autres médecins : on la tenait morte il y avait déjà six heures, et l'on se disposait à l'ensevelir, lorsqu'on y fit venir de force l'homme dont nous parlons. Il lui mit, l'ayant vue, une petite goutte de je ne sais quoi dans la bouche, et, dans le même instant, elle se leva de son lit, et se mit aussitôt à se promener dans sa chambre, comme si de rien n'eût été.

LUCAS

Ah !

VALÈRE

Il fallait que ce fût quelque goutte d'or potable [4].

[1] A moins que vous ne preniez.

[2] Il faut entendre par là une épaisse moustache que Molière portait dans ce rôle.

[3] Collerette à gros plis empesés.

[4] « Liquide huileux et alcoolique qu'on obtient en versant une huile volatile dans une dissolution de chlorure d'or, et qu'on regardait autrefois comme un cordial et un élixir de santé. » (*Dictionnaire Littré.*)

MARTINE

Cela pourrait bien être. Il n'y a pas trois semaines encore qu'un jeune enfant de douze ans tomba du haut du clocher en bas, et se brisa sur le pavé la tête, les bras et les jambes. On n'y eut pas plus tôt amené notre homme, qu'il le frotta par tout le corps d'un certain onguent qu'il sait faire ; et l'enfant aussitôt se leva sur ses pieds et courut jouer à la fossette[1].

LUCAS

Ah !

VALÈRE

Il faut que cet homme-là ait la médecine universelle.

MARTINE

Qui en doute ?

LUCAS

Téstigué[2] ! velà justement l'homme qu'il nous faut. Allons le charcher.

VALÈRE

Nous vous remercions du plaisir que vous nous faites.

MARTINE

Mais souvenez-vous bien au moins de l'avertissement que je vous ai donné !

LUCAS

Eh ! morguenne! laissez-nous faire : s'il ne tient qu'à battre, la vache est à nous.

VALÈRE, à Lucas

Nous sommes bien heureux d'avoir fait cette rencontre, et j'en conçois, pour moi, la meilleure espérance du monde.

Scène V

SGANARELLE, VALÈRE, LUCAS

SGANARELLE

La, la, la...

VALÈRE

J'entends quelqu'un qui chante et qui coupe du bois.

[1] Jeu où l'on jette une poignée de billes dans un petit creux appelé *fossette*.

[2] Corruption de Tête-Dieu. Dans presque tous ces jurons populaires, la terminaison n'est qu'une altération du nom de Dieu, afin d'éviter de le profaner.

SGANARELLE entre sur le théâtre en chantant et tenant une bouteille

La, la, la... Ma foi, c'est assez travailler pour un coup. Prenons un peu d'haleine. (Il boit et dit après avoir bu.) Voilà du bois qui est salé comme tous les diables[1].

(Il chante.)

Qu'ils sont doux,
Bouteille jolie,
Qu'ils sont doux,
Vos petits glouglous !
Mais mon sort ferait bien des jaloux
Si vous étiez toujours remplie.
Ah ! bouteille ma mie,
Pourquoi vous videz-vous?

Allons, morbleu ! il ne faut point engendrer de mélancolie.

VALÈRE, bas, à Lucas

Le voilà lui-même.

LUCAS, bas à Valère

Je pense que vous dites vrai, et que j'avons bouté[2] le nez dessus.

VALÈRE

Voyons de près.

SGANARELLE, embrassant sa bouteille

Ah ! ma petite friponne ! que je t'aime, mon petit bouchon[3] !

(Il chante. Apercevant Valère et Lucas qui l'examinent, il baisse la voix.)

Mon sort... ferait... bien des... jaloux
Si...

(Voyant qu'on l'examine de plus près.)

Que diable ! à qui en veulent ces gens-là ?

VALÈRE, à Lucas

C'est lui assurément.

LUCAS, à Valère

Le velà tout craché comme on nous la défiguré[4].

(Sganarelle pose la bouteille à terre, et Valère se baissant pour le saluer, comme il croit que c'est à dessein de la prendre, il la met de l'autre côté ; Lucas faisant la même chose que Valère, Sganarelle reprend sa bouteille, et la tient contre son estomac, avec divers gestes qui font un jeu de théâtre.)

[1] Ce qui est salé donne soif ; Sganarelle plaisante sur l'envie de boire qui lui est venue en travaillant.

[2] Vieux mot populaire qui veut dire *mettre*, *pousser* ; *buter* est une autre forme du même verbe, d'où viennent les substantifs bout et but.

[3] Terme de cajolerie qu'on emploie avec les petits enfants (Furetière).

[4] Comme on nous l'a représenté.

SGANARELLE, à part

Ils consultent en me regardant. Quel dessein auraient-ils ?

VALÈRE

Monsieur, n'est-ce pas vous qui vous appelez Sganarelle?

SGANARELLE

Eh ! quoi?

VALÈRE

Je vous demande si ce n'est pas vous qui se [1] nomme Sganarelle?

SGANARELLE, se tournant vers Valère, puis vers Lucas

Oui et non, selon ce que vous lui voulez.

VALÈRE

Nous ne voulons que lui faire toutes les civilités que nous pourrons.

SGANARELLE

En ce cas, c'est moi qui se nomme Sganarelle.

VALÈRE

Monsieur, nous sommes ravis de vous voir. On nous a adressés à vous pour ce que nous cherchons ; et nous venons implorer votre aide dont nous avons besoin.

SGANARELLE

Si c'est quelque chose, Messieurs, qui dépende de mon petit négoce, je suis tout prêt à vous rendre service.

VALÈRE

Monsieur, c'est trop de grâce que vous nous faites. Mais, Monsieur, couvrez-vous, s'il vous plaît ; le soleil pourrait vous incommoder.

LUCAS

Monsieu, boutez dessus [2].

SGANARELLE, à part

Voici des gens bien pleins de cérémonie.

(Il se couvre.)

VALÈRE

Monsieur, il ne faut pas trouver étrange que nous venions à vous ; les gens habiles sont toujours recherchés, et nous sommes instruits de votre capacité.

[1] On dirait aujourd'hui qui *vous nommez*, et plus loin qui *me* nomme ; mais, au XVIIe siècle, on pouvait employer un verbe à la 3e personne quel que fût l'antécédent de qui.

[2] Mettez votre chapeau, couvrez-vous.

SGANARELLE

Il est vrai, Messieurs, que je suis le premier homme du monde pour faire des fagots[1].

VALÈRE

Ah! Monsieur!...

SGANARELLE

Je n'y épargne aucune chose, et les fais d'une façon qu'il n'y a rien à dire.

VALÈRE

Monsieur, ce n'est pas de cela dont il est question.

SGANARELLE

Mais aussi je les vends cent dix sols le cent.

VALÈRE

Ne parlons point de cela, s'il vous plaît.

SGANARELLE

Je vous promets que je ne saurais les donner à moins.

VALÈRE

Monsieur, nous savons les choses.

SGANARELLE

Si vous savez les choses, vous savez que je les vends cela.

VALÈRE

Monsieur, c'est se moquer que...

SGANARELLE

Je ne me moque point, je n'en puis rien rabattre.

VALÈRE

Parlons d'autre façon, de grâce.

SGANARELLE

Vous en pourrez trouver autre part à moins; il y a fagots et fagots; mais pour ceux que je fais...

VALÈRE

Eh! Monsieur, laissons là ce discours.

SGANARELLE

Je vous jure que vous ne les auriez pas, s'il s'en fallait un double.

[1] La bonne foi de Sganarelle qui croit avoir trouvé un acheteur pour ses fagots, la persuasion où est Valère que Sganarelle feint d'exercer un vil métier alors qu'il est grand médecin, font une situation des plus comiques.

VALÈRE

Eh! fi!

SGANARELLE

Non, en conscience; vous en payerez cela. Je vous parle sincèrement et ne suis pas homme à surfaire.

VALÈRE

Faut-il, Monsieur, qu'une personne comme vous s'amuse à ces grossières feintes? s'abaisse à parler de la sorte? qu'un homme si savant, un fameux médecin comme vous êtes, veuille se déguiser aux yeux du monde, et tenir enterrés les beaux talents qu'il a!

SGANARELLE, à part

Il est fou.

VALÈRE

De grâce, Monsieur, ne dissimulez point avec nous.

SGANARELLE

Comment?

LUCAS

Tout ce tripotage ne sart de rien; je savons cen [1] que je savons.

SGANARELLE

Quoi donc? Que me voulez-vous dire? Pour qui me prenez-vous?

VALÈRE

Pour ce que vous êtes, pour un grand médecin.

SGANARELLE

Médecin vous-même! je ne le suis point, et ne l'ai jamais été.

VALÈRE, bas

Voilà sa folie qui le tient. (Haut.) Monsieur, ne veuillez point nier les choses davantage, et n'en venons point, s'il vous plaît, à de fâcheuses extrémités.

SGANARELLE

A quoi donc?

VALÈRE

A de certaines choses dont nous serions marris [2].

SGANARELLE

Parbleu! venez-en à tout ce qu'il vous plaira; je ne suis point médecin, et ne sais ce que vous me voulez dire.

[1] Ce que. | [2] Fâchés.

VALÈRE, bas

Je vois bien qu'il faut se servir du remède. (Haut.) Monsieur, encore un coup, je vous prie d'avouer ce que vous êtes.

LUCAS

Et têstigué! ne lantiponez [1] point davantage, et confessez à la franquette [2] que v's êtes médecin.

SGANARELLE, à part

J'enrage!

VALÈRE

A quoi bon nier ce qu'on sait?

LUCAS

Pourquoi toutes ces fraimes [3] là? A quoi est-ce que ça vous sart?

SGANARELLE

Messieurs, en un mot autant qu'en deux mille, je vous dis que je ne suis point médecin.

VALÈRE

Vous n'êtes point médecin?

SGANARELLE

Non.

LUCAS

V'n'êtes pas médecin?

SGANARELLE

Non, vous dis-je.

VALÈRE

Puisque vous le voulez, il faut s'y résoudre.

(Ils prennent chacun un bâton et frappent.)

SGANARELLE

Ah! ah! ah! Messieurs, je suis tout ce qu'il vous plaira.

VALÈRE

Pourquoi, Monsieur, nous obligez-vous à cette violence?

LUCAS

A quoi bon nous bailler [4] la peine de vous battre?

VALÈRE

Je vous assure que j'en ai tous les regrets du monde.

[1] Même sens que *lanterner*, hésiter, perdre le temps. Littré pense que lantiponer vient de *lent* et de *poner* qui, en patois, veut dire pondre, ce qui donnerait, comme sens primitif, *pondre lentement*.

[2] Franchement.

[3] *Fraimes* pour *frimes*, mines, façons.

[4] Terme vieilli qui signifie donner.

LUCAS

Par ma figué[1] ! j'en sis fâché, franchement.

SGANARELLE

Que diable est ceci, Messieurs? De grâce, est-ce pour rire, ou si tous deux vous extravaguez, de vouloir que je sois médecin?

VALÈRE

Quoi! vous ne vous rendez pas encore, et vous vous défendez d'être médecin?

SGANARELLE

Diable emporte si je le suis!

LUCAS

Il n'est pas vrai qu'vous sayez médecin?

SGANARELLE

Non, la peste m'étouffe! (Ils recommencent à le battre.) Ah! ah! Eh bien, Messieurs, oui, puisque vous le voulez, je suis médecin, je suis médecin; apothicaire encore, si vous le trouvez bon. J'aime mieux consentir à tout que de me faire assommer.

VALÈRE

Ah! voilà qui va bien, Monsieur, je suis ravi de vous voir raisonnable.

LUCAS

Vous me boutez la joie au cœur, quand je vous vois parler comme ça.

VALÈRE

Je vous demande pardon de toute mon âme.

LUCAS

Je vous demandons excuse de la libarté que j'avons prise.

SGANARELLE, à part

Ouais, serait-ce bien moi qui me tromperais, et serais-je devenu médecin sans m'en être aperçu?

VALÈRE

Monsieur, vous ne vous repentirez pas de nous montrer ce que vous êtes, et vous verrez assurément que vous en serez satisfait.

[1] Allongement de *ma fi*, qui est une prononciation vicieuse de *ma foi*.

SGANARELLE

Mais, Messieurs, dites-moi, ne vous trompez-vous point vous-mêmes ? Est-il bien assuré que je sois médecin ?

LUCAS

Oui, par ma figué !

SGANARELLE

Tout de bon ?

VALÈRE

Sans doute.

SGANARELLE

Diable emporte si je le savais !

VALÈRE

Comment vous êtes le plus habile médecin du monde.

SGANARELLE

Ah ! ah !

LUCAS

Un médecin qui a gari je ne sais combien de maladies.

SGANARELLE

Tudieu !

VALÈRE

Une femme était tenue pour morte il y avait six heures ; elle était prête à ensevelir, lorsque avec une goutte de quelque chose vous la fîtes revenir et marcher d'abord par la chambre.

SGANARELLE

Peste !

LUCAS

Un petit enfant de douze ans se laissit choir du haut d'un clocher, de quoi il eut la tête, les jambes et les bras cassés ; et vous, avec je ne sai quel onguent, vous fîtes qu'aussitôt il se relevit sur ses pieds, et s'en fut jouer à la fossette.

SGANARELLE

Diantre !

VALÈRE

Enfin, Monsieur, vous aurez contentement avec nous ; et vous gagnerez ce que vous voudrez [1], en vous laissant conduire où nous prétendons vous mener.

[1] Voilà qui persuade Sganarelle mieux encore que les coups de bâton. Sous cette gaieté, quelle amère satire de l'humanité ! Combien y a-t-il de personnages de Molière qui ne soient menés par la peur, l'intérêt, l'égoïsme, le caprice ou la passion ?

SGANARELLE

Je gagnerai ce que je voudrai ?

VALÈRE

Oui.

SGANARELLE

Ah ! je suis médecin, sans contredit. Je l'avais oublié ; mais je m'en ressouviens. De quoi est-il question ? où faut-il se transporter ?

VALÈRE

Nous vous conduirons. Il est question d'aller voir une fille qui a perdu la parole.

SGANARELLE

Ma foi ! je ne l'ai pas trouvée.

VALÈRE, bas à Lucas

Il aime à rire. (A Sganarelle.) Allons, Monsieur.

SGANARELLE

Sans une robe de médecin?

VALÈRE

Nous en prendrons une.

SGANARELLE, présentant sa bouteille à Valère

Tenez cela, vous ; voilà où je mets mes juleps. (Puis se tournant vers Lucas en crachant.) Vous, marchez là-dessus par ordonnance du médecin.

LUCAS

Palsanguenne ! velà un médecin qui me plaît ; je pense qu'il réussira, car il est bouffon [1].

ACTE DEUXIÈME

Le théâtre représente une chambre de la maison de Géronte.

Scène Première

GÉRONTE, VALÈRE, LUCAS, JACQUELINE

VALÈRE

Oui, Monsieur, je crois que vous serez satisfait; et nous vous avons amené le plus grand médecin du monde.

[1] Ceci était sans doute jeté au public comme une invite à applaudir qui devait trouver de l'écho.

LUCAS

Oh ! morguenne ! il faut tirer l'échelle après ceti-là ; et tous les autres ne sont pas daignes de li déchausser ses souillez.

VALÈRE

C'est un homme qui a fait des cures merveilleuses.

LUCAS

Qui a gari des gens qui étiant morts.

VALÈRE

Il est un peu capricieux, comme je vous ai dit ; et parfois il a des moments où son esprit s'échappe, et ne paraît pas ce qu'il est.

LUCAS

Oui, il aime à bouffonner ; et l'an dirait parfois, ne v's en déplaise, qu'il a quelque petit coup de hache [1] à la tête.

VALÈRE

Mais, dans le fond, il est toute science, et bien souvent il dit des choses tout a fait relevées.

LUCAS

Quand il s'y boute [2], il parle tout fin drait [3] comme s'il lisait dans un livre.

VALÈRE

Sa réputation s'est déjà répandue ici, et tout le monde vient à lui.

GÉRONTE

Je me meurs d'envie de le voir ; faites-le-moi vite venir.

VALÈRE

Je le vais quérir.

. . . .

Scène III

VALÈRE, SGANARELLE, GÉRONTE, LUCAS, JACQUELINE

VALÈRE

Monsieur, préparez-vous. Voici notre médecin qui entre.

GÉRONTE, à Sganarelle

Monsieur, je suis ravi de vous voir chez moi, et nous avons grand besoin de vous.

[1] Qu'il a la cervelle un peu fêlée.

[2] Quand il s'y met.

[3] Vaugelas citait, en 1647, *soyent* et *droit*, parmi le petit nombre de monosyllabes qui se prononçaient *ai*. — *Tout fin drait*, exactement.

SGANARELLE, en robe de médecin avec un chapeau des plus pointus

Hippocrate[1] dit... que nous nous couvrions tous deux.

GÉRONTE

Hippocrate dit cela ?

SGANARELLE

Oui.

GÉRONTE

Dans quel chapitre, s'il vous plaît ?

SGANARELLE

Dans son chapitre... des chapeaux.

GÉRONTE

Puisque Hippocrate le dit, il le faut faire.

SGANARELLE

Monsieur le Médecin, ayant appris les merveilleuses choses...

GÉRONTE

A qui parlez-vous, de grâce ?

SGANARELLE

A vous.

GÉRONTE

Je ne suis pas médecin.

SGANARELLE

Vous n'êtes pas médecin ?

GÉRONTE

Non, vraiment.

SGANARELLE

Tout de bon ?

GÉRONTE

Tout de bon. (Sganarelle prend un bâton et frappe Géronte.) Ah ! ah ! ah !

SGANARELLE

Vous êtes médecin maintenant ; je n'ai jamais eu d'autres licences[2].

GÉRONTE, à Valère

Quel diable d'homme m'avez-vous là amené ?

[1] Célèbre médecin grec, dont Sganarelle a entendu prononcer le nom par son ancien maître et qu'il ne manquera pas de citer à tout bout de champ pour donner une haute idée de sa science. Inutile d'ajouter que les inepties que Sganarelle lui fait dire sont toutes forgées par le pseudo-médecin. Sous l'énormité de la bouffonnerie, il y a l'intention très réelle d'attaquer l'ignorance des vrais médecins et leur langage pédantesque, et de railler la crédulité de leurs victimes.

[2] D'autre diplôme de licence, me donnant le droit d'exercer la médecine.

VALÈRE

Je vous ai bien dit que c'était un médecin goguenard.

GÉRONTE

Oui ; mais je l'enverrais promener avec ses goguenarderies.

LUCAS

Ne prenez pas garde à ça, Monsieur, ce n'est que pour rire.

GÉRONTE

Cette raillerie ne me plaît pas.

SGANARELLE

Monsieur, je vous demande pardon de la liberté que j'ai prise.

GÉRONTE

Monsieur, je suis votre serviteur.

SGANARELLE

Je suis fâché...

GÉRONTE

Cela n'est rien.

SGANARELLE

Des coups de bâton...

GÉRONTE

Il n'y a pas de mal.

SGANARELLE

Que j'ai eu l'honneur de vous donner.

GÉRONTE

Ne parlons plus de cela. Monsieur, j'ai une fille qui est tombée dans une étrange maladie.

SGANARELLE

Je suis ravi, Monsieur, que votre fille ait besoin de moi, et je souhaiterais de tout mon cœur que vous en eussiez besoin aussi, vous et toute votre famille, pour vous témoigner l'envie que j'ai de vous servir.

GÉRONTE

Je vous suis obligé de ces sentiments.

SGANARELLE

Je vous assure que c'est du meilleur de mon âme que je vous parle.

GÉRONTE

C'est trop d'honneur que vous me faites.

SGANARELLE

Comment s'appelle votre fille?

GÉRONTE

Lucinde.

SGANARELLE

Lucinde! Ah! beau nom à médicamenter! Lucinde!

GÉRONTE

Je m'en vais voir un peu ce qu'elle fait.

. . . .

Scène V

GÉRONTE, SGANARELLE, LUCAS, JACQUELINE

GÉRONTE

Monsieur, voici tout à l'heure ma fille qu'on va vous amener.

SGANARELLE

Je l'attends, Monsieur, avec toute la médecine.

GÉRONTE

Où est-elle?

SGANARELLE, se touchant le front

Là dedans.

GÉRONTE

Fort bien.

Scène VI

LUCINDE, GÉRONTE, SGANARELLE, VALÈRE, LUCAS, JACQUELINE

SGANARELLE

Est-ce là la malade?

GÉRONTE

Oui. Je n'ai qu'elle de fille; et j'aurais tous les regrets du monde si elle venait à mourir.

SGANARELLE

Qu'elle s'en garde bien! Il ne faut pas qu'elle meure sans l'ordonnance du médecin.

GÉRONTE

Allons, un siège.

SGANARELLE, à Lucinde

Eh bien, de quoi est-il question? Qu'avez-vous? Quel est le mal que vous sentez?

LUCINDE, portant sa main à sa bouche, à sa tête et sous son menton

Han, hi, hom, han.

SGANARELLE

Eh! que dites-vous?

LUCINDE continue les mêmes gestes

Han, hi, hom, han, han, hi, hom.

SGANARELLE

Quoi?

LUCINDE

Han, hi, hom.

SGANARELLE, la contrefaisant

Han, hi, hom, han, ha. Je ne vous entends point. Quel diable de langage est-ce là?

GÉRONTE

Monsieur, c'est là sa maladie, elle est devenue muette, sans que jusques ici on en ait pu savoir la cause! et c'est un accident qui a fait reculer son mariage.

SGANARELLE

Et pourquoi?

GÉRONTE

Celui qu'elle doit épouser veut attendre sa guérison pour conclure les choses.

SGANARELLE

Et qui est ce sot-là, qui ne veut pas que sa femme soit muette? Plût à Dieu que la mienne eût cette maladie! je me garderais bien de la vouloir guérir.

GÉRONTE

Enfin, Monsieur, nous vous prions d'employer tous vos soins pour la soulager de son mal.

SGANARELLE

Ah! ne vous mettez pas en peine. Dites-moi un peu, ce mal l'oppresse-t-il beaucoup?

GÉRONTE

Oui, Monsieur.

SGANARELLE

Tant mieux. Sent-elle de grandes douleurs?

GÉRONTE

Fort grandes.

SGANARELLE

C'est fort bien fait. Va-t-elle où vous savez?

GÉRONTE

Oui.

SGANARELLE

Copieusement?

GÉRONTE

Je n'entends rien à cela.

SGANARELL

La matière est-elle louable?

GÉRONTE

Je ne me connais pas à ces choses.

SGANARELLE, à Lucinde

Donnez-moi votre bras. (A Géronte.) Voilà un pouls qui marque que votre fille est muette.

GÉRONTE

Eh! oui, Monsieur, c'est là son mal; vous l'avez trouvé tout du premier coup.

SGANARELLE

Ah! ah!

JACQUELINE

Voyez comme il a deviné sa maladie.

SGANARELLE

Nous autres grands médecins, nous connaissons d'abord[1] les choses. Un ignorant aurait été embarrassé, et vous eût été dire: « C'est ceci, c'est cela; » mais, moi, je touche au but du premier coup, et je vous apprends que votre fille est muette.

GÉRONTE

Oui; mais je voudrais bien que vous me pussiez dire d'où cela vient.

SGANARELLE

Il n'est rien de plus aisé: cela vient de ce qu'elle a perdu la parole.

GÉRONTE

Fort bien. Mais la cause, s'il vous plaît, qui fait qu'elle a perdu la parole?

SGANARELLE

Tous nos meilleurs auteurs vous diront que c'est l'empêchement de l'action de sa langue.

[1] Immédiatement, dès le premier abord.

GÉRONTE

Mais, encore, vos sentiments sur cet empêchement de l'action de sa langue ?

SGANARELLE

Aristote, là-dessus, dit... de fort belles choses.

GÉRONTE

Je le crois.

SGANARELLE

Ah ! c'était un grand homme !

GÉRONTE

Sans doute.

SGANARELLE

Grand homme tout à fait... (Levant le bras depuis le coude.) un homme qui était plus grand que moi de tout cela. Pour revenir donc à notre raisonnement, je tiens que cet empêchement de l'action de sa langue est causé par de certaines humeurs, qu'entre nous autres savants nous appelons humeurs peccantes [1] ; c'est-à-dire... humeurs peccantes, d'autant que les vapeurs formées par les exhalaisons des influences qui s'élèvent dans la région des maladies, venant... pour ainsi dire... à... [2] Entendez-vous le latin ?

GÉRONTE

En aucune façon.

SGANARELLE, se levant avec étonnement

Vous n'entendez point le latin ?

GÉRONTE

Non.

SGANARELLE, avec enthousiasme

Cabricias arci thuram, catalamus, singulariter, nominativo, hæc Musa, « la Muse », *bonus, bona, bonum. Deus sanctus, est ne oratio latinas? Etiam*, « oui ». *Quare*, « pourquoi » ? *Quia substantivo, et adjectivum, concordat in generi, numerum, et casus.*

GÉRONTE

Ah ! que n'ai-je étudié !

[1] Encore un mot qui est resté à Sganarelle de son séjour chez un médecin. Au XVIIe siècle, c'était un principe passé en axiome que toute maladie provenait de la surabondance des humeurs malsaines ou *peccantes* (de *peccare*, pécher).

[2] Malgré son aplomb, Sganarelle s'embrouille. Heureusement Géronte ignore le latin, et le prétendu médecin va pouvoir l'éblouir de sa science, grâce à quelques mots de son rudiment qu'il a retenus et auxquels il en ajoutera d'autres forgés par lui.

JACQUELINE

L'habile homme que velà!

LUCAS

Oui, çà est si biau que je n'y entends goutte.

SGANARELLE

Or ces vapeurs dont je vous parle venant à passer du côté gauche où est le foie, au côté droit où est le cœur, il se trouve que le poumon que nous appelons en latin *armyan*, ayant communication avec le cerveau, que nous nommons en grec *nasmus*, par le moyen de la veine cave, que nous appelons en hébreu *cubile*, rencontre en son chemin lesdites vapeurs qui remplissent les ventricules de l'omoplate [1]; et parce que lesdites vapeurs... comprenez bien ce raisonnement, je vous prie...; et parce que lesdites vapeurs ont certaine malignité... écoutez bien ceci, je vous conjure.

GÉRONTE

Oui.

SGANARELLE

Ont une certaine malignité qui est causée... soyez attentif, s'il vous plaît.

GÉRONTE

Je le suis.

SGANARELLE

Qui est causée par l'àcreté des humeurs engendrées dans la concavité du diaphragme [2], il arrive que ces vapeurs... *Ossabandus, nequeis, nequer, potarinum quipsa milus*. Voilà justement ce qui fait que votre fille est muette.

JACQUELINE

Ah! que ça est bian dit, notte homme!

LUCAS

Que n'ai-je la langue aussi bian pendue!

GÉRONTE

On ne peut pas mieux raisonner, sans doute. Il n'y a qu'une seule chose qui m'a choqué : c'est l'endroit du foie et du cœur. Il me

[1] Les ventricules sont de petites poches qui se trouvent dans certains organes. L'omoplate étant un os, c'est une idée absurde et grotesque que d'y supposer un ventricule. Sganarelle s'enhardit; encouragé par l'admiration et l'ignorance de ses auditeurs, il crée des mots savants pour relever sa consultation.

[2] Muscle qui sépare la poitrine de l'abdomen.

Cabricius arci thuram, catalamus.

semble que vous les placez autrement qu'ils ne sont : que le cœur est du côté gauche, et le foie du côté droit.

SGANARELLE

Oui, cela était autrefois ainsi ; mais nous avons changé tout cela[1], et nous faisons maintenant la médecine d'une méthode toute nouvelle.

GÉRONTE

C'est ce que je ne savais pas, et je vous demande pardon de mon ignorance.

SGANARELLE

Il n'y a point de mal ; et vous n'êtes pas obligé d'être aussi habile que nous.

GÉRONTE

Assurément. Mais, Monsieur, que croyez-vous qu'il faille faire à cette maladie ?

SGANARELLE

Ce que je crois qu'il faille faire ?

GÉRONTE

Oui.

SGANARELLE

Mon avis est qu'on la remette sur son lit, et qu'on lui fasse prendre pour remède quantité de pain trempé dans du vin.

GÉRONTE

Pourquoi cela, Monsieur ?

SGANARELLE

Parce qu'il y a dans le vin et le pain, mêlés ensemble, une vertu sympathique qui fait parler. Ne voyez-vous pas bien qu'on ne donne autre chose aux perroquets, et qu'ils apprennent à parler en mangeant de cela ?

GÉRONTE

Cela est vrai. Ah ! le grand homme ! Vite, quantité de pain et de vin.

SGANARELLE

Je reviendrai voir sur le soir en quel état elle sera.

. . . .

[1] Mot qui a fait fortune et qui est passé en proverbe. Mme de Sévigné pensait sans doute à cette réplique de Sganarelle lorsqu'elle écrivait en plaisantant : Voyez comme nous étions grossiers autrefois *que le cœur était à gauche.*

GÉRONTE

Attendez un peu, s'il vous plaît.

SGANARELLE

Que voulez-vous faire ?

GÉRONTE

Vous donner de l'argent, Monsieur.

SGANARELLE, tendant sa main par derrière, tandis que Géronte ouvre sa bourse

Je n'en prendrai pas, Monsieur.

GÉRONTE

Monsieur...

SGANARELLE

Point du tout.

GÉRONTE

Un petit moment.

SGANARELLE

En aucune façon.

GÉRONTE

De grâce !

SGANARELLE

Vous vous moquez.

GÉRONTE

Voilà qui est fait.

SGANARELLE

Je n'en ferai rien.

GÉRONTE

Eh !

SGANARELLE

Ce n'est pas l'argent qui me fait agir [1].

GÉRONTE

Je le crois.

SGANARELLE, après avoir pris l'argent

Cela est-il de poids ?

GÉRONTE

Oui, Monsieur.

SGANARELLE

Je ne suis pas un médecin mercenaire.

GÉRONTE

Je le sais bien.

SGANARELLE

L'intérêt ne me gouverne point.

[1] La feinte répugnance de Sganarelle à prendre l'argent est grossie jusqu'au burlesque, mais que de gens refusent pour se faire presser !

GÉRONTE

Je n'ai pas cette pensée.

SGANARELLE, seul, regardant l'argent qu'il a reçu

Ma foi, cela ne va pas mal et pourvu que...

Léandre, qui désire épouser Lucinde, est venu apprendre à Sganarelle que Lucinde n'est pas muette et qu'elle a feint cette maladie pour ne pas épouser Horace, à qui son père veut la marier ; il a supplié Sganarelle de les aider à se voir. Sganarelle a joué d'abord une violente indignation ; puis, à la vue d'une bourse que lui tendait Léandre, il s'est adouci. Dans la scène suivante, Sganarelle s'étant prêté au stratagème, Léandre va reparaître avec lui, déguisé en apothicaire.

ACTE TROISIÈME

Le théâtre représente un lieu voisin de la maison de Géronte.

Scène Première

LÉANDRE, SGANARELLE

LÉANDRE

Il me semble que je ne suis pas mal ainsi pour un apothicaire : et, comme le père ne m'a guère vu, ce changement d'habit et de perruque est assez capable, je crois, de me déguiser à ses yeux.

SGANARELLE

Sans doute.

LÉANDRE

Tout ce que je souhaiterais serait de savoir cinq ou six grands mots de médecine pour parer mon discours et me donner l'air d'habile homme.

SGANARELLE

Allez, allez, tout cela n'est pas nécessaire ; il suffit de l'habit, et je n'en sais pas plus que vous.

LÉANDRE

Comment ?

SGANARELLE

Diable [1] emporte si j'entends rien en médecine ! Vous êtes honnête homme, et je veux bien me confier à vous comme vous vous confiez à moi.

LÉANDRE

Quoi ? vous n'êtes pas effectivement...

[1] Il y a ellipse de *me*.

SGANARELLE

Non, vous dis-je; ils m'ont fait médecin malgré mes dents. Je ne m'étais jamais mêlé d'être si savant que cela; et toutes mes études n'ont été que jusqu'en sixième. Je ne sais point sur quoi cette imagination leur est venue; mais, quand j'ai vu qu'à toute force ils voulaient que je fusse médecin, je me suis résolu de l'être aux dépens de qui il appartiendra. Cependant vous ne sauriez croire comment l'erreur s'est répandue, et de quelle façon chacun est endiablé à me croire habile homme. On me vient chercher de tous les côtés; et, si les choses vont toujours de même, je suis d'avis de m'en tenir toute ma vie à la médecine. Je trouve que c'est le métier le meilleur de tous; car, soit qu'on fasse bien, ou soit qu'on fasse mal, on est toujours payé de même sorte [1]. La méchante besogne ne retombe jamais sur notre dos, et nous taillons comme il nous plaît sur l'étoffe où nous travaillons. Un cordonnier, en faisant des souliers, ne saurait gâter un morceau de cuir qu'il n'en paye les pots cassés [2]; mais ici l'on peut gâter un homme sans qu'il en coûte rien. Les bévues ne sont point pour nous, et c'est toujours la faute de celui qui meurt. Enfin le bon de cette profession est qu'il y a parmi les morts une honnêteté, une discrétion la plus grande du monde, et jamais on n'en voit se plaindre du médecin qui l'a tué.

LÉANDRE

Il est vrai que les morts sont fort honnêtes gens sur cette matière.

SGANARELLE, voyant des hommes qui viennent à lui

Voilà des gens qui ont la mine de venir me consulter. (A Léandre.) Allez toujours m'attendre auprès du logis de votre maîtresse.

Scène II

THIBAUT, PERRIN, SGANARELLE

THIBAUT

Monsieu, je venons vous charcher, mon fils Perrin et moi.

SGANARELLE

Qu'y a-t-il ?

[1] Autre trait de satire contre les médecins : peu leur importe de guérir les malades, pourvu qu'ils soient payés. Ignorants et intéressés, voilà déjà deux des charges du procès que leur intente Molière.

[2] L'incohérence de la métaphore est très comique. Morceau de *cuir* et *pots cassés* ne vont guère ensemble. Il est vrai que payer les pots cassés se prend familièrement dans le sens de payer le dommage qu'on a causé.

THIBAUT

Sa pauvre mère, qui a nom Perette, est dans un lit, malade, il y a six mois.

SGANARELLE, tendant la main comme pour recevoir de l'argent

Que voulez-vous que j'y fasse ?

THIBAUT

Je voudrions, Monsieu, que vous nous baillissiez queuque petite drôlerie pour la garir.

SGANARELLE

Il faut voir de quoi est-ce qu'elle est malade.

THIBAUT

Elle est malade d'hypocrisie[1], Monsieu.

SGANARELLE

D'hypocrisie ?

THIBAUT

Oui, c'est-à-dire qu'alle est enflée partout ; et l'an dit que c'est quantité de sériosités[2] qu'alle a dans le corps, et que son foie, son ventre, ou sa rate, comme vous voudrais l'appeler, au glieu de faire du sang, ne fait plus que de l'iau. Alle a, de deux jours l'un, la fièvre quotiguenne[3], avec des lassitules et des douleurs dans les mulles[4] des jambes. On entend dans sa gorge des fleumes[5] qui sont tout prêts à l'étouffer ; et parfois il lui prend des syncoles[6] et des conversions, que je crayons qu'alle est passée. J'avons dans notre village un apothicaire, révérence parler, qui li a donné je ne sai combien d'histoires; et il m'en coûte plus d'eune douzaine de bons écus en lavements, ne v's en déplaise, en apostumes[7] qu'on li a fait prendre, en infections de jacinthe et en portions cordales. Mais tout ça, comme dit l'autre, n'a été que de l'onguent miton-mitaine. Il velait li bailler d'eune certaine drogue que l'on appelle du vin amétile[8], mais j'ai-z-eu peur, franchement, que ça l'envoyit *a patres ;* et

[1] *Hydropisie.* Toute cette scène est très vraie et prise sur le vif. Qui n'a ri de la façon dont les gens de la campagne estropient les noms des maladies et de leur singulière anatomie?

[2] *Sérosités.* Sorte d'humeur.

[3] *Quotidienne.* Encore une naïveté ; une fièvre quotidienne est une fièvre de chaque jour et ne peut pas venir de deux jours l'un.

[4] Muscles.

[5] Forme vieillie de flegme ; matière pituiteuse qui se loge dans la gorge et qu'on rejette en crachant.

[6] *Syncopes.* — *Convulsions.*

[7] Thibaut dit *apostumes* (abcès) pour *apozèmes* qui signifie *décoction*; *infections* pour *infusions*; et *portions cordales* pour *potions cordiales*.

[8] Emétique.

l'an dit que ces gros médecins tuont je ne sai combien de monde avec cette invention-là.

SGANARELLE, tendant toujours la main et la branlant, comme pour signe qu'il demande de l'argent

Venons au fait, mon ami, venons au fait.

THIBAUT

Le fait est, Monsieu, que je venons vous prier de nous dire ce qu'il faut que je fassions.

SGANARELLE

Je ne vous entends point du tout.

PERRIN

Monsieu, ma mère est malade, et velà deux écus que je vous apportons pour nous bailler queuque remède [1].

SGANARELLE

Ah ! je vous entends ! vous. Voilà un garçon qui parle clairement et qui s'explique comme il faut. Vous dites que votre mère est malade d'hydropisie, qu'elle est enflée par tout le corps, qu'elle a la fièvre, avec des douleurs dans les jambes, et qu'il lui prend parfois des syncopes et des convulsions, c'est-à-dire des évanouissements ?

PERRIN

Eh ! oui, Monsieu, c'est justement ça.

SGANARELLE

J'ai compris d'abord vos paroles. Vous avez un père qui ne sait ce qu'il dit. Maintenant, vous me demandez un remède ?

PERRIN

Oui, Monsieu.

SGANARELLE

Un remède pour la guérir ?

PERRIN

C'est comme je l'entendons.

SGANARELLE

Tenez, voilà un morceau de fromage [2] qu'il faut que vous lui fassiez prendre.

[1] A la bonne heure celui-là va au fait.

[2] On lui a demandé une petite *drôlerie ;* son remède en est trop réellement une. Il est vrai que Sganarelle prétend y avoir mêlé pierres et métaux précieux, comme cela se pratiquait alors.

PERRIN

Du fromage, Monsieu ?

SGANARELLE

Oui ; c'est un fromage préparé, où il entre de l'or, du corail et des perles, et quantité d'autres choses précieuses.

PERRIN

Monsieu, je vous sommes bien obligés, et j'allons li faire prendre ça tout à l'heure.

SGANARELLE

Allez. Si elle meurt, ne manquez pas de la faire enterrer du mieux que vous pourrez.

. . . .

Scène VI

LUCINDE, GÉRONTE, LÉANDRE, JACQUELINE, SGANARELLE

JACQUELINE

Monsieu, velà votre fille qui veut un peu marcher.

SGANARELLE

Cela lui fera du bien. Allez-vous-en, Monsieur l'Apothicaire, tâter un peu son pouls, afin que je raisonne tantôt avec vous de sa maladie. (Sganarelle tire Géronte dans un coin du théâtre, et lui passe un bras sur les épaules pour l'empêcher de tourner la tête du côté où sont Léandre et Lucinde.) Monsieur, c'est une grande et subtile question entre les doctes, de savoir si les femmes sont plus faciles à guérir que les hommes. Je vous prie d'écouter ceci, s'il vous plaît. Les uns disent que non, les autres disent que oui : et moi je dis que oui et non ; d'autant que l'incongruité des humeurs opaques, qui se rencontrent au tempérament naturel des femmes, étant cause que la partie brutale veut toujours prendre empire sur la sensitive, on voit que l'inégalité de leurs opinions dépend du mouvement oblique du cercle de la lune ; et, comme le soleil, qui darde ses rayons sur la concavité de la terre, trouve...

LUCINDE, à Léandre

Non, je ne suis point du tout capable de changer de sentiments.

GÉRONTE

Voilà ma fille qui parle ! O grande vertu du remède ! O admirable médecin ! Que je vous suis obligé, Monsieur, de cette guérison merveilleuse ! et que puis-je faire pour vous après un tel service ?

SGANARELLE, se promenant sur le théâtre et s'éventant avec son chapeau

Voilà une maladie qui m'a bien donné de la peine !

LUCINDE

Oui, mon père, j'ai recouvré la parole ; mais je l'ai recouvrée pour vous dire que je n'aurai jamais d'autre époux que Léandre, et que c'est inutilement que vous voulez me donner Horace.

GÉRONTE

Mais...

LUCINDE

Rien n'est capable d'ébranler la résolution que j'ai prise.

GÉRONTE

Quoi ?

LUCINDE

Vous m'opposerez en vain de belles raisons.

GÉRONTE

Si...

LUCINDE

Tous vos discours ne serviront de rien.

GÉRONTE

Je...

LUCINDE

C'est une chose où je suis déterminée.

GÉRONTE

Mais...

LUCINDE

Il n'est puissance paternelle qui me puisse obliger à me marier malgré moi.

GÉRONTE

J'ai...

LUCINDE

Vous avez beau faire tous vos efforts.

GÉRONTE

Il...

LUCINDE

Mon cœur ne saurait se soumettre à cette tyrannie.

GÉRONTE

Là...

LUCINDE

Et je me jetterai plutôt dans un couvent que d'épouser un homme que je n'aime point.

GÉRONTE

Mais...

LUCINDE, parlant d'un ton de voix à étourdir

Non. En aucune façon. Point d'affaire. Vous perdez le temps. Je n'en ferai rien. Cela est résolu.

GÉRONTE

Ah! quelle impétuosité de paroles! il n'y a pas moyen d'y résister. (A Sganarelle.) Monsieur, je vous prie de la faire redevenir muette.

SGANARELLE

C'est une chose qui m'est impossible. Tout ce que je puis faire pour votre service est de vous rendre sourd, si vous voulez.

GÉRONTE

Je vous remercie. (A Lucinde.) Penses-tu donc...

LUCINDE

Non, toutes vos raisons ne gagneront rien sur mon âme.

On a découvert que l'apothicaire n'était autre que Léandre, que les deux jeunes gens se sont enfuis, que Sganarelle a favorisé leur fuite, et celui-ci est menacé de la pendaison.

Scène IX

MARTINE, SGANARELLE, LUCAS

MARTINE, à Lucas

Ah! mon Dieu! que j'ai eu de peine à trouver ce logis! Dites-moi un peu des nouvelles du médecin que je vous ai donné.

LUCAS

Le velà qui va être pendu.

MARTINE

Quoi? mon mari pendu! Hélas! et qu'a-t-il fait pour cela?

LUCAS

Il a fait enlever la fille de notte maître.

MARTINE

Hélas! mon cher mari, est-il bien vrai qu'on te va pendre?

SGANARELLE

Tu vois. Ah!

MARTINE

Faut-il que tu te laisses mourir en présence de tant de gens ?

SGANARELLE

Que veux-tu que j'y fasse?

MARTINE

Encore, si tu avais achevé de couper notre bois, je prendrais quelque consolation.

SGANARELLE

Retire-toi de là, tu me fends le cœur!

MARTINE

Non, je veux demeurer pour t'encourager à la mort, et je ne te quitterai point que je ne t'aie vu pendu[1].

SGANARELLE

Ah!

Scène X

GÉRONTE, SGANARELLE, MARTINE, LUCAS

GÉRONTE, *à Sganarelle*

Le Commissaire viendra bientôt, et l'on s'en va vous mettre en lieu où l'on me répondra de vous.

SGANARELLE, *à genoux*

Hélas! cela ne se peut-il point changer en quelques coups de bâton ?

GÉRONTE

Non, non ; la justice en ordonnera. Mais que vois-je ?

[1] Ce trait se trouve dans une lettre de Voiture que Molière a peut-être connue. Elle est adressée à Mlle de Rambouillet. « Voici, Mademoiselle, dit Voiture, où j'en étais quand j'ai reçu votre seconde lettre, qui m'a fort adouci, en m'apprenant que vous ne désireriez pas que je fusse pendu sans que vous y fussiez. Véritablement c'est une grande marque de bonne volonté et une preuve qu'il vous reste encore quelque tendresse pour moi, de ce que vous ne voudriez pas que cet accident m'arrivât sans que vous eussiez le plaisir de le voir. »

Scène XI

GÉRONTE, LÉANDRE, LUCINDE, SGANARELLE, LUCAS. MARTINE, JACQUELINE

LÉANDRE

Monsieur, je viens faire paraître Léandre à vos yeux, et remettre Lucinde en votre pouvoir. Nous avons eu dessein de prendre la fuite nous deux, et de nous aller marier ensemble ; mais cette entreprise a fait place à un procédé plus honnête. Je ne prétends point vous voler votre fille, et ce n'est que de votre main que je veux la recevoir. Ce que je vous dirai, Monsieur, c'est que je viens tout à l'heure de recevoir des lettres par où j'apprends que mon oncle est mort, et que je suis héritier de tous ses biens [1].

GÉRONTE

Monsieur, votre vertu m'est tout à fait considérable, et je vous donne ma fille avec la plus grande joie du monde.

SGANARELLE, à part

La médecine l'a échappé belle.

MARTINE

Puisque tu ne seras point pendu, rends-moi grâce d'être médecin ; car c'est moi qui t'ai procuré cet honneur.

SGANARELLE

Oui ! c'est toi qui m'as procuré je ne sais combien de coups de bâton !

LÉANDRE, à Sganarelle

L'effet en est trop beau pour en garder du ressentiment.

SGANARELLE

Soit. (A Martine.) Je te pardonne ces coups de bâton en faveur de la dignité où tu m'as élevé ; mais prépare-toi désormais à vivre dans un grand respect avec un homme de ma conséquence, et songe que la colère d'un médecin est plus à craindre qu'on ne peut croire.

[1] Encore un de ces dénouements faciles qui n'ont pas coûté à l'auteur grands frais d'imagination. Mais pour une farce, cela suffit.

AMPHITRYON

NOTICE SUR AMPHITRYON

Pendant quelques années, Molière avait beaucoup produit. De 1664 à 1667, les grandes comédies, *Don Juan*, *le Misanthrope*, *le Tartuffe*, les farces, les petites pièces s'étaient succédé avec une singulière rapidité. Puis de 1667 à 1668, un temps d'arrêt, comme si Molière se fût laissé déconcerter par l'opposition violente à laquelle il se heurtait pour la représentation du *Tartuffe*, sans trouver en Louis XIV, alors en Flandre, l'appui qui avait été pour lui le meilleur garant du succès. Enfin, en janvier 1668, *Amphitryon*, joué pour la première fois non à la cour, mais au Palais-Royal, donna une nouvelle preuve de la richesse et de la variété de l'invention dramatique chez notre grand poète. L'accueil fait à la pièce fut très favorable, surtout à la ville, et peut-être les « machines volantes » et la beauté du spectacle y furent-elles pour quelque chose.

Amphitryon ne se recommandait au public ni par la haute portée morale des grandes comédies, ni par l'appât d'une piquante peinture de mœurs ; mais on y trouvait le charme d'une fantaisie libre, hardie, brillante, rieuse...

Le sujet est emprunté au comique latin, Plaute, pour qui Molière eut toujours un goût très vif. Mais, en imitant, Molière a trouvé moyen d'être très original : il a accommodé à la française la fable mythologique qu'il empruntait au poète latin. Malgré la bouffonnerie de certaines scènes, la pièce antique gardait un certain air de dignité et de grandeur héroïques, comme il convenait dans un sujet où les divinités jouaient le principal rôle, et devant un public attaché à ses vieilles croyances. La pièce moderne est, au contraire, d'un bout à l'autre du plus joyeux comique. Jupiter et Mercure s'y conduisent en francs vauriens, ils ne se servent de leur puissance que pour jouer de fort mauvais tours aux pauvres mortels, et leur divinité n'a été pour Molière qu'un moyen de rehausser la plaisanterie, d'ailleurs moins grossière que chez le comique latin, bien qu'encore osée. Toute la pièce repose sur la double mystification que Jupiter et Mercure font subir au général Thébain Amphitryon et à son domestique Sosie, en s'amusant à se montrer à eux sous une forme et avec une figure exactement semblables à la leur. Les situations les plus bouffonnes et les plus étranges quiproquos s'ensuivent.

Il serait aussi oiseux que difficile de rechercher qui, du poète français ou du poète latin, a été supérieur à l'autre. Chacun a bien fait selon son pays, son temps et son génie. Plaute a pour lui le mérite d'avoir fourni ces situations si franchement comiques, mais Molière leur a donné un tour plus ingénieux et y a mis plus de finesse. Il ne s'est pas assujetti à son modèle, et par la brillante facilité de son style, par la gaieté et l'allure si vive du dialogue, il a fait valoir ce qu'il empruntait. C'est une innovation hardie que d'avoir adopté le vers libre à rimes mêlées dans une comédie. L'effet est des plus heureux, l'inégalité de la mesure s'harmonisant admirablement avec la fantaisie du sujet.

AMPHITRYON

Amphitryon, général Thébain, revenant chez lui, après avoir remporté une grande victoire, a envoyé Sosie pour annoncer son retour à sa femme, la belle et fière Alcmène. Sosie, se trouvant seul dans la rue, en pleine nuit, tremble de peur... et il n'a pas tout à fait tort, car il est guetté par le dieu Mercure qui tout à l'heure lui fera une étrange querelle. Ces deux scènes sont imitées de Plaute; mais ce qui est entièrement original et appartient en propre à Molière, c'est l'idée si piquante de faire dialoguer le valet peureux avec sa lanterne.

ACTE PREMIER

Scène I

SOSIE, seul

Qui va là ? Heu ? ma peur, à chaque pas, s'accroît !
Messieurs, ami de tout le monde [1].
Ah ! quelle audace sans seconde [2]
De marcher à l'heure qu'il est !
Que mon maître, couvert de gloire,
Me joue ici d'un vilain tour [3] !
Quoi ? si pour son prochain il avait quelque amour,
M'aurait-il fait partir par une nuit si noire ?
Et, pour me renvoyer annoncer son retour
Et le détail de sa victoire,
Ne pouvait-il pas bien attendre qu'il fût jour?

[1] *Qui va là?* Ami, répond-on. Sosie, qui croit voir des gens dans l'obscurité, prévient plaisamment la question en se déclarant *ami de tout le monde*.

[2] *Unique*. Il n'y en a pas une seconde semblable.

[3] On disait indifféremment au XVIIe siècle : « Jouer *un tour* ou jouer *d'un* tour.

Sosie, à quelle servitude
Tes jours sont-ils assujettis !
Notre sort est beaucoup plus rude
Chez les grands que chez les petits.
Ils veulent que, pour eux, tout soit dans la nature
Obligé de s'immoler.
Jour et nuit, grêle, vent, péril, chaleur, froidure [1],
Dès qu'ils parlent, il faut voler.
Vingt ans d'assidu service
N'en obtiennent rien pour nous :
Le moindre petit caprice
Nous attire leur courroux.
Cependant notre âme insensée
S'acharne au vain honneur de demeurer près d'eux,
Et s'y veut contenter de la fausse pensée
Qu'ont tous les autres gens que nous sommes heureux.
Vers la retraite en vain la raison nous appelle,
En vain notre dépit quelquefois y consent ;
Leur vue a sur notre zèle
Un ascendant trop puissant,
Et la moindre faveur d'un coup d'œil caressant
Nous rengage de plus belle.
Mais enfin, dans l'obscurité,
Je vois notre maison, et ma frayeur s'évade [2].
Il me faudrait, pour l'ambassade,
Quelque discours prémédité.
Je dois aux yeux d'Alcmène un portrait militaire
Du grand combat qui met nos ennemis à bas ;
Mais comment, diantre ! le faire,
Si je ne m'y trouvai pas ?
N'importe, parlons-en et d'estoc et de taille [3],
Comme oculaire témoin.
Combien de gens font-ils des récits de bataille
Dont ils se sont tenus loin !

[1] Par la grêle, le vent, la chaleur, etc., jour et nuit, il faut voler. Ce tour elliptique assez hardi est d'une grande vivacité.

[2] Se dissipe.

[3] L'*estoc* est la pointe de l'épée ; la *taille* en est le tranchant. Sosie veut dire : « Parlons-en hardiment, en soldat qui frappe et d'estoc et de taille ». L'expression est très piquante et admirablement placée dans la bouche d'un poltron qui va faire un récit de bataille.

Pour jouer mon rôle sans peine,
Je le veux un peu repasser.
Voici la chambre où j'entre en courrier que l'on mène [1],
Et cette lanterne est Alcmène,
A qui je dois m'adresser.
(Sosie pose sa lanterne à terre et lui adresse son compliment.)
« Madame, Amphitryon, mon maître et votre époux...
(Bon ! beau début !), l'esprit toujours plein de vos charmes,
M'a voulu choisir, entre tous,
Pour vous donner avis du succès de ses armes
Et du désir qu'il a de se voir près de vous.
— Ha ! vraiment, mon pauvre Sosie,
A te revoir j'ai de la joie au cœur.
— Madame, ce m'est trop d'honneur,
Et mon destin doit faire envie.
(Bien répondu !) — Comment se porte Amphitryon ?
— Madame, en homme de courage,
Dans les occasions où la gloire l'engage.
(Fort bien ! belle conception !)
— Quand viendra-t-il, par son retour charmant,
Rendre mon âme satisfaite ?
— Le plus tôt qu'il pourra, Madame, assurément,
Mais bien plus tard que son cœur ne souhaite.
(Ah !) — Mais quel est l'état où la guerre l'a mis ?
Que dit-il ? que fait-il ? Contente un peu mon âme.
— Il dit moins qu'il ne fait, Madame,
Et fait trembler les ennemis.
(Peste ! où prend mon esprit toutes ces gentillesses ?)
— Que font les révoltés ? Dis-moi, quel est leur sort ?
— Ils n'ont pu résister, Madame, à notre effort :
Nous les avons taillés en pièces,
Mis Ptéléras, leur chef, à mort,
Pris Télèbe d'assaut [2], et déjà dans le port
Tout retentit de nos prouesses.
— Ah ! quels succès, ô Dieux ! qui l'eût pu jamais croire ?
Raconte-moi, Sosie, un tel événement.

[1] Que l'on introduit.

[2] Molière suppose, d'après Plaute, qu'Amphitryon a été chargé de mener une armée contre Ptérélas, rois des Télébœns, peuple de pirates établis dans une île d'Acarnanie et qu'il est revenu vainqueur.

— Je le veux bien, Madame; et, sans m'enfler de gloire,
Du détail de cette victoire
Je puis parler très savamment.
Figurez-vous donc que Télèbe,
Madame, est de ce côté.
(Sosie marque les lieux sur sa main ou à terre.)
C'est une ville, en vérité,
Aussi grande quasi[1] que Thèbe.
La rivière est comme là;
Ici, nos gens se campèrent;
Et l'espace que voilà
Nos ennemis l'occupèrent.
Sur un haut[2], vers cet endroit,
Était leur infanterie;
Et, plus bas, du côté droit,
Était la cavalerie.
Après avoir aux Dieux adressé les prières,
Tous les ordres donnés, on donne le signal:
Les ennemis, pensant nous tailler des croupières[3],
Firent trois pelotons de leurs gens à cheval;
Mais leur chaleur par nous fut bientôt réprimée,
Et vous allez voir comme quoi.
Voilà notre avant-garde, à bien faire animée:
Là, les archers de Créon, notre roi;
Et voici le corps d'armée,
(On fait un peu de bruit.)
Qui d'abord... » Attendez[4], le corps d'armée a peur;
J'entends quelque bruit, ce me semble.

Scène II

MERCURE, SOSIE

MERCURE, sous la forme de Sosie

Sous ce minois qui lui ressemble,
Chassons de ces lieux ce causeur,

[1] Presque.

[2] Une hauteur.

[3] *Tailler des croupières* se dit des cavaliers qui en poursuivent d'autres d'assez près pour pouvoir trancher de leur sabre les croupières des chevaux. On appelle *croupières* la bande de cuir qui passe par dessous la queue du cheval et qui se rattache à la selle par-dessus a croupe.

[4] Mercure parle en aparté, Sosie de même et sans le voir.

SOSIE, sans voir Mercure

Mon cœur tant soit peu se rassure,
Et je pense que ce n'est rien.
Crainte pour nous de sinistre aventure,
Allons chez nous achever l'entretien.

MERCURE, à part

Tu seras plus fort que Mercure,
Ou je t'en empêcherai bien.

SOSIE, sans voir Mercure

Cette nuit en longueur me semble sans pareille.
Il faut, depuis le temps que je suis en chemin,
Ou que mon maître ait pris le soir pour le matin,
Ou que trop tard au lit le blond Phébus sommeille,
Pour avoir trop pris de son vin [1].

MERCURE, à part

Comme avec irrévérence
Parle des Dieux ce maraut !
Mon bras saura bien tantôt
Châtier cette insolence ;
Et je vais m'égayer avec lui comme il faut,
En lui volant son nom avec sa ressemblance.

SOSIE, apercevant Mercure d'un peu loin

Ah ! par ma foi, j'avais raison :
C'est fait de moi, chétive créature !
Je vois, devant notre maison,
Certain homme dont l'encolure
Ne me présage rien de bon.
Pour faire semblant d'assurance,
Je veux chanter un peu d'ici.
(Il chante.)

MERCURE

Qui donc est ce coquin qui prend tant de licence
Que de chanter et m'étourdir ainsi ?
(A mesure que Mercure parle, la voix de Sosie s'affaiblit peu à peu.)
Veut-il qu'à l'étriller ma main un peu s'applique ?

[1] Sosie juge d'après lui-même.

SOSIE, à part

Cet homme assurément n'aime pas la musique.

MERCURE

Depuis plus d'une semaine
Je n'ai trouvé personne à qui rompre les os;
La vigueur de mon bras se perd dans le repos,
Et je cherche quelque dos
Pour me remettre en haleine.

SOSIE, à part

Quel diable d'homme est ceci ?
De mortelles frayeurs je sens mon âme atteinte.
Mais pourquoi trembler tant aussi ?
Peut-être a-t-il dans l'âme autant que moi de crainte,
Et que le drôle parle ainsi
Pour me cacher sa peur sous une audace feinte ?
Oui, oui, ne souffrons point qu'on nous croie un oison :
Si je ne suis hardi, tâchons de le paraître.
Faisons-nous du cœur par raison :
Il est seul, comme moi ; je suis fort, j'ai bon maître [1],
Et voilà notre maison.

MERCURE

Qui va là?

SOSIE

Moi.

MERCURE

Qui, moi ?

SOSIE

(A part.)

Moi. Courage, Sosie !

MERCURE

Quel est ton sort, dis-moi ?

SOSIE

D'être homme, et de parler.

MERCURE

Es-tu maître, ou valet ?

[1] Expression proverbiale qui signifie qu'on est au service d'un homme puissant qui vous protégera.

Si jusqu'à l'approcher tu pousses ton audace,
Je fais sur toi pleuvoir une grêle de coups.

SOSIE

Comme il me prend envie.

MERCURE

Où s'adressent[1] tes pas?

SOSIE

Où j'ai dessein d'aller.

MERCURE

Ah ! ceci me déplaît.

SOSIE

J'en ai l'âme ravie.

MERCURE

Résolument, par force ou par amour,
Je veux savoir de toi, traître,
Ce que tu fais, d'où tu viens avant jour,
Où tu vas, à qui tu peux être ?

SOSIE

Je fais le bien et le mal tour à tour;
Je viens de là, vais là ; j'appartiens à mon maître.

MERCURE

Tu montres de l'esprit, et je te vois en train
De trancher avec moi de l'homme d'importance,
Il me prend un désir, pour faire connaissance,
De te donner un soufflet de ma main.

SOSIE

A moi-même?

MERCURE

A toi-même; et t'en voilà certain.
(Mercure donne un soufflet à Sosie.)

SOSIE

Ah! ah ! c'est tout de bon!

MERCURE

Non : ce n'est que pour rire,
Et répondre à tes quolibets.

SOSIE

Tudieu! l'ami, sans vous rien dire,
Comme vous baillez[2] des soufflets!

[1] Où se dirigent.

[2] Donnez. Ce verbe ne s'employait déjà plus du temps de Molière que dans le langage familier.

MERCURE

Ce sont là de mes moindres coups,
De petits soufflets ordinaires.

SOSIE

Si j'étais aussi prompt que vous,
Nous ferions de belles affaires.

MERCURE

Tout cela n'est encor rien,
Nous verrons bien autre chose.
Pour y faire quelque pause,
Poursuivons notre entretien.

SOSIE

Je quitte la partie.
(Sosie veut s'en aller.)

MERCURE, arrêtant Sosie

Où vas-tu?

SOSIE

Que t'importe?

MERCURE

Je veux savoir où tu vas.

SOSIE

Me faire ouvrir cette porte.
Pourquoi retiens-tu mes pas?

MERCURE

Si jusqu'à l'approcher tu pousses ton audace,
Je fais sur toi pleuvoir un orage de coups.

SOSIE

Quoi! tu veux, par ta menace,
M'empêcher d'entrer chez nous?

MERCURE

Comment, chez nous?

[1] Les éditions originales placent ces vers dans un autre ordre :

Tout cela n'est encore rien
Pour y faire quelque pause:
Nous verrons bien autre chose;
Poursuivons notre entretien.

Ce qui donnerait ce sens : tout cela est trop peu de chose pour y faire trêve, etc.

SOSIE

Oui, chez nous.

MERCURE

O le traître!

Tu te dis de cette maison?

SOSIE

Fort bien. Amphitryon n'en est-il pas le maître?

MERCURE

Hé bien! que fait cette raison?

SOSIE

Je suis son valet.

MERCURE

Toi?

SOSIE

Moi.

MERCURE

Son valet?

SOSIE

Sans doute.

MERCURE

Valet d'Amphitryon?

SOSIE

D'Amphitryon, de lui.

MERCURE

Ton nom est?...

SOSIE

Sosie.

MERCURE

Heu? comment?

SOSIE

Sosie.

MERCURE

Écoute:

Sais-tu que de ma main je t'assomme aujourd'hui?

SOSIE

Pourquoi? De quelle rage est ton âme saisie!

MERCURE

Qui te donne, dis-moi, cette témérité
De prendre le nom de Sosie?

SOSIE

Moi, je ne le prends point, je l'ai toujours porté.

MERCURE

Oh, le mensonge horrible! et l'impudence extrême!
Tu m'oses soutenir que Sosie est ton nom?

SOSIE

Fort bien! je le soutiens par la grande raison
Qu'ainsi l'a fait des Dieux la puissance suprême,
Et qu'il n'est pas en moi de pouvoir dire non,
Et d'être un autre que moi-même.

MERCURE

Mille coups de bâton doivent être le prix
D'une pareille effronterie.

SOSIE, battu par Mercure

Justice, citoyens! Au secours! je vous prie!

MERCURE

Comment, bourreau, tu fais des cris?

SOSIE

De mille coups tu me meurtris,
Et tu ne veux pas que je crie?

MERCURE

C'est ainsi que mon bras...

SOSIE

L'action [1] ne vaut rien :
Tu triomphes de l'avantage
Que te donne sur moi mon manque de courage ;
Et ce n'est pas en user bien.
C'est pure fanfaronnerie [2]
De vouloir profiter de la poltronnerie
De ceux qu'attaque notre bras.
Battre un homme à jeu sûr n'est pas d'une belle âme ;

[1] L'action que tu viens de faire.

[2] Fanfaronnerie n'a pas tout à fait le même sens que fanfaronnade ; ce dernier mot indique un acte passager, tandis que le premier indique une disposition habituelle. Le fanfaron est celui qui se vante par des *fanfares*, et cette dernière expression vient de l'espagnol *fanfa*, vanterie.

Et le cœur est digne de blâme
Contre les gens qui n'en ont pas [1].

MERCURE

Hé bien ! es-tu Sosie, à présent ? qu'en dis-tu ?

SOSIE

Tes coups n'ont point en moi fait de métamorphose ;
Et tout le changement que je trouve à la chose,
C'est d'être Sosie [2] battu.

MERCURE, menaçant Sosie.

Encor ? Cent autres coups pour cette impudence.

SOSIE

De grâce, fais trêve à tes coups.

MERCURE

Fais donc trêve à ton insolence.

SOSIE

Tout ce qu'il te plaira ; je garde le silence :
La dispute est par trop inégale entre nous.

MERCURE

Es-tu Sosie encor ? dis, traître !

SOSIE

Hélas ! je suis ce que tu veux ;
Dispose de mon sort tout au gré de tes vœux :
Ton bras t'en a fait le maître.

MERCURE

Ton nom était Sosie, à ce que tu disais ?

SOSIE

Il est vrai, jusqu'ici j'ai cru la chose claire ;
Mais ton bâton, sur cette affaire,
M'a fait voir que je m'abusais.

[1] Cœur est pris ici dans le sens de courage. Rien de plus comique que ces aveux répétés de poltronnerie, plus propres à stimuler un adversaire qu'à lui donner honte de continuer. Tout à l'heure Sosie soulagera sa colère par la menace (en aparté) de tout ce qu'il ferait pour se venger... s'il n'avait pas peur.

[2] Il y a ici une irrégularité de versification, l'*e* muet venant après une autre voyelle devant toujours être élidé à l'intérieur du vers.

MERCURE

C'est moi qui suis Sosie, et tout Thèbes l'avoue ;
Amphitryon jamais n'en eut d'autre que moi.

SOSIE

Toi, Sosie ?

MERCURE

Oui, Sosie ; et, si quelqu'un s'y joue,
Il peut bien prendre garde à soi.

SOSIE, à part

Ciel ! me faut-il ainsi renoncer à moi-même,
Et par un imposteur me voir voler mon nom ?
Que son bonheur est extrême,
De ce que je suis poltron !
Sans cela, par la mort...

MERCURE

Entre tes dents, je pense,
Tu murmures je ne sais quoi ?

SOSIE

Non. Mais, au nom des Dieux, donne-moi la licence
De parler un moment à toi.

MERCURE

Parle.

SOSIE

Mais promets-moi, de grâce,
Que les coups n'en seront point.
Signons une trêve.

MERCURE

Passe :
Va, je t'accorde ce point.

SOSIE

Qui te jette, dis-moi, dans cette fantaisie ?
Que te reviendra-t-il de m'enlever mon nom ?
Et peux-tu faire enfin, quand tu serais démon,
Que je ne sois pas moi ? que je ne sois Sosie ?

MERCURE, levant le bâton sur Sosie

Comment tu peux... ?

SOSIE

Ah ! tout doux ;
Nous avons fait trêve aux coups.

MERCURE

Quoi ! pendard, imposteur, coquin !...

SOSIE

Pour des injures,
Dis-m'en tant que tu voudras ;
Ce sont légères blessures,
Et je ne m'en fâche pas.

MERCURE

Tu te dis Sosie ?

SOSIE

Oui. Quelque conte frivole [1]...

MERCURE

Sus, je romps notre trêve, et reprends ma parole.

SOSIE

N'importe. Je ne puis m'anéantir pour toi,
Et souffrir un discours si loin de l'apparence.
Être ce que je suis est-il en ta puissance ?
Et puis-je cesser d'être moi ?
S'avisa-t-on jamais d'une chose pareille ?
Et peut-on démentir cent indices pressants ?
Rêvé-je ? Est-ce que je sommeille ?
Ai-je l'esprit troublé par des transports puissants ?
Ne sens-je pas bien que je veille ?
Ne suis-je pas dans mon bon sens ?
Mon maître Amphitryon ne m'a-t-il pas commis
A venir en ces lieux vers Alcmène, sa femme ?
Ne lui dois-je pas faire, en lui vantant sa flamme,
Un récit de ses faits contre nos ennemis ?
Ne suis-je pas du port arrivé tout à l'heure ?
Ne tiens-je pas une lanterne en main ?
Ne te trouvé-je pas devant notre demeure ?
Ne t'y parlé-je pas d'un esprit tout humain ?

[1] Sous-entendu, *que tu me fasses*, je n'en suis pas moins... Mais Mercure ne laisse pas à Sosie le temps d'achever sa phrase.

Ne te tiens-tu pas fort de ma poltronnerie ?
Pour m'empêcher d'entrer chez nous ?
N'as-tu pas sur mon dos exercé ta furie ?
Ne m'as-tu pas roué de coups ?
Ah ! tout cela n'est que trop véritable,
Et, plût au Ciel, le[1] fût-il moins !
Cesse donc d'insulter au sort d'un misérable ;
Et laisse à mon devoir s'acquitter de ses soins.

MERCURE

Arrête, ou sur ton dos le moindre pas attire
Un assommant éclat de mon juste courroux.
Tout ce que tu viens de dire
Est à moi, hormis les coups.
C'est moi qu'Amphitryon députe vers Alcmène,
Et qui du port Persique[2] arrive de ce pas ;
Moi, qui viens annoncer la valeur de son bras,
Qui nous fait remporter une victoire pleine,
Et de nos ennemis a mis le chef à bas.
C'est moi qui suis Sosie enfin, de certitude[3],
Fils de Dave[4], honnête berger ;
Frère d'Arpage mort en pays étranger ;
Mari de Cléanthis, la prude,
Dont l'humeur me fait enrager ;
Qui dans Thèbe ai reçu mille coups d'étrivière,
Sans en avoir jamais dit rien,
Et jadis, en public, fus marqué par derrière[5]
Pour être trop homme de bien.

SOSIE, bas, à part

Il a raison. A moins d'être Sosie,
On ne peut pas savoir tout ce qu'il dit ;
Et, dans l'étonnement dont mon âme est saisie,
Je commence, à mon tour, à le croire un petit[6].

[1] Qu'il le fût moins.

[2] Ce nom, probablement de fantaisie, est emprunté à Plaute.

[3] Certainement.

[4] Dans la comédie latine le nom de Dave est toujours donné à quelque esclave fripon ; quant à Arpage, s'il est mort en pays étranger, c'est peut-être qu'on l'y a transporté pour vol. Cette généalogie s'accorde avec la bassesse d'âme du pauvre Sosie.

[5] Au fer rouge ou par des coups de fouet ; c'était ainsi qu'on châtiait les mauvais esclaves dans l'antiquité.

[6] Un peu.

En effet, maintenant que je le considère,
Je vois qu'il a de moi taille, mine, action.
Faisons-lui quelque question,
Afin d'éclaircir ce mystère.
(Haut.)
Parmi tout le butin fait sur nos ennemis,
Qu'est-ce qu'Amphitryon obtient pour son partage ?

MERCURE

Cinq fort gros diamants, en nœud proprement mis,
Dont leur chef se parait comme d'un rare ouvrage.

SOSIE

A qui destine-t-il un si riche présent ?

MERCURE

A sa femme ; et sur elle il le veut voir paraître.

SOSIE

Mais où, pour l'apporter, est-il mis à présent ?

MERCURE

Dans un coffret scellé des armes de mon maître.

SOSIE, bas, à part

Il ne ment pas d'un mot à chaque repartie ;
Et de moi je commence à douter tout de bon
Près de moi, par la force, il est déjà Sosie ;
Il pourrait bien encor l'être par la raison.
Pourtant, quand je me tâte et que je me rappelle,
Il me semble que je suis moi [1].
Où puis-je rencontrer quelque clarté fidèle
Pour démêler ce que je voi [2] ?
Ce que j'ai fait tout seul, et que n'a vu personne,
A moins d'être moi-même, on ne le peut savoir.
Par cette question il faut que je l'étonne ;
C'est de quoi le confondre, et nous allons le voir.
(Haut.)
Lorsqu'on était aux mains, que fis-tu dans nos tentes,
Où tu courus seul te fourrer ?

[1] Ce trait est impayable. Le pauvre Sosie n'ose plus s'affirmer à lui-même qu'il est lui.

[2] V. la note 1, p. 34, pour l'orthographe de la première personne des verbes.

MERCURE

D'un jambon...

SOSIE, bas, à part

L'y voilà !

MERCURE

Que j'allai déterrer
Je coupai bravement deux tranches succulentes,
Dont je sus fort bien me bourrer.
Et joignant à cela d'un vin que l'on ménage,
Et dont, avant le goût, les yeux se contentaient[1],
Je pris un peu de courage
Pour nos gens qui se battaient[2].

SOSIE, bas, à part

Cette preuve sans pareille
En sa faveur conclut bien ;
Et l'on n'y peut dire rien,
S'il n'était dans la bouteille[3].

(Haut.)

Je ne saurais nier, aux preuves qu'on m'expose,
Que tu ne sois Sosie, et j'y donne ma voix ;
Mais, si tu l'es, dis-moi qui tu veux que je sois :
Car encor faut-il bien que je sois quelque chose.

MERCURE

Quand je ne serai plus Sosie,
Sois-le, j'en demeure d'accord ;
Mais, tant que je le suis, je te garantis mort,
Si tu prends cette fantaisie.

SOSIE

Tout cet embarras met mon esprit sur les dents[4],
Et la raison à ce qu'on voit s'oppose.
Mais il faut terminer enfin par quelque chose ;
Et le plus court pour moi, c'est d'entrer là dedans.

MERCURE

Ah ! tu prends donc, pendard, goût à la bastonnade ?

[1] Se réjouissaient.

[2] Comme Tartuffe qui, à ce que dit Dorine, a bu deux coups de vin :
« Pour réparer le sang qu'avait perdu Madame. »

[3] On disait au figuré *être dans la bouteille* pour être dans le secret. Il y a donc ici une sorte de jeu de mots.

[4] Un cheval est *sur les dents*, quand, fatigué, il les appuie sur le mors. Au figuré, être accablé de fatigue.

SOSIE, battu par Mercure

Ah! qu'est ceci? grands Dieux! il frappe un ton plus fort [1],
Et mon dos pour un mois en doit être malade.
Laissons ce diable d'homme, et retournons au port.
O juste Ciel! j'ai fait une belle ambassade!

MERCURE, seul

Enfin je l'ai fait fuir; et, sous ce traitement,
De beaucoup d'actions il a reçu la peine [2].

ACTE DEUXIÈME

Lorsque Sosie rentre en scène avec son maître, il lui a déjà fait le récit de sa rencontre avec Mercure... Amphitryon se refuse à y croire, et pourtant il sera victime d'une mystification analogue, car Jupiter s'est introduit chez Amphitryon en prenant sa forme et ses traits, ce qui amènera des quiproquos très comiques.

Scène Première

AMPHITRYON, SOSIE

AMPHITRYON

Viens çà, bourreau, viens çà. Sais-tu, maître fripon,
Qu'à te faire assommer ton discours peut suffire,
Et que, pour te traiter comme je le désire,
Mon courroux n'attend qu'un bâton?

SOSIE

Si vous le prenez sur ce ton,
Monsieur, je n'ai plus rien à dire;
Et vous aurez toujours raison.

AMPHITRYON

Quoi? tu veux me donner pour des vérités, traître,
Des contes que je vois d'extravagance outrés [1]?

[1] Un degré plus fort, par un spirituel rapprochement entre l'intensité du son et la force des coups qui tombent sur Sosie.

[2] Cette manière de faire justice est digne du dieu des voleurs. Si tu n'as pas mérité d'être battu cette fois-ci, tu l'as mérité une autre : alors frappons, puisque cela sert nos desseins.

[3] Des contes remplis, à l'excès, d'extravagance. Cet emploi d'*outré* est rare.

SOSIE

Non : je suis le valet, et vous êtes le maître,
Il n'en sera, Monsieur, que ce que vous voudrez.

AMPHITRYON

Çà, je veux étouffer le courroux qui m'enflamme,
Et, tout du long, t'ouïr sur ta commission.
Il faut, avant que[1] voir ma femme,
Que je débrouille ici cette confusion.
Rappelle tous tes sens, rentre bien dans ton âme :
Et réponds mot pour mot à chaque question.

SOSIE

Mais, de peur d'incongruité[2],
Dites-moi, de grâce, à l'avance,
De quel air il vous plaît que ceci soit traité.
Parlerai-je, Monsieur, selon ma conscience,
Ou comme auprès des grands on le voit usité[3] ?
Faut-il dire la vérité,
Ou bien user de complaisance ?

AMPHITRYON

Non ; je ne te veux obliger
Qu'à me rendre de tout un compte fort sincère.

SOSIE

Bon. C'est assez, laissez-moi faire ;
Vous n'avez qu'à m'interroger.

AMPHITRYON

Sur l'ordre que tantôt je t'avais su prescrire... ?

SOSIE

Je suis parti, les cieux d'un noir crêpe voilés,
Pestant fort contre vous dans ce fâcheux martyre,
Et maudissant vingt fois l'ordre dont vous parlez.

AMPHITRYON

Comment, coquin ?

[1] *Avant que*, pour avant *de* ou avant *que de*.

[2] De peur que je ne dise quelque chose qui ne convienne pas.—*Incongruité* est dérivé de *congru*, qui signifie conforme, convenable.

[3] On voit que Molière est hardi dans sa satire, et qu'il ne craint pas de railler les puissants qui forment une partie de son public.

SOSIE

Monsieur, vous n'avez rien[1] qu'à dire ;
Je mentirai si vous voulez.

AMPHITRYON

Voilà comme un valet montre pour nous du zèle !
Passons. Sur les chemins que t'est-il arrivé ?

SOSIE

D'avoir une frayeur mortelle
Au moindre objet que j'ai trouvé.

AMPHITRYON

Poltron !

SOSIE

En nous formant Nature a ses caprices :
Divers penchants en nous elle fait observer :
Les uns à s'exposer trouvent mille délices ;
Moi, j'en trouve à me conserver.

AMPHITRYON

Arrivant au logis... ?

SOSIE

J'ai, devant notre porte,
En moi-même voulu répéter un petit
Sur quel ton et de quelle sorte
Je ferais du combat le glorieux récit.

AMPHITRYON

Ensuite ?

SOSIE

On m'est venu troubler et mettre en peine.

AMPHITRYON

Et qui ?

SOSIE

Sosie ; un moi, de vos ordres jaloux,
Que vous avez du port envoyé vers Alcmène,
Et qui de nos secrets a connaissance pleine
Comme le moi qui parle à vous.

AMPHITRYON

Quels contes !

[1] Cette locution s'explique par une ellipse : rien *à faire* qu'à dire.

SOSIE

Non, Monsieur, c'est la vérité pure.
Ce moi plus tôt que moi s'est au logis trouvé;
Et j'étais venu, je vous jure,
Avant que je fusse arrivé.

AMPHITRYON

D'où peut procéder, je te prie,
Ce galimatias maudit !
Est-ce songe? est-ce ivrognerie,
Aliénation d'esprit,
Ou méchante plaisanterie ?

SOSIE

Non, c'est la chose comme elle est,
Et point du tout conte frivole.
Je suis homme d'honneur, j'en donne ma parole ;
Et vous m'en croirez, s'il vous plaît.
Je vous dis que, croyant n'être qu'un seul Sosie,
Je me suis trouvé deux chez nous ;
Et que, de ces deux moi, piqués de jalousie,
L'un est à la maison, et l'autre est avec vous:
Que le moi que voici, chargé de lassitude,
A trouvé l'autre moi frais, gaillard et dispos,
Et n'ayant d'autre inquiétude
Que de battre et casser des os.

AMPHITRYON

Il faut être, je le confesse,
D'un esprit bien posé, bien tranquille, bien doux,
Pour souffrir qu'un valet de chansons [1] me repaisse !

SOSIE

Si vous vous mettez en courroux,
Plus de conférence entre nous:
Vous savez que d'abord tout cesse.

AMPHITRYON

Non : sans emportement je te veux écouter.
Je l'ai promis. Mais, dis: en bonne conscience,
Au mystère nouveau que tu viens me conter
Est-il quelque ombre d'apparence ?

[1] De choses vaines.

SOSIE

Non ; vous avez raison, et la chose à chacun
Hors de créance [1] doit paraître.
C'est un fait à n'y rien connaître,
Un conte extravagant, ridicule, importun :
Cela choque le sens commun :
Mais cela ne laisse pas d'être [2].

AMPHITRYON

Le moyen d'en rien croire, à moins qu'être insensé [3] ?

SOSIE

Je ne l'ai pas cru, moi, sans une peine extrême.
Je me suis d'être deux senti l'esprit blessé,
Et longtemps d'imposteur j'ai traité ce moi-même.
Mais à me reconnaître enfin il m'a forcé ;
J'ai vu que c'était moi sans aucun stratagème ;
Des pieds jusqu'à la tête il est comme moi fait,
Beau, l'air noble, bien pris, les manières charmantes :
Enfin deux gouttes de lait
Ne sont pas plus ressemblantes ;
Et, n'était que ses mains sont un peu trop pesantes,
J'en serais fort satisfait.

AMPHITRYON

A quelle patience il faut que je m'exhorte !
Mais, enfin, n'es-tu pas entré dans la maison ?

SOSIE

Bon, entré ! Hé ! de quelle sorte ?
Ai-je voulu jamais entendre de raison ?
Et ne me suis-je [4] pas interdit notre porte ?

AMPHITRYON

Comment donc ?

SOSIE

Avec un bâton,
Dont mon dos sent encore une douleur très forte,

[1] En dehors de ce qu'on peut croire.

[2] Comme Molière a su bien faire ressortir, dans ce dialogue si vif, l'impossibilité où est Sosie d'expliquer le mystère et d'accorder le fait avec ce que peut accepter la raison !

[3] On dit plutôt aujourd'hui : *A moins d'être.*

[4] On sent tout ce qu'a de comique l'emploi de la première personne quand Sosie parle de Mercure-Sosie, ainsi que le portrait flatteur qu'il fait de lui-même.

AMPHITRYON

On t'a battu ?

SOSIE

Vraiment.

AMPHITRYON

Et qui ?

SOSIE

Moi.

AMPHITRYON

Toi te battre !

SOSIE

Oui, moi : non pas le moi d'ici,
Mais le moi du logis, qui frappe comme quatre.

AMPHITRYON

Te confonde le Ciel de me parler ainsi !

SOSIE

Ce ne sont point des badinages.
Le moi que j'ai trouvé tantôt
Sur le moi qui vous parle a de grands avantages :
Il a le bras fort, le cœur haut :
J'en ai reçu des témoignages,
Et ce diable de moi m'a rossé comme il faut ;
C'est un drôle qui fait des rages [1].

AMPHITRYON

Achevons. As-tu vu ma femme ?

SOSIE

Non.

AMPHITRYON

Pourquoi ?

SOSIE

Par une raison assez forte.

AMPHITRYON

Qui t'a fait y manquer, maraud ? explique-toi.

SOSIE

Faut-il le répéter vingt fois de même sorte ?
Moi, vous dis-je ; ce moi plus robuste que moi,
Ce moi qui s'est de force emparé de la porte,

[1] Même sens que *faire rage*, qui signifie se déchaîner.

Ce moi qui m'a fait filer doux,
Ce moi qui le seul moi veut être,
Ce moi de moi-même jaloux,
Ce moi vaillant dont le courroux
Au moi poltron s'est fait connaître ;
Enfin ce moi qui suis [1] chez nous,
Ce moi qui s'est montré mon maître,
Ce moi qui m'a roué de coups.

AMPHITRYON

Il faut que ce matin à force de trop boire
Il se soit troublé le cerveau.

SOSIE

Je veux être pendu si j'ai bu que de l'eau !
A mon serment on m'en peut croire.

AMPHITRYON

Il faut donc qu'au sommeil tes sens se soient portés,
Et qu'un songe fâcheux, dans ses confus mystères,
T'ait fait voir toutes les chimères
Dont tu me fais des vérités.

SOSIE

Tout aussi peu. Je n'ai point sommeillé,
Et n'en ai même aucune envie ;
Je vous parle bien éveillé :
J'étais bien éveillé ce matin, sur ma vie !
Et bien éveillé même était l'autre Sosie
Quand il m'a si bien étrillé.

AMPHITRYON

Suis-moi. Je t'impose silence :
C'est trop me fatiguer l'esprit ;
Et je suis un vrai fou d'avoir la patience
D'écouter d'un valet les sottises qu'il dit.

SOSIE, à part

Tous les discours sont des sottises,
Partant d'un homme sans éclat ;

[1] Ce verbe à la première personne, arrivant soudain, renforce l'effet comique de la confusion produite dans l'esprit de Sosie par ses deux moi.

Ce seraient paroles exquises
Si c'était un grand qui parlât.

. . . .

ACTE TROISIÈME

Amphitryon, qui n'a pas cru d'abord à l'histoire racontée par Sosie, mais qui depuis a appris qu'il y a un faux Amphytrion aussi bien qu'un faux Sosie, veut entrer chez lui pour éclaircir cet étonnant mystère; le dieu Mercure, toujours sous les traits de Sosie, va l'en empêcher.

Scène II

MERCURE, AMPHITRYON

MERCURE, sur le balcon de la maison d'Amphitryon, sans être vu ni entendu par Amphitryon

AMPHITRYON

D'où vient donc qu'à cette heure on ferme cette porte?

MERCURE

Holà! Tout doucement! Qui frappe?

AMPHITRYON, sans voir Mercure

Moi.

MERCURE

Qui, moi?

AMPHITRYON, apercevant Mercure, qu'il prend pour Sosie

Ah! ouvre.

MERCURE

Comment, ouvre? Et qui donc es-tu, toi,
Qui fais tant de vacarme et parles de la sorte?

AMPHITRYON

Quoi? tu ne me connais pas?

MERCURE

Non.
Et n'en ai pas la moindre envie.

AMPHITRYON, à part

Tout le monde perd-il aujourd'hui la raison?
Est-ce un mal répandu? Sosie! holà! Sosie!

MERCURE

Hé bien ! Sosie : oui, c'est mon nom !
As-tu peur que je ne l'oublie ?

AMPHITRYON

Me vois-tu bien ?

MERCURE

Fort bien. Qui peut pousser ton bras
A faire une rumeur si grande ?
Et que demandes-tu là-bas ?

AMPHITRYON

Moi, pendard ! ce que je demande ?

MERCURE

Que ne demandes-tu donc pas ?
Parle, si tu veux qu'on t'entende.

AMPHITRYON

Attends, traître : avec un bâton
Je vais là-haut me faire entendre,
Et de bonne façon t'apprendre
A m'oser parler sur ce ton.

MERCURE

Tout beau ! Si pour heurter tu fais la moindre instance.
Je t'enverrai d'ici des messagers fâcheux.

AMPHITRYON

O Ciel ! vit-on jamais une telle insolence ?
La peut-on concevoir d'un serviteur, d'un gueux ?

MERCURE

Hé bien ! qu'est-ce ? M'as-tu tout parcouru par ordre ?
M'as-tu de tes gros yeux assez considéré ?
Comme il les écarquille et paraît effaré !
Si des regards on pouvait mordre,
Il m'aurait déjà déchiré.

AMPHITRYON

Moi-même je frémis de ce que tu t'apprêtes
Avec ces impudents propos.
Que tu grossis pour toi d'effroyables tempêtes !
Quels orages de coups vont fondre sur ton dos !

MERCURE

L'ami, si de ces lieux tu ne veux disparaître,
Tu pourras y gagner quelque contusion.

AMPHITRYON

Ah! tu sauras, maraud, à ta confusion.
Ce que c'est qu'un valet qui s'attaque à son maître.

MERCURE

Toi! mon maître?

AMPHITRYON

Oui, coquin! M'oses-tu méconnaître?

MERCURE

Je n'en reconnais point d'autre qu'Amphitryon.

AMPHITRYON

Et cet Amphitryon, qui, hors moi, le peut être?

MERCURE

Amphitryon?

AMPHITRYON

Sans doute.

MERCURE

Ah! quelle vision!
Dis-nous un peu: quel est le cabaret honnête
Où tu t'es coiffé le cerveau? [1]

AMPHITRYON

Comment? encore?

MERCURE

Était-ce un vin à faire fête [2]?

AMPHITRYON

Ciel!

MERCURE

Était-il vieux, ou nouveau?

AMPHITRYON

Que de coups!

MERCURE

Le nouveau donne fort dans la tête
Quand on le veut boire sans eau.

[1] *Se coiffer le cerveau* signifiait au figuré s'enivrer, avoir trop bu.

[2] C'est-à-dire un vin à servir un jour de fête.

AMPHITRYON

Ah ! je t'arracherai cette langue, sans doute.

MERCURE

Passe, mon cher ami, crois-moi,
Que quelqu'un ici ne t'écoute.
Je respecte le vin : va-t'en, retire-toi.

. . . .

Scène IV

AMPHITRYON, SOSIE, NAUCRATÈS et POLIDAS
dans le fond du théâtre

SOSIE, à Amphitryon

Monsieur, avec mes soins, tout ce que j'ai pu faire,
C'est de vous amener ces messieurs que voici.

AMPHITRYON

Ah ! vous voilà[1] ?

SOSIE

Monsieur...

AMPHITRYON

Insolent ! téméraire !

SOSIE

Quoi ?

AMPHITRYON

Je vous apprendrai de me traiter ainsi.

SOSIE

Qu'est-ce donc ? Qu'avez-vous ?

AMPHITRYON mettant l'épée à la main

Ce que j'ai, misérable ?

SOSIE, à Naucratès et à Polidas

Holà, Messieurs, venez donc tôt.

NAUCRATÈS, à Amphitryon

Ah ! de grâce, arrêtez.

[1] Ceci s'adresse à Sosie, car Amphitryon ne voit pas encore les amis que son valet lui amène sans qu'il l'en ait chargé.

SOSIE

De quoi suis-je coupable ?

AMPHITRYON

Tu me le demandes, maraud ?
(A Naucratès.)
Laissez-moi satisfaire un courroux légitime.

SOSIE

Lorsque l'on pend quelqu'un on lui dit pourquoi c'est.

NAUCRATÈS, à Amphitryon

Daignez nous dire au moins, quel peut être son crime.

SOSIE

Messieurs, tenez bon, s'il vous plaît.

AMPHITRYON

Comment ? il vient d'avoir l'audace
De me fermer la porte au nez,
Et de joindre encore la menace
A mille propos effrénés [1] !
(Voulant le battre.)
Ah ! coquin !

SOSIE, tombant à genoux

Je suis mort.

NAUCRATÈS, à Amphitryon

Calmez cette colère.

SOSIE

Messieurs !

POLIDAS, à Sosie

Qu'est-ce ?

SOSIE

M'a-t-il frappé [2] ?

AMPHITRYON

Non, il faut qu'il ait le salaire
Des mots où [3] tout à l'heure il s'est émancipé.

[1] Sans frein, extravagants.
[2] Encore un mot très drôle. Sosie a une telle peur qu'il ne sait plus s'il a été frappé.
[3] *Où*, pour auquel, était d'un emploi fréquent au XVIIe siècle.

SOSIE

Comment cela se peut-il faire,
Si j'étais, par votre ordre, autre part occupé ?
Ces Messieurs sont ici pour rendre témoignage
Qu'à dîner avec vous je les viens d'inviter.

NAUCRATÈS

Il est vrai qu'il nous vient de faire ce message,
Et n'a point voulu nous quitter.

AMPHITRYON

Qui t'a donné cet ordre ?

SOSIE

Vous [1].

(Sosie se relève.)

AMPHITRYON

O Ciel ! chaque instant, chaque pas
Ajoute quelque chose à mon cruel martyre ;
Et, dans ce fatal embarras,
Je ne sais plus que croire ni que dire.

NAUCRATÈS

Tout ce que de chez vous il vient de nous conter
Surpasse si fort la nature,
Qu'avant que de rien faire et de vous emporter
Vous devez éclaircir toute cette aventure.

AMPHITRYON

Allons : vous y pourrez seconder mon effort ;
Et le Ciel à propos ici vous a fait [2] rendre.
Voyons quelle fortune en ce jour peut m'attendre ;
Débrouillons ce mystère, et sachons notre sort.

(Amphitryon frappe à la porte de sa maison.)

Scène V

JUPITER, AMPHITRYON, NAUCRATÈS, POLIDAS, SOSIE

JUPITER

Quel bruit à descendre m'oblige ?
Et qui frappe en maître où je suis ?

[1] C'est du faux Amphitryon que Sosie a reçu l'ordre d'inviter Naucratès et Polidas.

[2] Vous a fait vous rendre, le second *vous* est sous-entendu.

AMPHITRYON

Que vois-je, justes Dieux !

NAUCRATÈS

Ciel ! quel est ce prodige ?
Quoi ? deux Amphitryons ici nous sont produits[1] !

AMPHITRYON, à part

Mon âme demeure transie !
Hélas ! je n'en puis plus.....

NAUCRATÈS

Plus mes regards sur eux s'attachent fortement,
Plus je trouve qu'en tout l'un à l'autre est semblable.

SOSIE, passant du côté de Jupiter

Messieurs, voici le véritable ;
L'autre est un imposteur digne de châtiment.

POLIDAS

Certes ce rapport admirable
Suspend ici mon jugement.

AMPHITRYON

C'est trop être éludés par un fourbe exécrable :
Il faut avec ce fer rompre l'enchantement.

NAUCRATÈS, à Amphitryon, qui a mis l'épée à la main

Arrêtez !

AMPHITRYON

Laissez-moi.

NAUCRATÈS

Dieux ! que voulez-vous faire ?

AMPHITRYON

Punir d'un imposteur les lâches trahisons.

JUPITER

Tout beau ! L'emportement est fort peu nécessaire ;
Et lorsque de la sorte on se met en colère,
On fait croire qu'on a de mauvaises raisons.

[1] La situation est la même que dans la scène entre Sosie et Mercure, mais Molière a su raviver l'intérêt et augmenter l'effet comique par la présence de ces témoins qui, d'abord confondus par l'exacte ressemblance, vont se prononcer en faveur du faux Amphitryon, naturellement plus calme et plus maître de lui que le vrai.

SOSIE

Oui, c'est un enchanteur qui porte un caractère[1]
Pour ressembler aux maîtres des maisons.

AMPHITRYON, à Sosie

Je te ferai, pour ton partage,
Sentir, par mille coups, ces propos outrageants.

SOSIE

Mon maître est homme de courage,
Et ne souffrira point que l'on batte ses gens.

AMPHITRYON

Laissez-moi m'assouvir dans mon courroux extrême,
Et laver mon affront au sang[2] d'un scélérat.

NAUCRATÈS, arrêtant Amphitryon

Nous ne souffrirons point cet étrange combat
D'Amphitryon contre lui-même.

AMPHITRYON

Quoi? mon honneur de vous reçoit ce traitement?
Et mes amis d'un fourbe embrassent la défense?
Loin d'être les premiers à prendre ma vengeance,
Eux-mêmes font obstacle à mon ressentiment?

NAUCRATÈS

Que voulez-vous qu'à cette vue
Fassent nos résolutions,
Lorsque par deux Amphitryons
Toute notre chaleur demeure suspendue?
A vous faire éclater notre zèle aujourd'hui,
Nous craignons de faillir et de vous méconnaître.
Nous voyons bien en vous Amphitryon paraître,
Du salut des Thébains le glorieux appui;
Mais nous le voyons tous aussi paraître en lui,
Et ne saurions juger dans lequel il peut être.
Notre parti n'est point douteux,
Et l'imposteur par nous doit mordre la poussière :
Mais ce parfait rapport le cache entre vous deux :

[1] Talisman.
[2] L'emploi de la préposition *à* pour *dans*, très fréquent au XVIIe siècle, donne à la phrase un tour beaucoup plus vif.

Et c'est un coup trop hasardeux
Pour l'entreprendre sans lumière.
Avec douceur laissez-nous voir
De quel côté peut être l'imposture ;
Et, dès que nous aurons démêlé l'aventure,
Il ne nous faudra point dire notre devoir.

JUPITER

Oui, vous avez raison ; et cette ressemblance
A douter de tous deux vous peut autoriser.
Je ne m'offense point de vous voir en balance :
Je suis plus raisonnable et sais vous excuser.
L'œil ne peut entre nous faire de différence ;
Et je vois qu'aisément on s'y peut abuser.
Vous ne me voyez point témoigner de colère,
Point mettre l'épée à la main ;
C'est un mauvais moyen d'éclaircir ce mystère,
Et j'en puis trouver un plus doux et plus certain.
L'un de nous est Amphitryon,
Et tous deux à vos yeux nous le pouvons paraître.
C'est à moi de finir cette confusion ;
Et [1] je prétends me faire à tous si bien connaître,
Qu'aux pressantes clartés de ce que je puis être
Lui-même soit d'accord du sang qui m'a fait naître,
Et n'ait plus de rien dire aucune occasion.
C'est aux yeux des Thébains que je veux, avec vous,
De la vérité pure ouvrir la connaissance ;
Et la chose, sans doute, est assez d'importance
Pour affecter [2] la circonstance
De l'éclaircir aux yeux de tous.
Attendant avec vous ces témoins souhaités,
Ayez, je vous prie, agréable
De venir honorer la table
Où vous a Sosie invités.

SOSIE

Je ne me trompais pas, Messieurs ; ce mot termine
Toute l'irrésolution ;

[1] Les éditions du temps de Molière portent *il* au lieu de *et*. Mais cela semble devoir être une faute.

[2] Pour rechercher l'occasion.

Le véritable Amphitryon
Est l'Amphitryon où l'on dîne [1].

AMPHITRYON

O Ciel ! puis-je plus bas me voir humilié ?
Quoi ? faut-il que j'entende ici, pour mon martyre,
Tout ce que l'imposteur à mes yeux vient de dire,
Et que, dans la fureur que ce discours m'inspire,
On me tienne le bras lié ?

NAUCRATÈS, à Amphitryon

Vous vous plaignez à tort. Permettez-nous d'attendre
L'éclaircissement qui doit rendre
Les ressentiments de saison.
Je ne sais pas s'il impose ;
Mais il parle sur la chose
Comme s'il avait raison.

AMPHITRYON

Allez, faibles amis, et flattez l'imposture :
Thèbes en a pour moi de tout autres que vous ;
Et je vais en trouver qui, partageant l'injure,
Sauront prêter la main à mon juste courroux.

JUPITER

Hé bien ! je les attends, et saurai décider
Le différend en leur présence.

AMPHITRYON

Fourbe, tu crois par là peut-être t'évader ;
Mais rien ne te saurait sauver de ma vengeance.

JUPITER

A ces injurieux propos
Je ne daigne à présent répondre,
Et tantôt je saurai confondre
Cette fureur avec deux mots.

[1] Ce trait naïf de la gourmandise de Sosie, que Molière a pris à Plaute et à Rotrou, mais en lui donnant une forme plus piquante, a fait fortune. Il a marqué de son empreinte le caractère d'Amphitryon, dont le nom est devenu synonyme d'hôte, de celui qui reçoit.

AMPHITRYON

Le ciel même, le Ciel ne t'y saurait soustraire ;
Et jusques aux enfers j'irai suivre tes pas.

JUPITER

Il ne sera pas nécessaire ;
Et l'on verra tantôt que je ne fuirai pas.

AMPHITRYON, à part

Allons, courons, avant que d'avec eux il sorte,
Assembler des amis qui suivent mon courroux ;
Et chez moi venons à main forte,
Pour le percer de mille coups.

Scène VI

JUPITER, NAUCRATÈS, POLIDAS, SOSIE

JUPITER

Point de façons, je vous conjure ;
Entrons vite dans la maison.

NAUCRATÈS

Certes toute cette aventure
Confond le sens et la raison.

SOSIE

Faites trêve, Messieurs, à toutes vos surprises ;
Et, pleins de joie, allez tabler[1] jusqu'à demain.
(Seul.)
Que je vais m'en donner, et me mettre en beau train.
De raconter nos vaillantises !
Je brûle d'en venir aux prises ;
Et jamais je n'eus tant de faim.

[1] Exemple unique de *tabler* dans le sens de *tenir table*.

Scène VII

MERCURE, SOSIE

MERCURE

Arrête. Quoi ? tu viens ici mettre ton nez,
Imprudent fleureur[1] de cuisine !

SOSIE

Ah ! de grâce, tout doux !

MERCURE

Ah ! vous y retournez ?
Je vous ajusterai l'échine.

SOSIE

Hélas ! brave et généreux moi,
Modère-toi, je t'en supplie.
Sosie, épargne un peu Sosie,
Et ne te plais point tant à frapper dessus toi.

MERCURE

Qui de t'appeler de ce nom
A pu te donner la licence ?
Ne t'en ai-je pas fait une expresse défense,
Sous peine d'essuyer mille coups de bâton ?

SOSIE

C'est un nom que tous deux nous pouvons à la fois
Posséder sous un même maître.
Pour Sosie, en tous lieux, on sait me reconnaître ;
Je souffre bien que tu le sois,
Souffre aussi que je le puisse être.
Laissons aux deux Amphitryons
Faire éclater des jalousies ;
Et, parmi leurs contensions,
Faisons en bonne paix vivre les deux Sosies.

MERCURE

Non, c'est assez d'un seul ; et je suis obstiné
A ne point souffrir de partage.

[1] *Fleureur* vient du verbe *fleurer*, doublet de *flairer*, qui ne s'emploie aujourd'hui que dans le sens d'exhaler une bonne odeur.

SOSIE

Du pas devant sur moi tu prendras l'avantage ;
Je serai le cadet, et tu seras l'aîné.

MERCURE

Non : un frère incommode, et n'est pas de mon goût :
Et je veux être fils unique.

SOSIE

O cœur barbare et tyrannique !
Souffre qu'au moins je sois ton ombre.

MERCURE

Point du tout.

SOSIE

Que d'un peu de pitié ton âme s'humanise ;
En cette qualité souffre-moi près de toi :
Je te serai partout une ombre si soumise,
Que tu seras content de moi.

MERCURE

Point de quartier : immuable est la loi.
Si d'entrer là-dedans tu prends encore l'audace,
Mille coups en seront le fruit.

SOSIE

Las ! à quelle étrange disgrâce,
Pauvre Sosie, es-tu réduit !

MERCURE

Quoi ? ta bouche se licencie [1]
A te donner encore un nom que je défends !

SOSIE

Non, ce n'est pas moi que j'entends,
Et je parle d'un vieux Sosie
Qui fut jadis de mes parents,
Qu'avec très grande barbarie
A l'heure du dîner l'on chassa de céans.

MERCURE

Prends garde de tomber dans cette frénésie,
Si tu veux demeurer au nombre des vivants.

[1] Prend la licence, se donne la liberté!

SOSIE, à part

Que je te rosserais, si j'avais du courage !

MERCURE

Que dis-tu ?

SOSIE

Rien.

MERCURE

Tu tiens, je crois, quelque langage.

SOSIE

Demandez : je n'ai pas soufflé[1].

MERCURE

Certain mot.....
A pourtant frappé mon oreille ;
Il n'est rien de plus certain.

SOSIE

C'est donc un perroquet que le beau temps réveille.

MERCURE

Adieu. Lorsque le dos pourra te démanger,
Voilà l'endroit où je demeure.

SOSIE, seul

O Ciel ! que l'heure de manger
Pour être mis dehors est une maudite heure !
Allons, cédons au sort dans notre affliction,
Suivons-en aujourd'hui l'aveugle fantaisie :
Et, par une juste union,
Joignons le malheureux Sosie
Au malheureux Amphitryon.
Je l'aperçois venir en bonne compagnie.

. . . .

SOSIE, à Amphitryon qui vient d'entrer, accompagné de ses amis

Je viens, Monsieur, subir, à vos genoux,
Le juste châtiment d'une audace maudite.
Frappez, battez, chargez, accablez-moi de coups,
Tuez-moi dans votre courroux,
Vous ferez bien, je le mérite,
Et je n'en dirai pas un seul mot contre vous.

[1] Appel naturel et plaisant à des témoins qui n'existent pas.

AMPHITRYON

Lève-toi. Que fait-on ?

SOSIE

L'on m'a chassé tout net;
Et, croyant à manger m'aller comme eux ébattre,
Je ne songeais pas qu'en effet
Je m'attendais là pour me battre.
Oui, l'autre moi, valet de l'autre vous, a fait
Tout de nouveau le diable à quatre.
La rigueur d'un pareil destin,
Monsieur, aujourd'hui nous talonne ;
Et l'on me dé-Sosie enfin,
Comme on vous dés-Amphitryonne.

La pièce se dénoue par l'apparition de Jupiter dans une nue, qui restitue au véritable Amphitryon son identité. Quant à Mercure, il a déjà permis à Sosie de reprendre son nom. Ne sachant que faire, dit-il, j'ai rossé tant soit peu

Celui dont j'ai pris la figure,
Mais de s'en consoler il a maintenant lieu ;
Et les coups de bâton d'un Dieu
Font honneur à qui les endure.

SOSIE

Ma foi, Monsieur le Dieu, je suis votre valet ;
Je me serais passé de votre courtoisie.

MERCURE

Je lui donne à présent congé d'être Sosie :
Je suis las de porter un visage si laid ;
Et je m'en vais au ciel, avec de l'ambroisie[1]
M'en débarbouiller tout à fait.

(Mercure s'envole.)

SOSIE

Le Ciel de m'approcher t'ôte à jamais l'envie ;
Ta fureur s'est par trop acharnée après moi,
Et je ne vis de ma vie
Un Dieu plus diable que toi.

[1] Mets dont se nourrissaient les dieux de l'Olympe et qui donnait l'immortalité.

L'AVARE

Comédie

Représentée pour la première fois sur le théatre du Palais-Royal
le 9 septembre 1668, par la troupe du Roi

PERSONNAGES

HARPAGON, père de Cléante et d'Élise.
ANSELME, père de Valère et de Mariane.
CLÉANTE, fils d'Harpagon.
ÉLISE, fille d'Harpagon.
VALÈRE, fils d'Anselme.
MARIANE, fille d'Anselme.
FROSINE, femme d'intrigue.
MAÎTRE SIMON, courtier.
MAÎTRE JACQUES, cuisinier et cocher d'Harpagon.
LA FLÈCHE, valet de Cléante.
DAME CLAUDE, servante d'Harpagon.
BRINDAVOINE, } laquais d'Harpagon.
LA MERLUCHE, }
UN COMMISSAIRE ET SON CLERC.

La scène est à Paris, dans la maison d'Harpagon.

NOTICE SUR L'AVARE

L'*Avare*, de même que *Tartuffe* et *le Misanthrope*, est une grande comédie où l'intrigue est subordonnée à la peinture d'un travers, d'un vice, qui est de l'humanité tout entière et ne dépend pas des mœurs particulières à un temps ou à une race d'hommes. Mais *l'Avare* est écrit en prose. C'est à cela peut-être qu'il faut attribuer le peu de succès qu'eut la pièce; peut-être aussi à ce qu'elle a de sombre au fond, car elle confine au drame par certaines situations, malgré l'art avec lequel Molière sait en faire ressortir le côté grotesque.

Le sujet est tiré de l'*Aulularia* (*la Marmite*) de Plaute. Mais quelle création que cette imitation! Certaines scènes, certains traits comiques sont presque textuellement reproduits, et cependant le bien emprunté semble être plus à Molière qu'à l'auteur primitif. C'est que le caractère principal, celui qui fait l'unité de la pièce, qui en est le centre et le premier moteur, a été absolument transformé.

L'Euclion de Plaute est un pauvre homme qui, enrichi à l'improviste par la découverte d'un trésor, tremble pour cette fortune dont il est devenu inopinément possesseur. Ayant toujours vécu d'épargne, il ne *sait pas*, il ne *peut pas* dépenser. L'habitude lui est une seconde nature. Chez lui, d'ailleurs, la ladrerie est chose héréditaire; de père en fils, on est ladre dans cette famille, et *se priver* est devenu pour lui une sorte de plaisir. Le caractère est vrai, bien observé, très comique, mais un peu flottant ou mitigé. Il y a du *Savetier* de La Fontaine chez cet homme, qui, après avoir perdu sa marmite pleine d'or et l'avoir retrouvée par les soins de son futur gendre, en fait don à celui-ci dans l'excès de sa joie et pousse un soupir de soulagement à se voir débarrassé de

« Ce qui cause nos peines ».

« Je creusais, dit-il, dix fosses par jour (pour enterrer ma marmite). Je n'avais de repos ni le jour ni la nuit. Maintenant je pourrai dormir. »

La pièce de Plaute est très vivante, elle a du mouvement et de la gaieté; mais il y a loin de là à cette conception si forte de l'avarice et de ses effets funestes ou comiques que nous trouvons dans Molière.

Et d'abord Harpagon est riche. Être parcimonieux, lorsque toujours il a fallu compter, rogner, gratter, sous peine de manquer du nécessaire, cela s'explique et s'excuse. Mais être comblé des biens de la fortune et ne songer qu'à les accroître, à faire travailler et fructifier son argent par des moyens honteux et criminels ; avoir un train de maison et cependant lésiner sur tout, entrer dans tous les détails de l'économie domestique afin de diminuer la dépense ; retrancher à ses enfants et à ses serviteurs ce qui est juste, ce qui est honorable, ce qui est nécessaire ; ne plus rien sentir hors ce qui touche à l'argent ; n'avoir d'amour ou de haine que par rapport à l'argent ; ne pas s'apercevoir de l'aversion ou du mépris qu'on s'attire, ni du ridicule dont on se couvre, pourvu que l'on satisfasse la passion qui, s'emparant de tout le cœur, l'a rendu aussi dur que le métal qu'on idolâtre : c'est renfermer en soi l'essence et la quintessence de l'avarice.

L'influence délétère de ce vice sur l'entourage d'Harpagon n'est ni moins bien observée, ni moins énergiquement dépeinte. Il n'y a personne dans cette famille qui ne soit plus ou moins perverti par suite de l'indignité de celui qui en est le chef. Les sentiments naturels sont détruits chez les enfants de ce père, qui leur est si dur et qui ne songe qu'à se défaire d'eux à bon compte. Tout leur semble de bonne guerre pour échapper à la tyrannie dont ils souffrent et à l'ignominie de leur intérieur. Valère s'introduit chez Harpagon en jouant un faux personnage ; La Flèche croirait faire en volant l'avare un acte méritoire. C'est à qui le trompera, le haïra, le daubera...

Voilà le fond des choses. « Il est triste, dira-t-on. Assurément, comme tout ce qui creuse un peu profondément les dessous de la vie et de la nature humaine. — Mais il y a là bien plutôt la matière d'un drame que d'une comédie. Où trouver de quoi rire dans cette histoire d'un père dénaturé qui se dégrade aux yeux de toute sa maison et d'enfants malheureux et coupables qui se tournent contre lui ? — Vous comptez sans le génie de Molière pour faire saillir le côté ridicule de nos turpitudes ou de nos maux et tempérer par le comique la laideur repoussante de certains actes ou de certaines situations. » — Avoir prêté à usure, avec des conditions draconiennes, avoir emprunté en spéculant sur la mort d'un père, ce sont là choses hideuses et qui révoltent l'âme. — Oui, mais Molière a si bien machiné la rencontre inattendue de l'usurier Harpagon et de l'emprunteur Cléante, il a dressé une liste si burlesque des nippes et du bric-à-brac qui complètent la somme du prêt, la juiverie de la chose est si impayable, la reconnaissance ébahie du père et du fils également furieux est d'un comique si puissant, que l'effet produit est irrésistible... On rit malgré l'indignation qui gronde en dedans, d'un rire un peu amer il est vrai, et qui, comme certaines substances comestibles, laisse un arrière-goût ; mais on rit, et fort, sans pouvoir s'en empêcher.

D'autres scènes sont purement plaisantes, sans que rien de pénible s'y mêle. Ainsi les recommandations cocasses à dame Claude, à maître Jacques dans ses doubles fonctions de cuisinier et de cocher, les stratagèmes pour dissimuler le délabrement de la garde-robe des valets, les générosités extarquées à Harpagon pour la jeune fille qu'il voudrait régaler à bon marché, etc.

Nous touchons ici à un nouvel élément du caractère de l'Avare, à une source nouvelle de comique et d'intérêt. Molière a fait Harpagon amoureux.

De là, double conflit, entre le père et le fils, d'une part ; entre l'amour d'Harpagon et son avarice, de l'autre, qui amènera des situations saisissantes ou comiques, mais toujours très fortes, et d'où sortira le dénouement.

On a critiqué cette idée de génie, en lui reprochant de nuire à l'unité du caractère, mais on n'a pas aperçu que cet amour de vieillard, vrai en lui-même, sert à mieux faire ressortir la passion maîtresse. Harpagon a beau être féru de Marianne : il l'est en avare. La jeune fille lui a plu surtout parce qu'elle est simple et modeste, pauvrement élevée, qu'elle ne lui fera pas beaucoup de dépenses, et qu'il croit pouvoir la dresser à mener sa maison chichement... Marianne sera très propre à surveiller les gens de service et à empêcher le gaspillage... Et cependant l'affreux vieillard n'est pas tellement possédé de son envie qu'il ne fasse ses conditions, qu'il ne s'inquiète de l'apport de la jeune fille, qu'il ne veuille obliger la mère « à s'aider un peu, à faire un petit effort, à se saigner » pour conclure une si bonne affaire.

Au dénouement, lorsqu'il s'agit pour Harpagon de choisir entre la femme ou la cassette, de renoncer à Marianne ou à ce qui lui est plus cher que le sang de ses veines, il optera pour sa cassette, et, en abandonnant à Cléante la main de la jeune fille, il sera si occupé à soutirer à Anselme quelque concession profitable qu'il oubliera de regretter l'union à laquelle il avait paru tant tenir.

Comme composition, rien de plus fortement conçu que *l'Avare*, malgré ce qu'il y a de romanesque dans les reconnaissances du dénouement ; car c'est le personnage principal qui tient en main tous les fils de l'action, et il n'y a pas un incident ou une péripétie qui ne parte de lui ou ne se rattache à lui.

Le style a toute la vigueur dont Molière est coutumier, avec quelque chose de plus naturel, de plus conforme encore au parler de la conversation, ce qu'il y a de fictif ou de conventionnel dans la langue poétique en étant banni.

Et cependant cette prose a son rythme et son harmonie ; elle est riche et pleine, en même temps que naturelle, et relevée par ces mots de génie qui font fortune, qui s'imposent à la mémoire, qui y restent gravés comme l'empreinte d'un cachet : ce fameux « sans dot », par exemple, qui par sa répétition redoublée exprime si bien ce qui est la pensée et l'affection unique de l'âme d'Harpagon.

L'AVARE

La comédie de l'Avare commence par deux scènes qui nous apprennent que Harpagon, par son avarice et les vilaines actions qu'elle lui fait commettre, a perdu le respect, l'amour et la confiance de sa fille Elise et de son fils Cléante. Si la conduite du père n'innocente pas celle des enfants, s'ils sont coupables de le tromper et de s'entendre pour mener une intrigue secrète, cependant l'on peut dire que leur faute n'est pas sans excuse; car le vice d'Harpagon, sa dureté de cœur, l'oubli de ses devoirs de maître et de chef de famille, ont créé autour de lui comme une atmosphère d'immoralité, et c'est à qui le dupera, soit pour prendre sa revanche des indignités subies, soit pour échapper à une autorité qui s'exerce sans justice, sans dignité, et avec un égoïsme cynique dans le sens de la passion dominante.

Dans la scène première, nous apprenons que Valère, jeune homme bien né, mais dont les parents ont disparu, a sauvé la vie d'Elise en la tirant des eaux, qu'à la suite de cet événement, les deux jeunes gens se sont engagé leur foi, et que Valère est entré au service d'Harpagon, afin de s'insinuer dans ses bonnes grâces en flattant sa manie. Dans la scène II, Cléante confie à sa sœur qu'il est épris d'une jeune fille sage, modeste et bonne, mais pauvre, qui vit avec sa mère toujours malade. « Elle la sert, dit Cléante à sa sœur, la plaint et la console avec une tendresse qui vous toucherait l'âme. » Cléante craint l'accueil que lui fera Harpagon s'il lui demande la permission d'épouser Mariane et se plaint en même temps de la parcimonie paternelle.

L'intrigue de l'Avare roule, pour la majeure partie, sur l'obstacle qu'apporte à l'union de Cléante et de Mariane le dessein qu'Harpagon a formé d'épouser lui-même cette jeune fille.

Après ces scènes d'exposition, Harpagon fait son entrée. Avec quelle vivacité, quelle énergie, le caractère se marque aux premières paroles !

Scène III

HARPAGON, LA FLÈCHE[1]

HARPAGON

Hors d'ici tout à l'heure et qu'on ne réplique pas. Allons, que l'on détale de chez moi, maître-juré filou[2], vrai gibier de potence !

LA FLÈCHE, à part

Je n'ai jamais rien vu de si méchant que ce maudit vieillard, et je pense, sauf correction, qu'il a le diable au corps.

HARPAGON

Tu murmures entre tes dents?

LA FLÈCHE

Pourquoi me chassez-vous?

HARPAGON

C'est bien à toi, pendard, à me demander des raisons. Sors vite, que je ne t'assomme[3] !

LA FLÈCHE

Qu'est-ce que je vous ai fait?

HARPAGON

Tu m'as fait, que je veux que tu sortes.

LA FLÈCHE

Mon maître, votre fils m'a donné ordre de l'attendre.

HARPAGON

Va-t'en l'attendre dans la rue, et ne sois point dans ma maison, planté tout droit comme un piquet, à observer ce qui se passe et faire ton profit de tout. Je ne veux point avoir sans cesse devant moi un espion de mes affaires, un traître dont les yeux maudits

[1] Toute cette scène est imitée du comique latin Plaute.

[2] On appelait maîtres-jurés ceux qui, après avoir postulé en qualité d'apprentis pour appartenir à une corporation, en étaient devenus membres. Ils prêtaient serment avant d'y entrer. Harpagon traite La Flèche de *maître-juré* comme s'il faisait partie d'une corporation de filous.

[3] De peur que...

assiègent toutes mes actions, dévorent ce que je possède et furettent de tous côtés pour voir s'il n'y a rien à voler.

LA FLÈCHE

Comment diantre voulez-vous qu'on fasse pour vous voler ? Êtes-vous un homme volable, quand vous renfermez toutes choses et faites sentinelle jour et nuit?

HARPAGON

Je veux renfermer ce que bon me semble, et faire sentinelle comme il me plaît. Ne voilà pas de mes mouchards qui prennent garde à ce qu'on fait ? (Bas, à part.) Je tremble qu'il n'ait soupçonné quelque chose de mon argent. (Haut.) Ne serais-tu point homme à aller faire courir le bruit que j'ai chez moi de l'argent caché[1] ?

LA FLÈCHE

Vous avez de l'argent caché?

HARPAGON

Non, coquin, je ne dis pas cela. (Bas.) J'enrage (Haut.) Je demande si malicieusement tu n'irais point faire courir le bruit que j'en ai.

LA FLÈCHE

Hé! que nous importe que vous en ayez ou que vous n'en ayez pas, si c'est pour nous la même chose ?

HARPAGON, levant la main pour donner un soufflet à La Flèche

Tu fais le raisonneur ? Je te baillerai de ce raisonnement-ci par les oreilles. Sors d'ici, encore une fois.

LA FLÈCHE

Hé bien! je sors.

HARPAGON

Attends. Ne m'emportes-tu rien?

LA FLÈCHE

Que vous emporterais-je?

HARPAGON

Viens ça, que je voie. Montre-moi tes mains.

LA FLÈCHE

Les voilà.

[1] Trait excellent et de profonde observation. Harpagon est tellement possédé de la pensée de son argent qu'il se trahit par son soupçon même.

HARPAGON

Les autres !

LA FLÈCHE

Les autres[1] ?

HARPAGON

Oui.

LA FLÈCHE

Les voilà.

HARPAGON, montrant le haut-de-chausses de La Flèche

N'as-tu rien mis ici dedans ?

LA FLÈCHE

Voyez vous-même.

HARPAGON, tâtant le bas du haut-de-chausses de La Flèche

Ces grands hauts-de-chausses sont propres à devenir les recéleurs des choses qu'on dérobe, et je voudrais qu'on en eût fait pendre quelqu'un[2].

LA FLÈCHE, à part

Ah ! qu'un homme comme cela mériterait bien ce qu'il craint, et que j'aurais de joie à le voler !

HARPAGON

Euh ?

LA FLÈCHE

Quoi ?

HARPAGON

Qu'est-ce que tu parles de voler?

LA FLÈCHE

Je dis que vous fouilliez bien partout pour voir si je vous ai volé.

HARPAGON

C'est ce que je veux faire. (Harpagon fouille dans les poches de La Flèche.

LA FLÈCHE, à part

La peste soit de l'avarice et des avaricieux !

HARPAGON

Comment, que dis-tu ?

[1] Imitation de Plaute. Mais le mot d'Harpagon est plus naturel que celui de l'avare latin. Celui-ci dit : « La troisième ! » Qui songerait à demander de voir une *troisième* main? Mais Harpagon a l'esprit si préoccupé qu'il dit inconsciemment « les autres » comme on dit *l'autre*, lorsqu'on soupçonne qu'une des deux mains recèle quelque chose.

[2] *Pendre quelqu'un*, sans doute quelqu'un de ceux qui portent de si grands hauts-de-chausses.

LA FLÈCHE

Ce que je dis?

HARPAGON

Oui. Qu'est-ce que tu dis d'avarice et d'avaricieux?

LA FLÈCHE

Je dis que la peste soit de l'avarice et des avaricieux.

HARPAGON

De qui veux-tu parler ?

LA FLÈCHE

Des avaricieux.

HARPAGON

Et qui sont-ils, ces avaricieux ?

LA FLÈCHE

Des vilains et des ladres[1].

HARPAGON

Mais qui est-ce que tu entends par là ?

LA FLÈCHE

De quoi vous mettez-vous en peine ?

HARPAGON

Je me mets en peine de ce qu'il faut.

LA FLÈCHE

Est-ce que vous croyez que je veux parler de vous ?

HARPAGON

Je crois ce que je crois : mais je veux que tu me dises à qui tu parles quand tu dis cela?

LA FLÈCHE

Je parle... Je parle à mon bonnet.

HARPAGON

Et moi, je pourrais bien parler à ta barrette [2].

LA FLÈCHE

M'empêcherez-vous de maudire les avaricieux?

HARPAGON

Non; mais je t'empêcherai de jaser et d'être insolent. Tais-toi.

[1] Vilain a d'abord désigné l'homme attaché à la ferme (*villanus*, de *villa*), par conséquent roturier; puis il s'est appliqué à ceux qui sont *vilains* moralement. — Ladre vient de *Lazarus* (le pauvre de l'Evangile couvert d'ulcères) et désigne un homme dont le cœur est insensible, comme la peau d'un lépreux le serait.

[2] La *barrette*, sorte de bonnet plat. Parler à la barrette de quelqu'un, c'était lui parler avec hauteur, ou bien porter la main sur sa coiffure et la jeter à terre.

LA FLÈCHE

Je ne nomme personne.

HARPAGON

Je te rosserai si tu parles.

LA FLÈCHE

Qui se sent morveux, qu'il se mouche.

HARPAGON

Te tairas-tu ?

LA FLÈCHE

Oui, malgré moi.

HARPAGON

Ha ! ha !

LA FLÈCHE, montrant à Harpagon une poche de son justaucorps

Tenez, voilà encore une poche. Êtes-vous satisfait ?

HARPAGON

Allons, rends-le-moi sans te fouiller.

LA FLÈCHE

Quoi ?

HARPAGON

Ce que tu m'as pris.

LA FLÈCHE

Je ne vous ai rien pris du tout.

HARPAGON

Assurément ?

LA FLÈCHE

Assurément.

HARPAGON

Adieu. Va-t'en à tous les diables ?

LA FLÈCHE, à part

Me voilà fort bien congédié.

HARPAGON

Je te le mets sur ta conscience, au moins.

Scène IV

HARPAGON, seul

Voilà un pendard de valet qui m'incommode fort ; et je ne me plais point à voir ce chien de boiteux-là [1]. Certes, ce n'est pas une petite peine que de garder chez soi une grande somme d'argent ; et bienheureux qui a tout son fait [2] bien placé et ne conserve seulement que ce qu'il faut pour sa dépense. On n'est pas peu embarrassé à

[1] L'acteur avec lequel Molière jouait cette scène était en effet boiteux.

[2] Tout son bien.

inventer dans toute une maison une cache fidèle ; car, pour moi, les coffres-forts me sont suspects, et je ne veux jamais m'y fier ; je les tiens justement une franche amorce à voleurs, et c'est toujours la première chose que l'on va attaquer.

SCÈNE V

HARPAGON, ÉLISE et CLÉANTE, parlant ensemble et restant dans le fond du théâtre

HARPAGON, se croyant seul

Cependant je ne sais si j'aurai bien fait d'avoir enterré dans mon jardin dix mille écus qu'on me rendit hier. Dix mille écus en or, chez soi, est une somme assez... (A part, apercevant Élise et Cléante.) O ciel ! je me serai trahi moi-même ; la chaleur m'aura emporté, et je crois que j'ai parlé haut en raisonnant tout seul. (A Cléante et à Élise.) Qu'est-ce ?

CLÉANTE

Rien, mon père.

HARPAGON

Y a-t-il longtemps que vous êtes là ?

ÉLISE

Nous ne venons que d'arriver.

HARPAGON

Vous avez entendu ?...

CLÉANTE

Quoi, mon père ?

HARPAGON

Là [1]...

ÉLISE

Quoi?

HARPAGON

Ce que je viens de dire ?

CLÉANTE

Non.

HARPAGON

Si fait, si fait!

ÉLISE

Pardonnez-moi.

HARPAGON

Je vois bien que vous en avez ouï quelques mots. C'est que je

[1] *Là*... Vous savez bien...

m'entretenais en moi-même de la peine qu'il y a aujourd'hui à trouver de l'argent, et je disais qu'il est bienheureux qui peut avoir dix mille écus chez soi.

CLÉANTE

Nous feignions [1] à vous aborder de peur de vous interrompre.

HARPAGON

Je suis bien aise de vous dire cela, afin que vous n'alliez pas prendre les choses de travers et vous imaginer que je dise que c'est moi qui ai dix mille écus.

CLÉANTE

Nous n'entrons point dans vos affaires.

HARPAGON

Plût à Dieu que je les eusse, dix mille écus !

CLÉANTE

Je ne crois pas...

HARPAGON

Ce serait une bonne affaire pour moi.

ÉLISE

Ce sont des choses...

HARPAGON

J'en aurais bon besoin.

CLÉANTE

Je pense que...

HARPAGON

Cela m'accommoderait fort.

ÉLISE

Vous êtes...

HARPAGON

Et je ne me plaindrais pas, comme je fais, que le temps est misérable.

CLÉANTE

Mon Dieu ! mon père, vous n'avez pas lieu de vous plaindre, et l'on sait que vous avez assez de bien.

HARPAGON

Comment ? j'ai assez de bien ! Ceux qui le disent en ont menti. Il n'y a rien de plus faux ; et ce sont des coquins qui font courir tous ces bruits-là.

[1] Nous hésitions.

ÉLISE

Ne vous mettez point en colère.

HARPAGON

Cela est étrange que mes propres enfants me trahissent et deviennent mes ennemis[1] !

CLÉANTE

Est-ce être votre ennemi que de dire que vous avez du bien ?

HARPAGON

Oui. De pareils discours et les dépenses que vous faites seront cause qu'un de ces jours on me viendra, chez moi, couper la gorge, dans la pensée que je suis tout cousu de pistoles.

CLÉANTE

Quelle grande dépense est-ce que je fais ?

HARPAGON

Quelle? Est-il rien de plus scandaleux que ce somptueux équipage que vous promenez par la ville ? Je querellais hier votre sœur ; mais c'est encore pis. Voilà qui crie vengeance au Ciel ; et, à vous prendre depuis les pieds jusqu'à la tête, il y aurait là de quoi faire une bonne constitution[2]. Je vous l'ai dit vingt fois, mon fils, toutes vos manières me déplaisent fort ; vous donnez furieusement dans le marquis[3] et, pour aller ainsi vêtu, il faut bien que vous me dérobiez.

CLÉANTE

Hé ! comment vous dérober ?

HARPAGON

Que sais-je ? Où pouvez-vous donc prendre de quoi entretenir l'état que vous portez[4] ?

CLÉANTE

Moi mon père? c'est que je joue ; et comme je suis fort heureux, je mets sur moi tout l'argent que je gagne.

HARPAGON

C'est fort mal fait. Si vous êtes heureux au jeu[5], vous en devriez profiter, et mettre à honnête intérêt l'argent que vous gagnez, afin

[1] C'est bien là l'instinct des avares : cacher ce qu'ils ont et se courroucer si quelqu'un leur dit qu'ils sont riches.

[2] Une constitution de rentes, un bon placement.

[3] Vous faites le marquis.

[4] La manière somptueuse dont vous vous habillez.

[5] Harpagon ne blâme pas son fils de jouer, mais de ne pas faire fructifier son gain.

de le trouver un jour. Je voudrais bien savoir, sans parler du reste, à quoi servent tous ces rubans dont vous voilà lardé depuis les pieds jusqu'à la tête, et si une demi-douzaine d'aiguillettes ne suffit pas pour attacher un haut-de-chausses [1] ? Il est bien nécessaire d'employer de l'argent à des perruques, lorsque l'on peut porter des cheveux de son cru, qui ne coûtent rien ! Je vais gager qu'en perruques et rubans il y a au moins vingt pistoles ; et vingt pistoles rapportent, par année, dix-huit livres six sols huit deniers, à ne les placer qu'au denier douze [2].

CLÉANTE

Vous avez raison.

HARPAGON

Laissons cela, et parlons d'autre affaire. (Apercevant Cléante et Élise qui se font des signes.) Euh ? (Bas, à part.) Je crois qu'ils se font signe l'un à l'autre de me voler ma bourse. (Haut.) Que veulent dire ces gestes-là ?

ÉLISE

Nous marchandons [3], mon frère et moi, à qui parlera le premier ; et nous avons tous deux quelque chose à vous dire.

HARPAGON

Et moi j'ai quelque chose aussi à vous dire à tous deux.

CLÉANTE

C'est de mariage, mon père, que nous désirons vous parler.

HARPAGON

Et c'est de mariage aussi que je veux vous entretenir.

ÉLISE

Ah ! mon père.

HARPAGON

Pourquoi ce cri ? Est-ce le mot, ma fille, ou la chose, qui vous fait peur ?

CLÉANTE

Le mariage peut nous faire peur à tous deux de la façon que vous pouvez l'entendre, et nous craignons que nos sentiments ne soient pas d'accord avec votre choix.

HARPAGON

Un peu de patience. Ne vous alarmez point. Je sais ce qu'il vous

[1] Les hauts-de-chausses se rattachaient au pourpoint avec des lacets terminés par une aiguillette que les élégants dissimulaient sous des flots de rubans.

[2] C'est-à-dire au douzième d'intérêt, dans la proportion de 1 franc pour douze francs.

[3] *Marchander* est pris ici dans le sens de *balancer*, *hésiter*.

faut à tous deux, et vous n'aurez, ni l'un ni l'autre, aucun lieu de vous plaindre de tout ce que je prétends faire ; et, pour commencer par un bout (à Cléante), avez-vous vu, dites-moi, une jeune personne appelée Marianne, qui ne loge pas loin d'ici ?

CLÉANTE

Oui, mon père.

HARPAGON

Et vous?

ÉLISE

J'en ai ouï parler.

HARPAGON

Comment, mon fils, trouvez-vous cette fille ?

CLÉANTE

Une forte charmante personne.

HARPAGON

Sa physionomie ?

CLÉANTE

Toute honnête et pleine d'esprit.

HARPAGON

Son air et sa manière ?

CLÉANTE

Admirables, sans doute.

HARPAGON

Ne croyez-vous pas qu'une fille comme cela mériterait assez que l'on songeât à elle ?

CLÉANTE

Oui, mon père.

HARPAGON

Que ce serait un parti souhaitable ?

CLÉANTE

Très souhaitable.

HARPAGON

Qu'elle a toute la mine de faire un bon ménage?

CLÉANTE

Sans doute.

HARPAGON

Et qu'un mari aura satisfaction avec elle ?

CLÉANTE

Assurément.

HARPAGON

Il y a une petite difficulté ; c'est que j'ai peur qu'il n'y ait pas avec elle tout le bien qu'on pourrait prétendre.

CLÉANTE

Ah ! mon père, le bien n'est pas considérable lorsqu'il est question d'épouser une honnête personne.

HARPAGON

Pardonnez-moi, pardonnez-moi. Mais ce qu'il y a à dire, c'est que si l'on n'y trouve pas tout le bien qu'on souhaite on peut tâcher de regagner cela sur autre chose.

CLÉANTE

Cela s'entend.

HARPAGON

Enfin, je suis bien aise de vous voir dans mes sentiments ; car son maintien honnête et sa douceur m'ont gagné l'âme, et je suis résolu de l'épouser, pourvu que j'y trouve quelque bien.

CLÉANTE

Euh ?

HARPAGON

Comment ?

CLÉANTE

Vous êtes résolu, dites-vous ?...

HARPAGON

D'épouser Marianne.

CLÉANTE

Qui ? vous ? vous ?

HARPAGON

Oui, moi, moi, moi. Que veut dire cela ?

CLÉANTE

Il m'a pris tout à coup un éblouissement, et je me retire d'ici.

HARPAGON

Cela ne sera rien. Allez vite boire dans la cuisine un grand verre d'eau claire [1].

Scène VI

HARPAGON, ÉLISE

HARPAGON

Voilà de mes damoiseaux [2] flouets, qui n'ont non plus de vigueur que des poules. C'est là, ma fille, ce que j'ai résolu pour moi. Quant

[1] Cela a le double avantage de calmer les nerfs et de ne rien coûter.

[2] Même sens que *dameret*. Homme empressé de plaire aux dames.

à ton frère, je lui destine une certaine veuve dont ce matin on m'est venu parler ; et, pour toi, je te donne au Seigneur Anselme.

ÉLISE

Au Seigneur Anselme ?

HARPAGON

Oui. Un homme mûr, prudent et sage, qui n'a pas plus de cinquante ans et dont on vante les grands biens.

ÉLISE, faisant la révérence

Je ne veux point me marier, mon père, s'il vous plaît.

HARPAGON, contrefaisant Élise

Et moi, ma petite fille, ma mie, je veux que vous vous mariiez, s'il vous plaît.

ÉLISE, faisant encore la révérence

Je vous demande pardon, mon père.

HARPAGON, contrefaisant Élise

Je vous demande pardon, ma fille.

ÉLISE

Je suis très humble servante au Seigneur Anselme ; mais (faisant encore la révérence), avec votre permission, je ne l'épouserai point.

HARPAGON

Je suis votre très humble valet ; mais (contrefaisant encore Élise), avec votre permission, vous l'épouserez dès ce soir.

ÉLISE

Dès ce soir ?

HARPAGON

Dès ce soir.

ÉLISE, faisant encore la révérence

Cela ne sera pas, mon père.

HARPAGON, contrefaisant encore Élise

Cela sera, ma fille.

ÉLISE

Non.

HARPAGON

Si.

ÉLISE

Non, vous dis-je.

HARPAGON

Si, vous dis-je.

ÉLISE

C'est une chose où vous ne me réduirez point.

HARPAGON

C'est une chose où je te réduirai.

ÉLISE

Je me tuerai plutôt que d'épouser un tel mari.

HARPAGON

Tu ne te tueras point, et tu l'épouseras. Mais voyez quelle audace! A-t-on jamais vu une fille parler de la sorte à son père?

ÉLISE

Mais a-t-on jamais vu un père marier sa fille de la sorte[1]?

HARPAGON

C'est un parti où il n'y a rien à redire; et je gage que tout le monde approuvera mon choix.

ÉLISE

Et moi, je gage qu'il ne saurait être approuvé d'aucune personne raisonnable.

HARPAGON, apercevant Valère de loin

Voilà Valère. Veux-tu qu'entre nous deux nous le fassions juge de cette affaire?

ÉLISE

J'y consens.

HARPAGON

Te rendras-tu à son jugement?

ÉLISE

Oui, j'en passerai par ce qu'il dira.

HARPAGON

Voilà qui est fait.

Scène VII

VALÈRE, HARPAGON, ÉLISE

HARPAGON

Ici, Valère. Nous t'avons élu pour nous dire qui a raison de ma fille ou de moi.

[1] Assurément on ne saurait approuver Élise de prendre avec son père ce ton de défi. Mais quel père qu'Harpagon! Il n'aime pas ses enfants et n'a aucun souci de les rendre heureux. Somme toute, malgré tant de scènes comiques, la pièce produit une impression profondément triste. Il n'y a pas un des principaux personnages avec qui l'on puisse être en sympathie.

VALÈRE

C'est vous, Monsieur, sans contredit.

HARPAGON

Sais-tu bien de quoi nous parlons?

VALÈRE

Non ; mais vous ne sauriez avoir tort; et vous êtes toute raison.

HARPAGON

Je veux ce soir lui donner pour époux un homme aussi riche que sage, et la coquine me dit au nez qu'elle se moque [1] de le prendre. Que dis-tu de cela?

VALÈRE

Ce que j'en dis?

HARPAGON

Oui.

VALÈRE

Eh, eh.

HARPAGON

Quoi ?

VALÈRE

Je dis que, dans le fond, je suis de votre sentiment; et vous ne pouvez pas que vous n'ayez raison [2]. Mais aussi n'a-t-elle pas tort tout à fait, et...

HARPAGON

Comment? le seigneur Anselme est un parti considérable; c'est un gentilhomme qui est noble, doux, posé, sage et fort accommodé [3], et auquel il ne reste aucun enfant de son premier mariage. Saurait-elle mieux rencontrer?

VALÈRE

Cela est vrai. Mais elle pourrait vous dire que c'est un peu précipiter les choses, et qu'il faudrait au moins quelque temps pour voir si son inclination pourrait s'accommoder avec...

HARPAGON

C'est une occasion qu'il faut prendre vite aux cheveux. Je trouve ici un avantage qu'ailleurs je ne trouverais pas ; et il s'engage à la prendre sans dot [4].

[1] Qu'elle refuse.

[2] Vous ne pouvez pas *faire* que vous n'ayez raison, c'est-à-dire : vous ne pouvez pas faire autrement que d'avoir raison.

[3] Sous-entendu *de biens*, autrement dit fort riche.

[4] Le mot est emprunté à Plaute; mais quel parti Molière en a tiré! et comme l'effet se redouble à chaque fois qu'Harpagon l'oppose, comme un argument sans réplique aux insinuations de Valère. . qui d'ailleurs s'évertue en pure perte à dire des choses fort sages.

VALÈRE

Sans dot ?

HARPAGON

Oui.

VALÈRE

Ah ! je ne dis plus rien. Voyez-vous? voilà une raison tout à fait convaincante; il se faut rendre à cela.

HARPAGON

C'est pour moi une épargne considérable.

VALÈRE

Assurément, cela ne reçoit point de contradiction. Il est vrai que votre fille vous peut représenter que le mariage est une plus grande affaire qu'on ne peut croire; qu'il y va d'être heureux ou malheureux toute sa vie; et qu'un engagement qui doit durer jusqu'à la mort ne se doit jamais faire qu'avec de grandes précautions.

HARPAGON

Sans dot !

VALÈRE

Vous avez raison ; voilà qui décide tout, cela s'entend. Il y a des gens qui pourraient vous dire qu'en de telles occasions l'inclination d'une fille est une chose, sans doute, où l'on doit avoir de l'égard; et que cette grande inégalité d'âge, d'humeur et de sentiments rend un mariage sujet à des accidents très facheux.

HARPAGON

Sans dot!

VALÈRE

Ah ! il n'y a pas de réplique à cela : on le sait bien. Qui diantre peut aller là contre? Ce n'est pas qu'il n'y ait quantité de pères qui aimeraient mieux ménager la satisfaction de leurs filles que l'argent qu'ils pourraient donner; qui ne les voudraient point sacrifier à l'intérêt, et chercheraient, plus que toute autre chose, à mettre dans un mariage cette douce conformité qui sans cesse y maintient l'honneur, la tranquillité et la joie [1]; et que...

HARPAGON

Sans dot!

VALÈRE

Il est vrai, cela ferme la bouche à tout. Sans dot! Le moyen de résister à une raison comme celle-là !

[1] C'est l'opinion de Molière sur l'extrême importance de ne faire que des unions bien assorties qu'exprime Valère.

HARPAGON, *à part, regardant du côté du jardin*

Ouais! il me semble que j'entends un chien qui aboie. N'est-ce point qu'on en voudrait à mon argent? (*A Valère.*) Ne bougez. Je reviens tout à l'heure.

SCÈNE VIII

ÉLISE, VALÈRE

ÉLISE

Vous moquez-vous Valère de lui parler comme vous faites ?

VALÈRE

C'est pour ne point l'aigrir, et pour en venir mieux à bout. Heurter de front ses sentiments est le moyen de tout gâter ; et il y a de certains esprits qu'il ne faut prendre qu'en biaisant, des tempéraments ennemis de toute résistance, des naturels rétifs, que la vérité fait cabrer, qui toujours se raidissent contre le droit chemin de la raison, et qu'on ne mène qu'en tournant où l'on veut les conduire. Faites semblant de consentir à ce qu'il veut, vous en viendrez mieux à vos fins, et...

ÉLISE

Mais ce mariage, Valère ?

VALÈRE

On cherchera des biais pour le rompre.

. . . .

SCÈNE IX

HARPAGON, ÉLISE, VALÈRE

HARPAGON, *à part, dans le fond du théâtre*

Ce n'est rien, Dieu merci.

VALÈRE, *sans voir Harpagon*

Enfin notre dernier recours, c'est que... (*Apercevant Harpagon.*) Oui, il faut qu'une fille obéisse à son père. Il ne faut point qu'elle regarde comme un mari est fait ; et, lorsque la grande raison de *sans dot* s'y rencontre, elle doit être prête à prendre tout ce qu'on lui donne.

HARPAGON

Bon. Voilà bien parlé cela.

VALÈRE

Monsieur, je vous demande pardon si je m'emporte un peu et prends la hardiesse de lui parler comme je fais.

HARPAGON

Comment ? j'en suis ravi, et je veux que tu prennes sur elle un pouvoir absolu. (A Élise.) Oui, tu as beau fuir. Je lui donne l'autorité que le ciel me donne sur toi, et j'entends que tu fasses tout ce qu'il te dira.

VALÈRE, à Élise

Après cela, résistez à mes remontrances.

Scène X

HARPAGON, VALÈRE

VALÈRE

Monsieur, je vais la suivre, pour lui continuer les leçons que je lui faisais.

HARPAGON

Oui, tu m'obligeras. Certes...

VALÈRE

Il est bon de lui tenir un peu la bride haute.

HARPAGON

Cela est vrai. Il faut...

VALÈRE

Ne vous mettez pas en peine. Je crois que j'en viendrai à bout.

HARPAGON

Fais, fais, je m'en vais faire un petit tour en ville et reviens tout à l'heure.

VALÈRE, adressant la parole à Élise, en s'en allant du côté par où elle est sortie

Oui, l'argent est plus précieux que toutes les choses du monde, et vous devez rendre grâces au Ciel de l'honnête homme de père qu'il vous a donné. Il sait ce que c'est que de vivre. Lorsqu'on s'offre de prendre une fille sans dot, on ne doit point regarder plus avant. Tout est renfermé là-dedans, et *sans dot* tient lieu de beauté, de jeunesse, de naissance, d'honneur, de sagesse et de probité.

HARPAGON, seul

Ah! le brave garçon ! Voilà parlé comme un oracle. Heureux qui peut avoir un domestique de la sorte !

ACTE DEUXIÈME

Scène première

CLÉANTE, LA FLÈCHE

CLÉANTE

Ah! traître que tu es, où t'es-tu donc allé fourrer? Ne t'avais-je pas donné ordre?...

LA FLÈCHE

Oui, Monsieur, et je m'étais rendu ici pour vous attendre de pied ferme; mais monsieur votre père, le plus malgracieux des hommes, m'a chassé dehors, malgré moi [1], et j'ai couru risque d'être battu.

CLÉANTE

Comment va notre affaire? Les choses pressent plus que jamais; et depuis que je ne t'ai vu, j'ai découvert que mon père est mon rival... Quelle réponse t'a-t-on faite?

LA FLÈCHE

Ma foi, Monsieur, ceux qui empruntent sont bien malheureux; et il faut essuyer d'étranges choses lorsqu'on en est réduit à passer, comme vous, par les mains des fesse-mathieux [2].

CLÉANTE

L'affaire ne se fera point?

LA FLÈCHE

Pardonnez-moi. Notre maître Simon, le courtier qu'on nous a donné, homme agissant et plein de zèle, dit qu'il a fait rage pour vous; et il assure que votre seule physionomie lui a gagné le cœur.

CLÉANTE

J'aurai les quinze mille francs que je demande?

LA FLÈCHE

Oui; mais à quelques petites conditions, qu'il faudra que vous acceptiez, si vous avez dessein que les choses se fassent.

[1] Chassé *dehors* est un pléonasme, et *malgré moi* est une naïveté, mais dans la bouche de La Flèche, cela paraît naturel.

[2] *Fesse-mathieu* est synonyme d'usurier. On n'est pas d'accord sur l'origine de cette expression. Les uns disent que c'est une corruption de *qui fête Mathieu* (on sait que saint Mathieu était changeur avant sa conversion), d'autres cela signifie qui *bat* Mathieu, c'est-à-dire qui est plus fort que lui, qui lui tire de l'argent.

CLÉANTE

T'a-t'il fait parler à celui qui doit prêter l'argent ?

LA FLÈCHE

Ah ! vraiment, cela ne va pas de la sorte. Il apporte encore plus de soin à se cacher que vous, et ce sont des mystères bien plus grands que vous ne pensez. On ne veut point du tout dire son nom, et l'on doit aujourd'hui l'aboucher avec vous, dans une maison empruntée, pour être instruit, par votre bouche, de votre bien et de votre famille ; et je ne doute point que le seul nom de votre père ne rende les choses faciles.

CLÉANTE

Et principalement notre mère étant morte, dont on ne peut m'ôter le bien.

LA FLÈCHE

Voici quelques articles qu'il a dictés lui-même à notre entremetteur, pour vous être montrés avant que de rien faire :

« *Supposé que le prêteur voie toutes ses sûretés, et que l'emprunteur soit majeur, et d'une famille où le bien soit ample, solide, assuré, clair et net de tout embarras, on fera une bonne et exacte obligation par-devant un notaire, le plus honnête homme qu'il se pourra, et qui, pour cet effet, sera choisi par le prêteur, auquel il importe le plus que l'acte soit dûment dressé.* »

CLÉANTE

Il n'y a rien à dire à cela.

LA FLÈCHE

« *Le prêteur, pour ne charger sa conscience d'aucun scrupule, prétend ne donner son argent qu'au denier dix-huit*[1]. »

CLÉANTE

Au denier dix-huit ? Parbleu ! voilà qui est honnête ! Il n'y a pas lieu de se plaindre.

LA FLÈCHE

Cela est vrai. « *Mais, comme ledit prêteur n'a pas chez lui la somme dont il est question et que, pour faire plaisir à l'emprunteur, il est contraint lui-même de l'emprunter d'un autre sur le pied du denier cinq*[2], *il conviendra que ledit premier emprunteur paye cet intérêt, sans préjudice du reste, attendu que ce n'est que pour l'obliger que ledit prêteur s'engage à cet emprunt.* »

[1] C'est-à-dire à cinq et cinq neuvième pour cent.

[2] A vingt pour cent.

CLÉANTE

Comment diable! quel Juif, quel Arabe est-ce là? C'est plus qu'au denier quatre[1].

LA FLÈCHE

Il est vrai; c'est ce que j'ai dit. Vous avez à voir là-dessus.

CLÉANTE

Que veux-tu que je voie? J'ai besoin d'argent, et il faut bien que je consente à tout.

LA FLÈCHE

C'est la réponse que j'ai faite.

CLÉANTE

Il y a encore quelque chose?

LA FLÈCHE

Ce n'est plus qu'un petit article. « *Des quinze mille francs qu'on demande, le prêteur ne pourra compter en argent que douze mille livres; et pour les mille écus restants, il faudra que l'emprunteur prenne les hardes, nippes et bijoux dont s'ensuit le mémoire, et que ledit prêteur a mis, de bonne foi, au plus modique prix qu'il lui a été possible.* »

CLÉANTE

Que veut dire cela?

LA FLÈCHE

Écoutez le mémoire : « *Premièrement, un lit de quatre pieds, à bande de point de Hongrie appliquées fort proprement sur un drap de couleur d'olive, avec six chaises et la courte-pointe de même; le tout bien conditionné, et doublé d'un petit taffetas changeant rouge et bleu. — Plus, un pavillon à queue, d'une bonne serge d'Aumale rose-sèche, avec le mollet et les franges de soie*[2]. »

CLÉANTE

Que veut-il que je fasse de cela?

LA FLÈCHE

Attendez. « *Plus une tenture de tapisserie des amours de Gombaut et de Macée*[3]. *Plus, une grande table de bois de noyer à douze*

[1] Plus qu'à vingt-cinq pour cent, le denier cinq étant un cinquième du cent, 20 0/0, et le denier dix-huit, un dix-huitième du cent, environ 5 1/2 pour cent.

[2] *Pavillon à queue*, sorte de ciel de lit d'où pendaient des rideaux. *La serge* d'Aumale était la plus ordinaire des serges. Le *mollet* était une petite frange large d'un doigt.

[3] Tenture qui se composait de huit panneaux représentant des scènes champêtres connues et désignées sous le nom ci-dessus.

colonnes ou piliers tournés, qui se tire par les deux bouts, et garnie, par le dessous, de ses six escabelles. »

CLÉANTE

Qu'ai-je affaire, morbleu?...

LA FLÈCHE

Donnez-vous patience. « *Plus, trois gros mousquets, tout garnis de nacre de perles, avec les trois fourchettes*[1] *assortissantes. — Plus un fourneau de brique, avec deux cornues, et trois récipients, fort utiles à ceux qui sont curieux de distiller.* »

CLÉANTE

J'enrage !

LA FLÈCHE

Doucement. « *Plus un luth de Bologne garni de toutes ses cordes, ou peu s'en faut. — Plus un trou-madame*[2] *et un damier, avec un jeu de l'oie renouvelé des Grecs, fort propres à passer le temps lorsque l'on n'a que faire. — Plus, une peau d'un lézard de trois pieds et demi, remplie de foin, curiosité agréable pour pendre au plancher d'une chambre. — Le tout, ci-dessus mentionné, valant loyalement plus de quatre mille cinq cents livres, et rabaissé à la valeur de mille écus par la discrétion du prêteur.* »

CLÉANTE

Que la peste l'étouffe avec sa discrétion, le traître, le bourreau qu'il est ! A-t-on jamais parlé d'une usure semblable ? Et n'est-il pas content du furieux intérêt qu'il exige, sans vouloir encore m'obliger à prendre, pour trois mille livres, les vieux rogatons qu'il ramasse ? Je n'aurai pas deux cents écus de tout cela. Et cependant il faut bien me résoudre à consentir à ce qu'il veut ; car il est en état de me faire tout accepter, et il me tient, le scélérat, le poignard sur la gorge.

LA FLÈCHE

Je vous vois, Monsieur, ne vous en déplaise, dans le grand

[1] Les mousquets devaient être d'un modèle hors d'usage; car, depuis longtemps on avait cessé de se servir de la *fourchette*. Celle-ci était une espèce de baguette dont on enfonçait une extrémité en terre et dont l'autre était garnie d'une sorte de fourche sur laquelle on appuyait le fusil pour tirer.

[2] Sorte de table sillonnée de rigoles, sur laquelle on lançait des boules qui, selon la direction qu'elles prenaient, vous faisaient perdre ou gagner.

chemin justement que tenait Panurge[1] pour se ruiner, prenant argent d'avance, achetant cher, vendant à bon marché, et mangeant son blé en herbe.

CLÉANTE

Que veux-tu que j'y fasse? Voilà où les jeunes gens sont réduits par la maudite avarice des pères ; et on s'étonne, après cela, que les fils souhaitent qu'ils meurent.

LA FLÈCHE

Il faut avouer que le vôtre animerait contre sa vilanie le plus posé homme du monde. Je n'ai pas, Dieu merci, les inclinations fort patibulaires : et, parmi mes confrères que je vois se mêler de beaucoup de petits commerces, je sais tirer adroitement mon épingle du jeu et me démêler prudemment de toutes les galanteries qui sentent tant soit peu l'échelle[2] ; mais, à vous dire vrai, il me donnerait, par ses procédés, des tentations de le voler, et je croirais, en le volant, faire une action méritoire.

CLÉANTE

Donne-moi un peu ce mémoire que je le voie encore.

SCÈNE II

HARPAGON, MAITRE SIMON ; CLÉANTE et LA FLÈCHE dans le fond du théâtre[3]

MAITRE SIMON

Oui, Monsieur, c'est un jeune homme qui a besoin d'argent. Ses affaires le pressent d'en trouver, et il en passera par tout ce que vous en prescrirez.

[1] *Panurge*, personnage du Pantagruel de Rabelais. Voici le passage auquel La Flèche fait allusion : « Et se gouverna si bien et si prudentement Monsieur le châtelain (Panurge, châtelain de Salmiguondin) qu'en moins de quatorze jours il dilapida le revenu certain et incertain de sa châtellenie pour trois ans... abattant bois, brûlant les grosses souches pour la vente des cendres, prenant argent d'avance, achetant cher, vendant à bon marché, et mangeant son blé en herbe. »

[2] L'échelle du gibet.

[3] Ici la comédie tourne au drame. Il y a quelque chose de grotesque dans cette situation du père et du fils qui se trouvent inopinément en présence et découvrent, l'un que son fils emprunte à son insu, l'autre que son père est l'usurier qui l'écorche vif ; mais ce grotesque est bien près d'être terrible, par l'horreur de l'action d'Harpagon, par son humiliation devant son fils et la violence de la scène qui va suivre. C'est un des caractères les plus saillants du théâtre de Molière que de nous montrer, avec le côté risible des vices de l'humanité, le côté amer et cruel de la vie.

HARPAGON

Mais croyez-vous, maître Simon, qu'il n'y ait rien à péricliter[1]? Et savez-vous le nom, les biens et la famille de celui pour qui vous parlez ?

MAITRE SIMON

Non, je ne puis pas bien vous en instruire à fond ; et ce n'est que par aventure que l'on m'a adressé à lui ; mais vous serez de toutes choses éclairci par lui-même ; et son homme m'a assuré que vous serez content quand vous le connaîtrez. Tout ce que je saurais vous dire, c'est que sa famille est fort riche, qu'il n'a plus de mère déjà, et qu'il s'obligera, si vous le voulez, que son père mourra avant qu'il soit huit mois[2].

HARPAGON

C'est quelque chose que cela. La charité, maître Simon, nous oblige à faire plaisir aux personnes, lorsque nous le pouvons.

MAITRE SIMON

Cela s'entend.

LA FLÈCHE, bas à Cléante, reconnaissant maître Simon

Que veut dire ceci ? Notre maître Simon qui parle à votre père !

CLÉANTE, bas à La Flèche

Lui aurait-on appris qui je suis ? et serais-tu pour nous trahir ?

MAITRE SIMON, à Cléante et à La Flèche

Ah ! ah ! vous êtes bien pressés ! Qui vous a dit que c'était céans? (A Harpagon.) Ce n'est pas moi, Monsieur, au moins, qui leur ai découvert votre nom et votre logis ; mais, à mon avis, il n'y a pas grand mal à cela. Ce sont des personnes discrètes, et vous pouvez ici vous expliquer ensemble.

HARPAGON

Comment ?

MAITRE SIMON, montrant Cléante

Monsieur est la personne qui veut vous emprunter les quinze mille livres dont je vous ai parlé.

HARPAGON

Comment, pendard ? c'est toi qui t'abandonnes à ces coupables extrémités ?

[1] Rien à risquer.

[2] L'effet de cette parole sur le spectateur est puissant, parce qu'il sait que c'est le propre fils d'Harpagon qui est prêt à tabler sur la mort de son père. La reconnaissance fortuite du père et du fils sera encore plus théâtrale. On ne peut imaginer une situation plus forte.

CLÉANTE

Comment, mon père? c'est vous qui vous portez à ces honteuses actions [1]? (Maître Simon s'enfuit, et La Flèche va se cacher.)

Scène III

HARPAGON, CLÉANTE

HARPAGON

C'est toi qui te veux ruiner par des emprunts si condamnables ?

CLÉANTE

C'est vous qui cherchez à vous enrichir par des usures si criminelles?

HARPAGON

Oses-tu bien, après cela, paraître devant moi?

CLÉANTE

Osez-vous bien, après cela, vous présenter aux yeux du monde?

HARPAGON

N'as-tu point de honte, dis-moi, d'en venir à ces débauches-là? de te précipiter dans des dépenses effroyables et de faire une honteuse dissipation du bien que tes parents t'ont amassé avec tant de sueurs ?

CLÉANTE

Ne rougissez-vous point de déshonorer votre condition par les commerces que vous faites? de sacrifier gloire et réputation au désir insatiable d'entasser écu sur écu, et de renchérir, en fait d'intérêts, sur les plus infâmes subtilités qu'aient jamais inventées les plus célèbres usuriers ?

HARPAGON

Ote-toi de mes yeux, coquin ! ôte-toi de mes yeux !

CLÉANTE

Qui est plus criminel, à votre avis, ou celui qui achète un argent dont il a besoin, ou bien celui qui vole un argent dont il n'a que faire ?

HARPAGON

Retire-toi, te dis-je, et ne m'échauffe pas les oreilles. (Seul.) Je ne

[1] Quelle parole d'un fils à son père !

suis pas fâché de cette aventure[1] ; et ce m'est un avis de tenir l'œil plus que jamais sur toutes ses actions.

SCÈNE IV

FROSINE, HARPAGON

FROSINE

Monsieur...

HARPAGON

Attendez un moment ; je vais revenir vous parler. (A part.) Il est à propos que je fasse un petit tour à mon argent.

SCÈNE V

LA FLÈCHE, FROSINE

LA FLÈCHE, sans voir Frosine

L'aventure est tout à fait drôle. Il faut bien qu'il ait quelque part un ample magasin de hardes ; car nous n'avons rien reconnu au mémoire que nous avons.

FROSINE

Hé ! c'est toi, mon pauvre La Flèche ! D'où vient cette rencontre ?

LA FLÈCHE

Ah ! ah ! c'est toi Frosine ! Que viens-tu faire ici ?

FROSINE

Ce que je fais partout ailleurs : m'entremettre d'affaires, me rendre serviable aux gens, et profiter du mieux qu'il m'est possible des petits talents que je puis avoir. Tu sais que, dans ce monde, il faut vivre d'adresse, et qu'aux personnes comme moi le Ciel n'a donné d'autres rentes que l'intrigue et que l'industrie.

LA FLÈCHE

As-tu quelque négoce avec le patron du logis ?

FROSINE

Oui, je traite pour lui quelque petite affaire dont j'espère une récompense.

LA FLÈCHE

De lui ? Ah, ma foi ! tu seras bien fine si tu en tires quelque chose ; et je te donne avis que l'argent céans est fort cher.

[1] Cette satisfaction est cynique. Harpagon s'applaudit de ce qui devrait couvrir de honte une âme moins endurcie et abaissée.

FROSINE

Il y a de certains services qui touchent merveilleusement.

LA FLÈCHE

Je suis votre valet, et tu ne connais pas encore le Seigneur Harpagon. Le Seigneur Harpagon est de tous les humains l'humain le moins humain, le mortel de tous les mortels le plus dur et le plus serré. Il n'est point de service qui pousse sa reconnaissance jusqu'à lui faire ouvrir les mains. De la louange, de l'estime, de la bienveillance en paroles, et de l'amitié tant qu'il vous plaira; mais de l'argent, point d'affaires. Il n'est rien de plus sec et de plus aride que ses bonnes grâces et ses caresses; et donner est un mot pour qui il a tant d'aversion qu'il ne dit jamais: « Je vous donne, » mais « Je vous prête le bonjour ».

FROSINE

Mon Dieu! je sais l'art de traire [1] les hommes; j'ai le secret de m'ouvrir leur tendresse, de chatouiller leurs cœurs, de trouver les endroits par où ils sont sensibles.

LA FLÈCHE

Bagatelles ici. Je te défie d'attendrir, du côté de l'argent, l'homme dont il est question. Il est Turc [2] là-dessus, mais d'une turquerie à désespérer tout le monde; et l'on pourrait crever, qu'il n'en branlerait pas. En un mot, il aime l'argent plus que réputation, qu'honneur et que vertu, et la vue d'un demandeur lui donne des convulsions. C'est le frapper par son endroit mortel, c'est lui percer le cœur, c'est lui arracher les entrailles; et si... Mais il revient, je me retire.

Scène VI

HARPAGON, FROSINE

HARPAGON, bas

Tout va comme il faut (Haut.) Hé bien, qu'est-ce, Frosine?

FROSINE

Ah! mon Dieu! que vous vous portez bien et que vous avez là un vrai visage de santé!

[1] C'est-à-dire de tirer quelque chose d'eux, un peu dans le sens où l'on dit: « *Faire de quelqu'un sa vache à lait* ».

[2] Inexorable, impossible à attendrir.

HARPAGON

Qui, moi?

FROSINE

Jamais je ne vous vis un teint si frais et si gaillard.

HARPAGON

Tout de bon?

FROSINE

Comment? vous n'avez de votre vie été si jeune que vous êtes; et je vois des gens de vingt-cinq ans qui sont plus vieux que vous.

HARPAGON

Cependant, Frosine, j'en ai soixante bien comptés.

FROSINE

Hé bien! qu'est-ce que cela, soixante ans? voilà bien de quoi! C'est la fleur de l'âge cela, et vous entrez maintenant dans la belle saison de l'homme.

HARPAGON

Il est vrai; mais vingt années de moins pourtant ne me feraient point de mal, que je crois.

FROSINE

Vous moquez-vous? Vous n'avez pas besoin de cela et vous êtes d'une pâte à vivre jusques à cent ans.

HARPAGON

Tu le crois?

FROSINE

Assurément. Vous en avez toutes les marques. Tenez-vous un peu. Oh! que voilà bien là, entre vos deux yeux, un signe de longue vie!

HARPAGON

Tu te connais à cela?

FROSINE

Sans doute. Montrez-moi votre main. Ah! mon Dieu! quelle ligne de vie!

HARPAGON

Comment?

FROSINE

Ne voyez-vous pas jusqu'où va cette ligne-là?

HARPAGON

Hé bien! qu'est-ce que cela veut dire?

FROSINE

Par ma foi! je disais cent ans; mais vous passerez les six-vingts.

HARPAGON

Est-il possible?

FROSINE

Il faudra vous assommer, vous dis-je ; et vous mettrez en terre et vos enfants, et les enfants de vos enfants.

HARPAGON

Tant mieux. Comment va notre affaire?

FROSINE

Faut-il le demander? et me voit-on mêler de rien dont je ne vienne à bout? J'ai, surtout pour les mariages, un talent merveilleux; il n'est point de partis au monde que je ne trouve en peu de temps le moyen d'accoupler; et je crois, si je me l'étais mis en tête, que je marierais le Grand-Turc avec la République de Venise. Il n'y avait pas, sans doute, de si grandes difficultés à cette affaire-ci. Comme j'ai commerce chez elles, je les ai à fond l'une et l'autre entretenues de vous, et j'ai dit à la mère le dessein que vous aviez conçu pour Marianne à la voir passer dans la rue et prendre l'air à sa fenêtre.

HARPAGON

Qui a fait réponse?...

FROSINE

Elle a reçu la proposition avec joie ; et quand je lui ai témoigné que vous souhaitiez fort que sa fille assistât ce soir au contrat de mariage qui se doit faire de la vôtre, elle y a consenti sans peine et me l'a confiée pour cela.

HARPAGON

C'est que je suis obligé, Frosine, de donner à souper au Seigneur Anselme; et je serais bien aise qu'elle soit du régal.

FROSINE

Vous avez raison. Elle doit après dîner rendre visite à votre fille, d'où elle fait son compte d'aller faire un tour à la foire[1] pour venir ensuite au souper.

HARPAGON

Hé bien ! elles iront ensemble dans mon carrosse, que je leur prêterai.

FROSINE

Voilà justement son affaire.

[1] Deux grandes foires se tenaient alors à Paris, l'une à peu près sur l'emplacement actuel du marché Saint-Germain; l'autre, faubourg Saint-Martin.

HARPAGON

Mais, Frosine, as-tu entretenu la mère touchant le bien qu'elle peut donner à sa fille ? Lui as-tu dit qu'il fallait qu'elle s'aidât un peu, qu'elle fît quelque effort, qu'elle se saignât pour une occasion comme celle-ci ? Car encore n'épouse-t-on point une fille sans qu'elle apporte quelque chose.

FROSINE

Comment ? c'est une fille qui vous apportera douze mille livres de rente.

HARPAGON

Douze mille livres de rente !

FROSINE

Oui. Premièrement, elle est nourrie et élevée dans une grande épargne de bouche ; c'est une fille accoutumée à vivre de salade, de lait, de fromage et de pommes, et à laquelle, par conséquent, il ne faudra ni table bien servie, ni consommés exquis, ni orges mondés perpétuels [1], ni les autres délicatesses qu'il faudrait pour une autre femme ; et cela ne va pas à si peu de chose qu'il ne monte bien tous les ans à trois mille francs pour le moins. Outre cela, elle n'est curieuse que d'une propreté [2] fort simple et n'aime point les superbes habits, ni les riches bijoux, ni les meubles somptueux où donnent ses pareilles avec tant de chaleur ; et cet article-là vaut plus de quatre mille livres par an. De plus, elle a une aversion horrible pour le jeu, ce qui n'est pas commun aux femmes d'aujourd'hui ; et j'en sais une de nos quartiers qui a perdu, à trente-et-quarante [3], vingt mille francs cette année. Mais n'en prenons rien que le quart. Cinq mille francs au jeu par an et quatre mille francs en habits et bijoux, cela fait neuf mille livres ; et mille écus que nous mettons pour la nourriture, ne voilà-t-il pas, par année, vos douze mille francs bien comptés ?

HARPAGON

Oui, cela n'est pas mal ; mais ce compte-là n'est rien de réel.

FROSINE

Pardonnez-moi. N'est-ce pas quelque chose de réel que de vous apporter en mariage une grande sobriété, l'héritage d'un grand

[1] Il paraît que les dames prenaient alors de l'orge mondé pour s'engraisser et se conserver le teint frais.

[2] *Propreté* se disait au dix-septième siècle d'une élégance simple et soignée, sans recherche.

[3] Jeu de hasard qui se joue avec des cartes.

amour de simplicité de parure, et l'acquisition d'un grand fonds de haine pour le jeu ?

HARPAGON

C'est une raillerie que de vouloir me constituer sa dot de toutes les dépenses qu'elle ne fera point. Je n'irai pas donner quittance de ce que je ne reçois pas ; et il faut bien que je touche quelque chose.

FROSINE

Mon Dieu ! vous toucherez assez ; et elles m'ont parlé d'un certain pays où elles ont du bien dont vous serez le maître.

HARPAGON

Il faudra voir cela.

FROSINE

J'aurais, Monsieur, une petite prière à vous faire. J'ai un procès que je suis sur le point de perdre, faute d'un peu d'argent ; (Harpagon prend un air sérieux.) et vous pourriez facilement me procurer le gain de ce procès si vous aviez quelque bonté pour moi... Vous ne sauriez croire le plaisir qu'elle aura de vous voir. (Harpagon reprend un air gai.) Ah ! que vous lui plairez ! et que votre fraise à l'antique fera, sur son esprit, un effet admirable !

HARPAGON

Certes, tu me ravis de me dire cela.

FROSINE

En vérité, Monsieur, ce procès m'est d'une conséquence tout à fait grande. (Harpagon reprend son air sérieux.) Je suis ruinée, si je le perds ; et quelque petite assistance me rétablirait mes affaires... Je voudrais que vous eussiez vu le ravissement où elle était de m'entendre parler de vous. (Harpagon reprend un air gai.) La joie éclatait dans ses yeux au récit de vos qualités, et je l'ai mise enfin dans une impatience extrême de voir ce mariage entièrement conclu.

HARPAGON

Tu m'as fait grand plaisir, Frosine ; et je t'en ai, je te l'avoue, toutes les obligations du monde.

FROSINE

Je vous prie, Monsieur, de me donner le petit secours que je vous demande. (Harpagon reprend encore son air sérieux.) Cela me remettra sur pied, et je vous en serai éternellement obligée.

HARPAGON

Adieu. Je vais achever mes dépêches.

FROSINE

Je vous assure, Monsieur, que vous ne sauriez jamais me soulager dans un plus grand besoin.

HARPAGON

Je mettrai ordre que mon carrosse soit tout prêt pour vous mener à la foire.

FROSINE

Je ne vous importunerais pas si je ne m'y voyais forcée par la nécessité.

HARPAGON

Et j'aurai soin qu'on soupe de bonne heure pour ne vous point faire malades.

FROSINE

Ne me refusez pas la grâce dont je vous sollicite. Vous ne sauriez croire, Monsieur, le plaisir que...

HARPAGON

Je m'en vais. Voilà qu'on m'appelle. Jusqu'à tantôt.

FROSINE, seule

Que la fièvre te serre, chien de vilain à tous les diables ! Le ladre a été ferme à toutes mes attaques; mais il ne me faut pas pourtant quitter la négociation; et j'ai l'autre côté, en tous cas, d'où je suis assurée de tirer bonne récompense.

ACTE TROISIÈME

Scène PREMIÈRE

HARPAGON, CLÉANTE, ÉLISE, VALÈRE, Dame CLAUDE, Maître JACQUES, BRINDAVOINE, LA MERLUCHE

HARPAGON

Allons, venez çà tous, que je vous distribue mes ordres pour tantôt et règle à chacun son emploi. Approchez, dame Claude ; commençons par vous. Bon, vous voilà les armes à la main [1]. Je vous commets au soin de nettoyer partout; et surtout prenez garde de ne

[1] Elle tient un balai.

point frotter les meubles trop fort de peur de les user. Outre cela, je vous constitue, pendant le souper, au gouvernement des bouteilles ; et, s'il s'en écarte quelqu'une, et qu'il se casse quelque chose, je m'en prendrai à vous, et le rabattrai sur vos gages.

MAITRE JACQUES, à part

Châtiment politique [1].

HARPAGON, à dame Claude

Allez.

Scène II

HARPAGON, CLÉANTE, ÉLISE, VALÈRE, Maitre JACQUES BRINDAVOINE, LA MERLUCHE

HARPAGON

Vous, Brindavoine, et vous, la Merluche, je vous établis dans la charge de rincer les verres et de donner à boire, mais seulement lorsque l'on aura soif, et non pas selon la coutume de certains impertinents de laquais, qui viennent provoquer les gens et les faire aviser de boire lorsqu'on n'y songe pas. Attendez qu'on vous en demande plus d'une fois, et vous ressouvenez de porter toujours beaucoup d'eau.

MAITRE JACQUES, à part

Oui, le vin pur monte à la tête.

LA MERLUCHE

Quitterons-nous nos siquenilles [2], Monsieur?

HARPAGON

Oui, quand vous verrez venir les personnes; et gardez bien de gâter vos habits.

BRINDAVOINE

Vous savez bien, Monsieur, qu'un des devants de mon pourpoint est couvert d'une grande tache de l'huile de la lampe.

LA MERLUCHE

Et moi, Monsieur, que j'ai mon haut-de-chausses tout troué par derrière, et qu'on me voit, révérence parler [3]...

[1] *Politique* est pris ici au sens de sage et habile dans la conduite des affaires privées.

[2] « Sorte de justaucorps fort long, fait de grosse toile, qu'on donne aux cochers et aux laquais pour conserver leurs habits. » (Dict. Littré.)

[3] Dit avec la révérence que je vous dois.

HARPAGON, à la Merluche

Paix. Rangez cela adroitement du côté de la muraille, et présentez toujours le devant au monde. (A Brindavoine, en lui montrant comment il doit mettre son chapeau au-devant de son pourpoint, pour cacher la tache d'huile.) Et vous, tenez toujours votre chapeau ainsi, lorsque vous servirez.

Scène III

HARPAGON, CLÉANTE, ÉLISE, VALÈRE, Maitre JACQUES

HARPAGON

Pour vous, ma fille, vous aurez l'œil sur ce que l'on desservira, et prendrez garde qu'il ne s'en fasse aucun dégât : cela sied bien aux filles. Mais cependant préparez-vous à bien recevoir ma maîtresse [1] qui vous doit venir visiter et vous mener avec elle à la foire. Entendez-vous ce que je dis?

ÉLISE

Oui, mon père.

Scène IV

HARPAGON, CLÉANTE, VALÈRE, Maitre JACQUES

HARPAGON

Et vous, mon fils le Damoiseau, à qui j'ai la bonté de pardonner l'histoire de tantôt, ne vous allez pas aviser non plus de lui faire mauvais visage.

CLÉANTE

Moi, mon père, mauvais visage? et par quelle raison?

HARPAGON

Mon Dieu ! nous savons le train des enfants dont les pères se remarient, et de quel œil ils ont coutume de regarder ce qu'on appelle belle-mère. Mais, si vous souhaitez que je perde le souvenir de votre dernière fredaine, je vous recommande surtout de régaler [2] d'un bon visage cette personne-là et de lui faire enfin tout le meilleur accueil qu'il vous sera possible.

[1] Ma fiancée.

[2] Dans le sens de *gratifier*, de *réjouir*.

CLÉANTE

A vous dire le vrai, mon père, je ne puis pas vous promettre d'être bien aise qu'elle devienne ma belle-mère; je mentirais si je vous le disais, mais, pour ce qui est de la bien recevoir et de lui faire bon visage, je vous promets de vous obéir ponctuellement sur ce chapitre.

HARPAGON

Prenez-y garde, au moins.

CLÉANTE

Vous verrez que vous n'aurez pas sujet de vous en plaindre.

HARPAGON

Vous ferez sagement

SCÈNE V

HARPAGON, VALÈRE, MAITRE JACQUES

HARPAGON

Valère, aide-moi à ceci. Ho çà, maître Jacques, approchez-vous, je vous ai gardé pour le dernier.

MAITRE JACQUES

Est-ce à votre cocher, Monsieur, ou bien à votre cuisinier que vous voulez parler? car je suis l'un et l'autre.

HARPAGON

C'est à tous les deux.

MAITRE JACQUES

Mais à qui des deux le premier?

HARPAGON

Au cuisinier.

MAITRE JACQUES

Attendez donc, s'il vous plaît. (Maître Jacques ôte sa casaque de cocher et paraît vêtu en cuisinier.)

HARPAGON

Quelle diantre de cérémonie est-ce là?

MAITRE JACQUES

Vous n'avez qu'à parler.

HARPAGON

Je me suis engagé, maître Jacques, à donner ce soir à souper.

MAITRE JACQUES, à part

Grande merveille !

HARPAGON

Dis-moi un peu, nous feras-tu bonne chère ?

MAITRE JACQUES

Oui, si vous me donnez bien de l'argent.

HARPAGON

Que diable, toujours de l'argent ! Il semble qu'ils n'aient autre chose à dire : « de l'argent ! de l'argent ! de l'argent ! » Ah ! ils n'ont que ce mot à la bouche : « de l'argent ! » Toujours parler d'argent ! Voilà leur épée de chevet [1] : de l'argent !

VALÈRE

Je n'ai jamais vu de réponse plus impertinente que celle-là. Voilà une belle merveille que de faire bonne chère avec bien de l'argent : c'est une chose la plus aisée du monde, et il n'y a si pauvre esprit qui n'en fît bien autant. Mais pour agir en habile homme, il faut parler de faire bonne chère avec peu d'argent.

MAITRE JACQUES

Bonne chère avec peu d'argent !

VALÈRE

Oui.

MAITRE JACQUES, à Valère

Par ma foi, Monsieur l'intendant, vous nous obligerez de nous faire voir ce secret et de prendre mon office de cuisinier : aussi bien vous mêlez-vous céans d'être le factoton [2].

HARPAGON

Taisez-vous. Qu'est-ce qu'il nous faudra ?

MAITRE JACQUES

Voilà, Monsieur, votre intendant, qui vous fera bonne chère pour peu d'argent.

HARPAGON

Haye ! je veux que tu me répondes.

MAITRE JACQUES

Combien serez-vous de gens à table ?

[1] Au propre, l'*épée de chevet* était celle qu'on mettait la nuit sous son chevet ou à portée de la main. Ici cette locution signifie : leur grande ressource, leur grand moyen.

[2] Celui qui fait tout. (*Fac totum.*)

HARPAGON

Nous serons huit ou dix; mais il ne faut prendre que huit. Quand il y a à manger pour huit, il y en a bien pour dix.

VALÈRE

Cela s'entend.

MAITRE JACQUES

Hé bien! il faudra quatre grands potages et cinq assiettes [1]. Potages... Entrées...

HARPAGON

Que diable! voilà pour traiter toute une ville entière.

MAITRE JACQUES

Rôt...

HARPAGON, mettant la main sur la bouche de maître Jacques

Ah! traître, tu manges tout mon bien.

MAITRE JACQUES

Entremets...

HARPAGON, mettant la main sur la bouche de maître Jacques

Encore?

VALÈRE, à maître Jacques

Est-ce que vous avez envie de faire crever tout le monde? et Monsieur a-t-il invité des gens pour les assassiner à force de mangeaille? Allez-vous-en lire un peu les *Préceptes de la santé* et demander aux médecins s'il y a rien de plus préjudiciable à l'homme que de manger avec excès.

HARPAGON

Il a raison.

VALÈRE

Apprenez, maître Jacques, vous et vos pareils, que c'est un coupe-gorge qu'une table remplie de trop de viandes [2]; que pour se bien montrer ami de ceux que l'on invite, il faut que la frugalité règne dans les repas qu'on donne; et que, suivant le dire d'un ancien, *il faut manger pour vivre, et non pas vivre pour manger*.

HARPAGON

Ah! que cela est bien dit! Approche, que je t'embrasse pour ce mot. Voilà la plus belle sentence que j'aie entendue de ma vie:

[1] Cinq assiettes d'entrée.

[2] *Viandes*, dans le sens de mets, aliments (du bas latin vivenda). On dit encore au figuré se repaître de *viande creuse*, pour remplir son esprit de chimères, de choses vaines.

Il faut vivre pour manger, et non pas manger pour vi... Non, ce n'est pas cela. Comment est-ce que tu dis ?

VALÈRE

Qu'*il faut manger pour vivre, et non pas vivre pour manger.*

HARPAGON, à maître Jacques

Oui. Entends-tu ? (A Valère.) Qui est le grand homme qui a dit cela?

VALÈRE

Je ne me souviens pas maintenant de son nom.

HARPAGON

Souviens-toi de m'écrire ces mots : je les veux faire graver en lettres d'or sur la cheminée de ma salle.

VALÈRE

Je n'y manquerai pas. Et pour votre souper vous n'avez qu'à me laisser faire, je réglerai tout cela comme il faut.

HARPAGON

Fais donc.

MAITRE JACQUES

Tant mieux, j'en aurai moins de peine.

HARPAGON, à Valère

Il faudra de ces choses dont on ne mange guère, et qui rassasient d'abord [1] : quelque bon haricot bien gras [2], avec quelque pâté en pot, bien garni de marrons.

VALÈRE

Reposez-vous sur moi.

HARPAGON

Maintenant, maître Jacques, il faut nettoyer mon carrosse.

MAITRE JACQUES

Attendez. Ceci s'adresse au cocher. (Maître Jacques remet sa casaque.) Vous dites...

HARPAGON

Qu'il faut nettoyer mon carrosse et tenir mes chevaux tout prêts pour conduire à la foire...

MAITRE JACQUES

Vos chevaux, Monsieur ? Ma foi, ils ne sont point du tout en état

[1] Dès l'abord, dès le commencement. | [2] *Haricot* ou ragoût de mouton.

de marcher. Je ne vous dirai point qu'ils sont sur la litière [1], les pauvres bêtes n'en ont point, et ce serait fort mal parler ; mais vous leur faites observer des jeûnes si austères que ce ne sont plus rien que des idées ou des fantômes, des façons [2] de chevaux.

HARPAGON

Les voilà bien malades : ils ne font rien.

MAITRE JACQUES

Et pour ne faire rien, Monsieur, est-ce qu'il ne faut rien manger ? Il leur vaudrait bien mieux, les pauvres animaux, de travailler beaucoup, de manger de même. Cela me fend le cœur de les voir ainsi exténués ; car enfin j'ai une tendresse [3] pour mes chevaux, qu'il me semble que c'est moi-même quand je les vois pâtir ; je m'ôte tous les jours pour eux les choses de la bouche ; et c'est être, Monsieur, d'un naturel trop dur que de n'avoir nulle pitié de son prochain.

HARPAGON

Le travail ne sera pas grand d'aller jusqu'à la foire.

MAITRE JACQUES

Non, Monsieur, je n'ai pas le courage de les mener, et je ferais conscience de leur donner des coups de fouet en l'état où ils sont. Comment voudriez-vous qu'ils traînassent un carrosse, qu'ils [4] ne peuvent pas se traîner eux-mêmes ?

VALÈRE

Monsieur, j'obligerai le voisin le Picard à se charger de les conduire : aussi bien nous fera-t-il ici besoin pour apprêter le souper.

MAITRE JACQUES

Soit : j'aime mieux encore qu'ils meurent sous la main d'un autre que sous la mienne.

VALÈRE

Maître Jacques fait bien le raisonnable [5].

MAITRE JACQUES

Monsieur l'intendant fait bien le nécessaire.

[1] Maître Jacques fait un jeu de mots ; *être sur la litière* signifie proverbialement, en parlant des animaux, être malade.
[2] Des apparences de chevaux.
[3] Une tendresse, *telle* sous-entendu.
[4] *Alors* (sous-entendu) qu'ils ne peuvent pas, etc.
[5] *Le raisonnable*, l'homme qui sait raisonner ; *le nécessaire*, l'homme dont on ne peut se passer.

HARPAGON

Paix !

MAITRE JACQUES

Monsieur, je ne saurais souffrir les flatteurs; et je vois que ce qu'il en fait, que ses contrôles perpétuels sur le pain et le vin, le bois, le sel et la chandelle, ne sont rien que pour vous gratter [1] et vous faire sa cour. J'enrage de cela et je suis fâché tous les jours d'entendre ce qu'on dit de vous; car, enfin, je me sens pour vous de la tendresse, en dépit que j'en aie; et, après mes chevaux, vous êtes la personne que j'aime le plus.

HARPAGON

Pourrais-je savoir de vous, maître Jacques, ce que l'on dit de moi ?

MAITRE JACQUES

Oui, Monsieur, si j'étais assuré que cela ne vous fâchât point.

HARPAGON

Non, en aucune façon.

MAITRE JACQUES

Pardonnez-moi : je sais fort bien que je vous mettrais en colère.

HARPAGON

Point du tout; au contraire, c'est me faire plaisir, et je suis bien aise d'apprendre comme on parle de moi.

MAITRE JACQUES

Monsieur, puisque vous le voulez, je vous dirai franchement qu'on se moque partout de vous, qu'on nous jette de tous côtés cent brocards [2] à votre sujet, et que l'on n'est point plus ravi que de vous tenir... aux chausses [3] et de faire sans cesse des contes de votre lésine [4]. L'un dit que vous faites imprimer des almanachs particuliers, où vous faites doubler les quatre-temps et les vigiles afin de profiter des jeûnes où vous obligez votre monde. L'autre, que vous avez toujours une querelle toute prête à faire à vos valets dans le temps des étrennes, ou de leur sortie d'avec vous, pour vous trouver une raison de ne leur donner rien. Celui-là conte qu'une fois vous fîtes assigner le chat d'un de vos voisins [5], pour vous avoir mangé un reste d'un gigot de mouton. Celui-ci, que l'on vous sur-

[1] Vous flatter.

[2] Traits mordants.

[3] De s'acharner contre vous, sans vouloir vous lâcher.

[4] *Lésine*, avarice, de l'italien *lesina*, alène. La *lésina* était une compagnie d'avares qui raccommodaient eux-mêmes leurs souliers, et pour cela avaient une alène.

[5] Imité de Plaute : l'avare Euclion fait assigner un milan qui lui avait enlevé son potage.

prit une nuit en venant[1] dérober vous-même l'avoine de vos chevaux, et que votre cocher, qui était celui d'avant moi, vous donna dans l'obscurité je ne sais combien de coups de bâton dont vous ne voulûtes rien dire. Enfin, voulez-vous que je vous dise? on ne saurait aller nulle part où l'on ne vous entende accommoder de toutes pièces[2]. Vous êtes la fable et la risée de tout le monde, et jamais on ne parle de vous que sous les noms d'avare, de ladre, de vilain et de fesse-mathieu.

HARPAGON, en battant maître Jacques

Vous êtes un sot, un maraud, un coquin et un impudent!

MAITRE JACQUES

Hé bien! ne l'avais-je pas deviné? Vous ne m'avez pas voulu croire: je vous l'avais bien dit que je vous fâcherais de vous dire la vérité.

HARPAGON

Apprenez à parler.

Scène VI

VALÈRE, Maitre JACQUES

VALÈRE, riant

A ce que je puis voir, maître Jacques, on paye mal votre franchise.

MAITRE JACQUES

Morbleu! Monsieur le nouveau venu, qui faites l'homme d'importance, ce n'est pas votre affaire. Riez de vos coups de bâton quand on vous en donnera, et ne venez point rire des miens.

VALÈRE

Ah! Monsieur maître Jacques, ne vous fâchez pas, je vous prie.

MAITRE JACQUES, à part

Il file doux. Je veux faire le brave, et s'il est assez sot pour me craindre, le frotter quelque peu. (Haut.) Savez-vous bien, Monsieur le rieur, que je ne ris pas, moi; et que, si vous m'échauffez la tête, je vous ferai rire d'une autre sorte?

(Maître Jacques pousse Valère jusqu'au fond du théâtre en le menaçant.)

[1] *Alors* que vous veniez. Selon les règles actuelles de la grammaire, le participe présent *en venant* devrait se rapporter au sujet de la phrase et non au complément comme ici.

[2] Tourner, habiller en ridicule.

VALÈRE

Eh ! doucement.

MAITRE JACQUES

Comment, doucement ? Il ne me plaît pas, moi.

VALÈRE

De grâce.

MAITRE JACQUES

Vous êtes un impertinent.

VALÈRE

Monsieur maître Jacques...

MAITRE JACQUES

Il n'y a point de Monsieur maître Jacques pour un double [1]. Si je prends un bâton, je vous rosserai d'importance.

VALÈRE

Comment, un bâton ? (Valère fait reculer maître Jacques à son tour.)

MAITRE JACQUES

Eh ! je ne parle pas de cela.

VALÈRE

Savez-vous bien, Monsieur le fat, que je suis homme à vous rosser vous-même ?

MAITRE JACQUES

Je n'en doute pas.

VALÈRE

Que vous n'êtes, pour tout potage, qu'un faquin [2] de cuisinier ?

MAITRE JACQUES

Je le sais bien.

VALÈRE

Et que vous ne me connaissez pas encore ?

MAITRE JACQUES

Pardonnez-moi.

VALÈRE

Vous me rosserez, dites-vous ?

MAITRE JACQUES

Je le disais en raillant.

VALÈRE

Et moi, je ne prends point de goût à votre raillerie. (Donnant des coups de bâton à maître Jacques.) Apprenez que vous êtes un mauvais railleur.

[1] Autrement dit, il n'y a pas de monsieur maître Jacques qui tienne. Le double valait un sixième de sou.

[2] Voir la note 2, p. 50.

MAITRE JACQUES, seul

Peste soit la sincérité! c'est un mauvais métier. Désormais j'y renonce, et je ne veux plus dire vrai. Passe encore pour mon maître; il a quelque droit de me battre; mais, pour ce Monsieur l'intendant, je m'en vengerai si je puis.

Scène VII

MARIANNE, FROSINE, Maître JACQUES

FROSINE

Savez-vous, maître Jacques, si votre maître est au logis ?

MAITRE JACQUES

Oui, vraiment, il y est ; je ne le sais que trop.

FROSINE

Dites-lui, je vous prie, que nous sommes ici.

. . . .

Scène IX

HARPAGON, MARIANNE, FROSINE

HARPAGON, à Marianne

Ne vous offensez pas, ma belle, si je viens à vous avec des lunettes. Je sais que vos appas frappent assez les yeux, sont assez visibles d'eux-mêmes et qu'il n'est pas besoin de lunettes pour les apercevoir ; mais enfin c'est avec des lunettes qu'on observe les astres, et je maintiens et garantis que vous êtes un astre, mais un astre, le plus bel astre qui soit dans le pays des astres... Frosine, elle ne répond mot, et ne témoigne, ce me semble, aucune joie de me voir.

FROSINE, à Harpagon

C'est qu'elle est encore toute surprise ; et puis les filles ont toujours honte à témoigner d'abord ce qu'elles ont dans l'âme.

HARPAGON, à Frosine

Tu as raison. (A Marianne.) Voilà, belle mignonne, ma fille qui vient vous saluer.

Scène X

HARPAGON, ÉLISE, MARIANNE, FROSINE

MARIANNE

Je m'acquitte bien tard, Madame, d'une telle visite.

ÉLISE

Vous avez fait, Madame, ce que je devais faire, et c'était à moi de vous prévenir.

HARPAGON

Vous voyez qu'elle est grande ; mais mauvaise herbe croît toujours[1].

MARIANNE, bas à Frosine

O l'homme déplaisant !

HARPAGON, à Frosine

Que dit la belle ?

FROSINE

Qu'elle vous trouve admirable.

HARPAGON

C'est trop d'honneur que vous me faites, adorable mignonne.

MARIANNE, à part

Quel animal !

HARPAGON

Je vous suis trop obligé de ces sentiments.

MARIANNE, à part

Je n'y puis plus tenir.

Scène XI

HARPAGON, MARIANNE, ÉLISE, CLÉANTE, VALÈRE, FROSINE, BRINDAVOINE

HARPAGON

Voici mon fils aussi, qui vous vient faire la révérence.

MARIANNE, bas à Frosine

Ah ! Frosine, quelle rencontre ! C'est justement celui dont je t'ai parlé.

FROSINE, à Marianne

L'aventure est merveilleuse.

[1] Cette plaisanterie vulgaire trahit ici la dureté de cœur d'Harpagon envers ses enfants ; Marianne le sent, et cela augmente son aversion pour le vieillard.

HARPAGON

Je vois que vous vous étonnez de me voir de si grands enfants ; mais je serai bientôt défait et de l'un et de l'autre.

CLÉANTE, à Marianne

Madame, à vous dire le vrai, c'est ici une aventure où, sans doute, je ne m'attendais pas ; et mon père ne m'a pas peu surpris lorsqu'il m'a dit tantôt le dessein qu'il avait formé.

MARIANNE

Je puis dire la même chose : c'est une rencontre imprévue qui m'a surprise autant que vous, et je n'étais point préparée à une pareille aventure.

CLÉANTE

Il est vrai que mon père, Madame, ne peut pas faire un plus beau choix, et que ce m'est une sensible joie que l'honneur de vous voir ; mais, avec tout cela, je ne vous assurerai point que je me réjouis du dessein où vous pourriez être de devenir ma belle-mère. Le compliment, je vous l'avoue, est trop difficile pour moi ; c'est un titre, s'il vous plaît, que je ne vous souhaite point..., et vous voulez bien, enfin, que je vous dise, avec la permission de mon père, que, si les choses dépendaient de moi, cet hymen ne se ferait point.

HARPAGON

Voilà un compliment bien impertinent : quelle belle confession à lui faire !

MARIANNE

Et moi, pour vous répondre, j'ai à vous dire que les choses sont fort égales; et que, si vous auriez [1] de la répugnance à me voir votre belle-mère, je n'en aurais pas moins, sans doute, à vous voir mon beau-fils. Ne croyez pas...

HARPAGON

Elle a raison : à sot compliment [2], il faut une réponse de même. Je vous demande pardon, ma belle, de l'impertinence de mon fils. C'est un jeune sot qui ne sait pas encore la conséquence des paroles qu'il dit.

MARIANNE

Je vous promets que ce qu'il m'a dit ne m'a point du tout offen-

[1] Emploi remarquable du conditionnel après *si*, qui indique une possibilité, non actuelle, mais future.

[2] Harpagon veut sans doute dire *mauvais* compliment, ce qui n'empêche que le sien à Marianne ne soit peu gracieux.

sée ; au contraire, il m'a fait plaisir de m'expliquer ainsi ses véritables sentiments. J'aime de lui un aveu de la sorte ; et, s'il avait parlé d'autre façon, je l'en estimerais bien moins.

HARPAGON

C'est beaucoup de bonté à vous de vouloir ainsi excuser ses fautes. Le temps le rendra plus sage, et vous verrez qu'il changera de sentiments.

CLÉANTE

Non, mon père, je ne suis point capable d'en changer ; et je prie instamment Madame de le croire.

HARPAGON

Mais voyez quelle extravagance ! il continue encore plus fort.

CLÉANTE

Voulez-vous que je trahisse mon cœur ?

HARPAGON

Encore ? Avez-vous envie de changer de discours ?

CLÉANTE

Hé bien ! puisque vous voulez que je parle d'autre façon, souffrez, Madame, que je me mette ici à la place de mon père et que je vous avoue que je n'ai rien vu dans le monde de si charmant que vous...

HARPAGON

Doucement, mon fils, s'il vous plaît.

CLÉANTE

C'est un compliment que je fais pour vous, à Madame.

HARPAGON

Mon Dieu ! j'ai une langue pour m'expliquer moi-même, et je n'ai pas besoin d'un procureur comme vous. Allons, donnez des sièges.

FROSINE

Non ; il vaut mieux que de ce pas nous allions à la foire, afin d'en revenir plus tôt et d'avoir tout le temps ensuite de vous entretenir.

HARPAGON, à Brindavoine

Qu'on mette donc les chevaux au carrosse.

Scène XII

HARPAGON, MARIANNE, ÉLISE, CLÉANTE, VALÈRE, FROSINE

HARPAGON, à Marianne

Je vous prie de m'excuser, ma belle, si je n'ai pas songé à vous donner un peu de collation avant que de partir.

CLÉANTE

J'y ai pourvu, mon père ; et j'ai fait apporter ici quelques bassins d'oranges de la Chine, de citrons doux et de confitures, que j'ai envoyé quérir de votre part.

HARPAGON, bas, à Valère

Valère !

VALÈRE, à Harpagon

Il a perdu le sens.

CLÉANTE

Est-ce que vous trouvez, mon père, que ce ne soit pas assez ? Madame aura la bonté d'excuser cela, s'il lui plaît.

MARIANNE

C'est une chose qui n'était pas nécessaire.

CLÉANTE

Avez-vous jamais vu, Madame, un diamant plus vif que celui que vous voyez que mon père a au doigt ?

MARIANNE

Il est vrai qu'il brille beaucoup.

CLÉANTE, ôtant du doigt de son père le diamant, et le donnant à Marianne

Il faut que vous le voyiez de près.

MARIANNE

Il est fort beau sans doute et jette quantité de feux.

CLÉANTE, se mettant au-devant de Marianne, qui veut rendre le diamant

Nenni, Madame, il est en de trop belles mains ; c'est un présent que mon père vous a fait.

HARPAGON

Moi ?

CLÉANTE

N'est-il pas vrai, mon père, que vous voulez que Madame le garde pour l'amour de vous ?

HARPAGON, bas à son fils

Comment ?

CLÉANTE, à Marianne

Belle demande ! Il me fait signe de vous le faire accepter.

MARIANNE

Je ne veux point...

CLÉANTE, à Marianne

Vous moquez-vous ? Il n'a garde de le reprendre.

HARPAGON, à part

J'enrage.

MARIANNE

Ce serait...

CLÉANTE, empêchant toujours Marianne de rendre le diamant

Non, vous dis-je, c'est l'offenser.

MARIANNE

De grâce...

CLÉANTE

Point du tout.

HARPAGON, à part

Peste soit...

CLÉANTE

Le voilà qui se scandalise de votre refus.

HARPAGON, bas, à son fils

Ah ! traître !

CLÉANTE, à Marianne

Vous voyez qu'il se désespère.

HARPAGON, bas, à son fils, en le menaçant

Bourreau que tu es !

CLÉANTE

Mon père, ce n'est pas ma faute : je fais ce que je puis pour l'obliger à le garder ; mais elle est obstinée.

HARPAGON, bas, à son fils, avec emportement

Pendard !

CLÉANTE

Vous êtes cause, Madame, que mon père me querelle.

HARPAGON, bas, à son fils, avec les mêmes gestes

Le coquin !

CLÉANTE
C'est un présent que mon père vous fait.....
De grâce, Madame, ne résistez point davantage.

CLÉANTE, à Marianne

Vous le ferez tomber malade. De grâce, Madame, ne résistez point davantage.

FROSINE, à Marianne

Mon Dieu, que de façons! Gardez la bague, puisque Monsieur le veut.

MARIANNE, à Harpagon

Pour ne vous point mettre en colère, je la garde maintenant et je prendrai un autre temps pour vous la rendre.

Scène XIII

HARPAGON, MARIANNE, ÉLISE, CLÉANTE, VALÈRE, FROSINE, BRINDAVOINE

BRINDAVOINE

Monsieur, il y a là un homme qui veut vous parler.

HARPAGON

Dis-lui que je suis empêché et qu'il revienne une autre fois.

BRINDAVOINE

Il dit qu'il vous apporte de l'argent.

HARPAGON, à Marianne

Je vous demande pardon; je reviens tout à l'heure.

Scène XIV

HARPAGON, MARIANNE, ÉLISE, CLÉANTE, VALÈRE, LA MERLUCHE, FROSINE

LA MERLUCHE, courant, et faisant tomber Harpagon

Monsieur...

HARPAGON

Ah! je suis mort!

CLÉANTE

Qu'est-ce, mon père? Vous êtes-vous fait mal?

HARPAGON

Le traître assurément a reçu de l'argent de mes débiteurs pour me faire rompre le cou.

VALÈRE, à Harpagon

Cela ne sera rien.

LA MERLUCHE, à Harpagon

Monsieur, je vous demande pardon ; je croyais bien faire d'accourir vite.

HARPAGON

Que viens-tu faire ici, bourreau ?

LA MERLUCHE

Vous dire que vos deux chevaux sont déferrés.

HARPAGON

Qu'on les mène promptement chez le maréchal.

CLÉANTE

En attendant qu'ils soient ferrés, je vais faire, pour vous, mon père, les honneurs de votre logis, et conduire Madame dans le jardin, où je ferai porter la collation.

Scène XV

HARPAGON, VALÈRE

HARPAGON

Valère, aie un peu l'œil à tout cela; et prends soin, je te prie, de m'en sauver le plus que tu pourras, pour le renvoyer au marchand.

VALÈRE

C'est assez.

HARPAGON, seul

O fils impertinent, as-tu envie de me ruiner?

ACTE QUATRIÈME

Cet acte s'ouvre par une scène entre Cléante, Marianne, Élise et Frosine. Les jeunes filles se font confidence de leurs ennuis et se promettent une mutuelle amitié, tandis que Cléante cherche à mettre Frosine dans ses intérêts... Celle-ci ne demande pas mieux; car elle devine bien qu'il y aura plus de profit à servir Cléante et Marianne qu'Harpagon, et, pour une femme de cette espèce, violer sa parole n'est rien, pourvu que la bourse se garnisse. La père ne paye pas? Vive le fils! Il aura la main plus ouverte... Harpagon rentre, et, à l'attitude des jeunes gens, soupçonne quelque mystère. Il annonce que le carrosse est prêt, que les dames peuvent partir, et retient son fils auprès de lui afin de l'interroger sur ses sentiments. Trompé par l'apparente bonté de son père, Cléante avoue ingénûment qu'il pense à Marianne; Harpagon lui déclare alors qu'il doit renoncer à elle et menace de le châtier, s'il n'obéit. Une querelle s'engage entre le père et le fils. Apaisée un moment par l'intervention de maître Jacques, elle reprendra plus violente ensuite. Molière a sans doute voulu rompre l'effet dramatique de cette scène par un intermède comique, afin de ne pas laisser trop longtemps le spectateur sous une impression pénible.

HARPAGON

Je te ferai bien me connaître avec de bons coups de bâton.

CLÉANTE

Toutes vos menaces ne feront rien.

HARPAGON

Tu renonceras à Marianne.

CLÉANTE

Point du tout.

HARPAGON

Donnez-moi un bâton tout à l'heure.

Scène IV

HARPAGON, CLÉANTE, Maitre JACQUES

MAITRE JACQUES

Eh, eh, eh, Messieurs, qu'est ceci? A quoi songez-vous?

CLÉANTE

Je me moque de cela.

MAITRE JACQUES, à Cléante

Ah! Monsieur, doucement.

HARPAGON

Me parler avec cette impudence!

MAITRE JACQUES, à Harpagon

Ah! Monsieur, de grâce.

CLÉANTE

Je n'en démordrai point.

MAITRE JACQUES, à Cléante

Hé quoi? à votre père?

HARPAGON

Laisse-moi faire.

MAITRE JACQUES, à Harpagon

Hé quoi? à votre fils? Encore passe pour moi.

HARPAGON

Je te veux faire toi-même, maître Jacques, juge de cette affaire, pour montrer comme j'ai raison.

MAITRE JACQUES

J'y consens. (A Cléante.) Éloignez-vous un peu.

Maître Jacques écoute séparément les griefs du père et du fils; et, en rapportant tout bas à sa façon ce qui lui a été dit, fait croire à chacun que l'autre se désiste de ses prétentions sur Marianne. Un simulacre de réconciliation résulte de ce manège.

MAITRE JACQUES, à Harpagon

Hé bien! votre fils n'est pas si étrange que vous le dites, et il se met à la raison. Il dit qu'il sait le respect qu'il vous doit, qu'il ne s'est emporté que dans la première chaleur, et qu'il ne fera point refus de se soumettre à ce qu'il vous plaira, pourvu que vous vouliez le traiter mieux que vous ne faites et lui donner quelque personne en mariage dont il ait lieu d'être content.

HARPAGON

Ah ! dis-lui, maître Jacques, que, moyennant cela, il pourra espérer toutes choses de moi; et que, hors Marianne, je lui laisse la liberté de choisir celle qu'il voudra.

MAITRE JACQUES

Laissez-moi faire. (A Cléante.) Hé bien! votre père n'est pas si déraisonnable que vous le faites; et il m'a témoigné que ce sont vos emportements qui l'ont mis en colère; qu'il n'en veut seulement[1] qu'à votre manière d'agir, et qu'il sera fort disposé à vous accorder ce que vous souhaitez pourvu que vous vouliez vous y prendre par la douceur, et lui rendre les déférences, les respects et les soumissions qu'un fils doit à son père.

CLÉANTE

Ah! maître Jacques, tu peux lui assurer que, s'il m'accorde Marianne, il me verra toujours le plus soumis de tous les hommes, et que jamais je ne ferai aucune chose que par ses volontés.

MAITRE JACQUES, à Harpagon

Cela est fait. Il consent à ce que vous dites.

[1] *Ne* avec *seulement* forme pléonasme.

HARPAGON

Voilà qui va le mieux du monde.

MAITRE JACQUES, à Cléante

Tout est conclu. Il est content de vos promesses.

CLÉANTE

Le Ciel en soit loué!

MAITRE JACQUES

Messieurs, vous n'avez qu'à parler ensemble : vous voilà d'accord maintenant [1], et vous alliez vous quereller faute de vous entendre...

CLÉANTE

Mon pauvre maître Jacques, je te serai obligé toute ma vie.

MAITRE JACQUES

Il n'y a pas de quoi, Monsieur.

HARPAGON

Tu m'as fait plaisir, maître Jacques, et cela mérite une récompense. (Harpagon fouille dans sa poche, maître Jacques tend la main; mais Harpagon ne tire que son mouchoir, en disant :) Va, je m'en souviendrai, je t'assure.

MAITRE JACQUES

Je vous baise les mains.

Scène V

HARPAGON, CLÉANTE

CLÉANTE

Je vous demande pardon, mon père, de l'emportement que j'ai fait paraître [2].

HARPAGON

Cela n'est rien.

CLÉANTE

Je vous assure que j'en ai tous les regrets du monde.

HARPAGON

Et moi, j'ai toutes les joies du monde de te voir raisonnable.

[1] Bien entendu, aussitôt que le père et le fils se parleront directement, ce replâtrage d'entente mutuelle ne tiendra pas. Maître Jacques le sait bien, et il s'en va en riant dans sa manche.

Quand on nous a cédé pour le fond des choses, il est facile de se montrer coulant sur les formes et les procédés. Au milieu de la satisfaction qu'on éprouve, le cœur se répand en chaudes protestations; on avoue volontiers qu'on a été trop loin. Tout cela est pris sur le vif et rendu avec un naturel parfait.

CLÉANTE

Quelle bonté à vous d'oublier si vite ma faute!

HARPAGON

On oublie aisément les fautes des enfants lorsqu'ils rentrent dans leur devoir.

CLÉANTE

Quoi? ne garder aucun ressentiment de toutes mes extravagances?

HARPAGON

C'est une chose où tu m'obliges par la soumission et le respect où tu te ranges.

CLÉANTE

Je vous promets, mon père, que jusques au tombeau je conserverai dans mon cœur le souvenir de vos bontés.

HARPAGON

Et moi, je te promets, qu'il n'y aura aucune chose que de moi tu n'obtiennes.

CLÉANTE

Ah! mon père, je ne vous demande plus rien; et c'est m'avoir assez donné que de me donner Marianne.

HARPAGON

Comment?

CLÉANTE

Je dis, mon père, que je suis trop content de vous, et que je trouve toutes choses dans la bonté que vous avez de m'accorder Marianne.

HARPAGON

Qui est-ce qui parle de t'accorder Marianne?

CLÉANTE

Vous, mon père.

HARPAGON

Moi?

CLÉANTE

Sans doute.

HARPAGON

Comment? c'est toi qui as promis d'y renoncer.

CLÉANTE

Moi, y renoncer?

HARPAGON

Oui.

CLÉANTE

Point du tout.

HARPAGON

Tu ne t'es pas départi d'y prétendre?

CLÉANTE

Au contraire, j'y suis porté plus que jamais.

HARPAGON

Quoi? pendard, derechef[1]?

CLÉANTE

Rien ne me peut changer.

HARPAGON

Laisse-moi faire, traître.

CLÉANTE

Faites tout ce qu'il vous plaira.

HARPAGON

Je te défends de me jamais voir.

CLÉANTE

A la bonne heure.

HARPAGON

Je t'abandonne.

CLÉANTE

Abandonnez.

HARPAGON

Je te renonce pour mon fils.

CLÉANTE

Soit.

HARPAGON

Je te déshérite.

CLÉANTE

Tout ce que vous voudrez.

HARPAGON

Et je te donne ma malédiction.

CLÉANTE

Je n'ai que faire de vos dons[2].

[1] Sens primitif : en reprenant depuis *le chef*, depuis le commencement. Sens actuel : de nouveau.

[2] La réplique est insolente et brutale, elle serait même criminelle si elle répondait à une malédiction véritable, solennellement donnée. Mais il est clair que le fils, comme le père, est entraîné par son emportement.

Scène VI

CLÉANTE, LA FLÈCHE

LA FLÈCHE, sortant du jardin avec une cassette

Ah ! Monsieur, que je vous trouve à propos ! Suivez-moi vite.

CLÉANTE

Qu'y a-t-il ?

LA FLÈCHE

Suivez-moi, vous dis-je, nous sommes bien.

CLÉANTE

Comment ?

LA FLÈCHE

Voici votre affaire.

CLÉANTE

Quoi ?

LA FLÈCHE

J'ai guigné [1] ceci tout le jour.

CLÉANTE

Qu'est-ce que c'est ?

LA FLÈCHE

Le trésor de votre père que j'ai attrapé.

CLÉANTE

Comment as-tu fait ?

LA FLÈCHE

Vous saurez tout. Sauvons-nous, je l'entends crier.

Scène VII

HARPAGON, criant au voleur dès le jardin [2]

Au voleur ! au voleur ! à l'assassin ! au meurtrier ! Justice, juste Ciel ! Je suis perdu, je suis assassiné, on m'a coupé la gorge, on m'a dérobé mon argent. Qui peut-ce être ? Qu'est-il devenu ? Où est-il ? Où se cache-t-il ? Que ferai-je pour le trouver ? Où courir ?

[1] La Flèche est un franc scélérat au service d'un jeune homme qui croit que tous les moyens sont bons pour se défendre des injustices de son père. Il est bien évident d'ailleurs que Cléante ne s'empare de la cassette que momentanément pour forcer Harpagon à un compromis.

[2] On pourrait trouver que certains traits de cette scène sont trop chargés, par exemple de se saisir soi-même par le bras ou d'interpeller directement les spectateurs.

En cela, Molière a imité Plaute, et a sans doute jugé que, dans un pareil sujet, pour rester comique, il fallait outrer un peu les choses, sous peine de tourner au tragique. Il s'en faut de peu du reste que la douleur d'Harpago n'émeuve tout de bon.

Où ne pas courir ? N'est-il point là ? N'est-il point ici ? Qui est-ce ? Arrête. (A lui-même, se prenant par le bras.) Rends-moi mon argent, coquin !... Ah ! c'est moi !... Mon esprit est troublé et j'ignore où je suis, qui je suis, et ce que je fais. Hélas ! mon pauvre argent, mon pauvre argent, mon cher ami ! on m'a privé de toi ; et, puisque tu m'es enlevé, j'ai perdu mon support, ma consolation, ma joie ; tout est fini pour moi, et je n'ai plus que faire au monde ! Sans toi il m'est impossible de vivre. C'en est fait, je n'en puis plus ; je me meurs, je suis mort, je suis enterré. N'y a-t-il personne qui veuille me ressusciter, en me rendant mon cher argent, ou en m'apprenant qui l'a pris ? Euh ? que dites-vous ? Ce n'est personne. Il faut, qui que ce soit qui ait fait le coup, qu'avec beaucoup de soin on ait épié l'heure ; et l'on a choisi justement le temps que je parlais à mon traître de fils. Sortons. Je veux aller quérir la justice et faire donner la question [1] à toute la maison : à servantes, à valets, à fils, à fille, et à moi aussi. Que de gens assemblés [2] ! Je ne jette mes regards sur personne qui ne me donne des soupçons, et tout me semble mon voleur. Eh ! de quoi est-ce qu'on parle là ? de celui qui m'a dérobé ? Quel bruit fait-on là-haut ? Est-ce mon voleur qui y est ? De grâce, si l'on sait des nouvelles de mon voleur, je supplie que l'on m'en dise. N'est-il point caché là parmi vous ? Ils me regardent tous et se mettent à rire. Vous verrez qu'ils ont part, sans doute, au vol que l'on m'a fait. Allons vite, des commissaires, des archers, des prévôts, des juges, des gênes [3], des potences et des bourreaux. Je veux faire pendre tout le monde : et si je ne retrouve mon argent, je me pendrai moi-même après !

[1] Torture qu'on infligeait aux accusés dont on voulait tirer quelque aveu.

[2] Ici Harpagon s'adresse aux spectateurs.

[3] *Commissaire*, officier de police chargé d'arrêter ceux qui étaient soupçonnés d'un délit ou d'un crime. *Archers* (primitivement soldats armés d'un arc), au XVIIe siècle soldats de police commandés par un prévôt. *Gêne* (écrit autrefois géhine), du vieux verbe gehir, avouer. Confondu plus tard avec le mot de *géhenne* venu de l'hébreu, qui signifie lieu de supplice, il a pris le sens de torture. Puis il s'est affaibli, par l'usage... ou l'abus, et ne signifie plus aujourd'hui que malaise, contrainte, embarras.

ACTE CINQUIÈME

Scène Première

HARPAGON, UN COMMISSAIRE, son clerc

LE COMMISSAIRE

Laissez-moi faire, je sais mon métier, Dieu merci. Ce n'est pas d'aujourd'hui que je me mêle de découvrir des vols; et je voudrais avoir autant de sacs de mille francs que j'ai fait pendre de personnes[1].

HARPAGON

Tous les magistrats sont intéressés à prendre cette affaire en main; et si l'on ne me fait retrouver mon argent, je demanderai justice de la justice.

LE COMMISSAIRE

Il faut faire toutes les poursuites requises. Vous dites qu'il y avait dans cette cassette... ?

HARPAGON

Dix mille écus bien comptés.

LE COMMISSAIRE

Dix mille écus !

HARPAGON, en pleurant

Dix mille écus.

LE COMMISSAIRE

Le vol est considérable.

HARPAGON

Il n'y a point de supplice assez grand pour l'énormité de ce crime; et, s'il demeure impuni, les choses les plus sacrées ne sont plus en sûreté !

LE COMMISSAIRE

En quelles espèces était cette somme?

HARPAGON

En bons louis d'or et pistoles bien trébuchantes[2].

[1] Voilà certes de beaux états de service. Le commissaire pourrait ajouter qu'il sait se faire payer de sa peine. On le verra au dénouement de la pièce.

[2] C'est-à-dire ayant bien le poids. Autrefois, pour s'assurer que les pièces avaient bien le poids, on les éprouvait sur un trébuchet, petite balance très sensible. On appelait trébuchantes les pièces assez lourdes pour la faire pencher; car, pour compenser la déperdition causée par le frottement, on donnait aux pièces un peu plus que le poids légal.

L'*écu d'or* valait, au XVIIe siècle, six livres; le *louis*, onze livres, ainsi que la *pistole*, italienne ou espagnole d'origine.

LE COMMISSAIRE

Qui soupçonnez-vous de ce vol?

HARPAGON

Tout le monde, et je veux que vous arrêtiez prisonniers la ville et les faubourgs.

LE COMMISSAIRE

Il faut, si vous m'en croyez, n'effaroucher personne et tâcher doucement d'attraper quelques preuves, afin de procéder après, par la rigueur, au recouvrement des deniers qui vous ont été pris.

Scène II

HARPAGON, LE COMMISSAIRE, son clerc, Maitre JACQUES

MAITRE JACQUES, dans le fond du théâtre, en se retournant du côté par lequel il est entré

Je m'en vais revenir; qu'on me l'égorge tout à l'heure, qu'on me lui fasse griller les pieds, qu'on me le mette dans l'eau bouillante, et qu'on me le pende au plancher.

HARPAGON, à maître Jacques

Qui? celui qui m'a dérobé[1]?

MAITRE JACQUES

Je parle d'un cochon de lait que votre intendant me vient d'envoyer, et je veux vous l'accommoder à ma fantaisie.

HARPAGON

Il n'est pas question de cela; et voilà Monsieur, à qui il faut parler d'autre chose.

LE COMMISSAIRE, à maître Jacques

Ne vous épouvantez point; je suis homme à ne vous point scandaliser[2], et les choses iront dans la douceur.

MAITRE JACQUES

Monsieur est de votre souper?

LE COMMISSAIRE

Il faut ici, mon cher ami, ne rien cacher à votre maître.

[1] L'équivoque est très comique.
[2] Scandaliser est pris ici dans le sens de diffamer quelqu'un, d'en faire un objet de scandale.

MAITRE JACQUES

Ma foi, Monsieur, je montrerai tout ce que je sais faire, et je vous traiterai du mieux qu'il me sera possible.

HARPAGON

Ce n'est pas là l'affaire.

MAITRE JACQUES

Si je ne vous fais pas aussi bonne chère que je voudrais, c'est la faute de Monsieur notre intendant, qui m'a rogné les ailes avec les ciseaux de son économie.

HARPAGON

Traître, il s'agit d'autre chose que de souper; et je veux que tu me dises des nouvelles de l'argent qu'on m'a pris.

MAITRE JACQUES

On vous a pris de l'argent?

HARPAGON

Oui, coquin ; et je m'en vais te pendre, si tu ne me le rends !

LE COMMISSAIRE, à Harpagon

Mon Dieu ! ne le maltraitez point. Je vois à sa mine qu'il est honnête homme, et que, sans se faire mettre en prison, il vous découvrira ce que vous voulez savoir. Oui, mon ami, si vous nous confessez la chose, il ne vous sera fait aucun mal, et vous serez récompensé comme il faut par votre maître[1]. On lui a pris aujourd'hui son argent, et il n'est pas que vous ne sachiez quelques nouvelles de cette affaire.

MAITRE JACQUES, bas, à part

Voici justement ce qu'il me faut pour me venger de notre intendant. Depuis qu'il est entré céans, il est le favori, on n'écoute que ses conseils, et j'ai aussi sur le cœur les coups de bâton de tantôt.

HARPAGON

Qu'as-tu à ruminer?

LE COMMISSAIRE, à Harpagon

Laissez-le faire. Il se prépare à vous contenter, et je vous ai bien dit qu'il était honnête homme.

MAITRE JACQUES

Monsieur, si vous voulez que je vous dise les choses, je crois que c'est Monsieur votre cher intendant qui a fait le coup.

[1] Ce commissaire est aussi doucereux que le M. Loyal du *Tartuffe*.

HARPAGON

Valère ?

MAITRE JACQUES

Oui.

HARPAGON

Lui, qui me paraît si fidèle ?

MAITRE JACQUES

Lui-même. Je crois que c'est lui qui vous a dérobé.

HARPAGON

Et sur quoi le crois-tu ?

MAITRE JACQUES

Sur quoi ?

HARPAGON

Oui.

MAITRE JACQUES

Je le crois... sur ce que je le crois.

LE COMMISSAIRE

Mais il est nécessaire de dire les indices que vous avez.

HARPAGON

L'as-tu vu rôder autour du lieu où j'avais mis mon argent ?

MAITRE JACQUES

Oui, vraiment. Où était-il votre argent ?

HARPAGON

Dans le jardin.

MAITRE JACQUES

Justement. Je l'ai vu rôder dans le jardin. Et dans quoi est-ce que cet argent était ?

HARPAGON

Dans une cassette.

MAITRE JACQUES

Voilà l'affaire : je lui ai vu une cassette.

HARPAGON

Et cette cassette, comment est-elle faite ? Je verrai bien si c'est la mienne.

MAITRE JACQUES

Comment elle est faite ?

HARPAGON

Oui.

MAITRE JACQUES

Elle est faite... elle est faite comme une cassette.

LE COMMISSAIRE

Cela s'entend. Mais dépeignez-la un peu, pour voir.

MAITRE JACQUES

C'est une grande cassette...

HARPAGON

Celle qu'on m'a volée est petite.

MAITRE JACQUES

Eh ! oui, elle est petite, si on le veut prendre par là ; mais je l'appelle grande pour ce qu'elle contient.

LE COMMISSAIRE

Et de quelle couleur est-elle?

MAITRE JACQUES

De quelle couleur?

LE COMMISSAIRE

Oui.

MAITRE JACQUES

Elle est de couleur... là, d'une certaine couleur... Ne sauriez-vous m'aider à dire?

HARPAGON

Euh ?

MAITRE JACQUES

N'est-elle pas rouge?

HARPAGON

Non, grise.

MAITRE JACQUES

Eh ! oui, gris-rouge : c'est ce que je voulais dire.

HARPAGON

Il n'y a point de doute : c'est elle assurément. Écrivez, Monsieur, écrivez sa déposition. Ciel ! à qui désormais se fier? il ne faut plus jurer de rien ; et je crois, après cela, que je suis homme à me voler moi-même !

MAITRE JACQUES, *à Harpagon*

Monsieur, le voici qui revient. Ne lui allez pas dire au moins que c'est moi qui vous ai découvert cela.

Scène III

HARPAGON, LE COMMISSAIRE, son clerc, VALÈRE, Maitre JACQUES

HARPAGON

Approche ; viens confesser l'action la plus noire, l'attentat le plus horrible qui jamais ait été commis.

VALÈRE

Que voulez-vous, Monsieur?

HARPAGON

Comment! traître, tu ne rougis pas de ton crime!

VALÈRE

De quel crime voulez-vous donc parler?

HARPAGON

De quel crime je veux parler, infâme? comme si tu ne savais pas ce que je veux dire! C'est en vain que tu prétendrais de le déguiser : l'affaire est découverte, et l'on vient de m'apprendre tout. Comment abuser ainsi de ma bonté et s'introduire exprès chez moi pour me trahir? pour me jouer un tour de cette nature?

VALÈRE

Monsieur, puisqu'on vous a découvert tout, je ne veux point chercher de détours et vous nier la chose.

MAITRE JACQUES, à part

Oh! oh! aurais-je deviné sans y penser?

VALÈRE

C'était mon dessein de vous en parler, et je voulais attendre pour cela des conjonctures favorables; mais puisqu'il est ainsi, je vous conjure de ne vous point fâcher et de vouloir entendre mes raisons.

HARPAGON

Et quelles belles raisons peux-tu me donner, voleur infâme?

VALÈRE

Ah! Monsieur! je n'ai pas mérité ces noms. Il est vrai que j'ai commis une offense envers vous; mais, après tout, ma faute est pardonnable.

HARPAGON

Comment, pardonnable? un guet-apens? un assassinat de la sorte?

VALÈRE

De grâce, ne vous mettez point en colère. Quand vous m'aurez ouï, vous verrez que le mal n'est pas si grand que vous le faites.

HARPAGON

Le mal n'est pas si grand que je le fais! Quoi? mon sang, mes entrailles [1], pendard?

[1] Harpagon parle de sa cassette et Valère d'Elise. Molière a obtenu un effet très comique en prolongeant le quiproquo.

VALÈRE

Votre sang, Monsieur, n'est pas tombé dans de mauvaises mains. Je suis d'une condition à ne lui point faire de tort; et il n'y a rien en tout ceci que je ne puisse bien réparer.

HARPAGON

C'est bien mon intention, et que tu me restitues ce que tu m'as ravi.

VALÈRE

Votre honneur, Monsieur, sera pleinement satisfait.

HARPAGON

Il n'est pas question d'honneur là-dedans. Mais, dis-moi, qui t'a porté à cette action?

VALÈRE

Hélas! me le demandez-vous?

HARPAGON

Oui, vraiment, je te le demande.

VALÈRE

Un dieu qui porte les excuses de tout ce qu'il fait faire : l'Amour.

HARPAGON

L'Amour?

VALÈRE

Oui.

HARPAGON

Bel amour, bel amour, ma foi! l'amour de mes louis d'or.

VALÈRE

Non, Monsieur, ce ne sont point vos richesses qui m'ont tenté, ce n'est pas cela qui m'a ébloui, et je proteste de ne prétendre rien à tous vos biens, pourvu que vous me laissiez celui que j'ai.

HARPAGON

Non ferai[1], de par tous les diables! je ne te le laisserai pas. Mais voyez quelle insolence de vouloir retenir le vol qu'il m'a fait!

VALÈRE

Appelez-vous cela un vol?

HARPAGON

Si je l'appelle un vol? un trésor comme celui-là!

[1] *Non ferai*, *si ferai*, s'employait jadis pour oui ou non. Nous disons encore aujourd'hui *si fait*.

VALÈRE

C'est un trésor, il est vrai, et le plus précieux que vous ayez sans doute ; mais ce ne sera pas le perdre que de me le laisser. Je vous le demande à genoux, ce trésor plein de charmes ; et, pour bien faire, il faut que vous me l'accordiez.

HARPAGON

Je n'en ferai rien. Qu'est-ce à dire, cela ?

VALÈRE

Nous nous sommes promis une foi mutuelle et avons fait serment de ne nous point abandonner.

HARPAGON

Le serment est admirable, et la promesse plaisante !

VALÈRE

Oui, nous nous sommes engagés d'être l'un à l'autre à jamais.

HARPAGON

Je vous en empêcherai bien, je vous assure.

VALÈRE

Rien que la mort ne nous peut séparer.

HARPAGON

C'est être bien endiablé après mon argent.

VALÈRE

Je vous ai déjà dit, Monsieur, que ce n'était point l'intérêt qui m'avait poussé à faire ce que j'ai fait. Mon cœur n'a point agi par les ressorts que vous pensez, et un motif plus noble m'a inspiré cette résolution.

HARPAGON

Vous verrez que c'est par charité chrétienne qu'il veut avoir mon bien. Mais j'y donnerai bon ordre et la justice, pendard effronté, me va faire raison de tout.

VALÈRE

Vous en userez comme vous voudrez, et me voilà prêt à souffrir toutes les violences qu'il vous plaira ; mais je vous prie de croire au moins que, s'il y a du mal, ce n'est que moi qu'il en faut accuser, et que votre fille, en tout ceci, n'est aucunement coupable.

HARPAGON

Je le crois bien, vraiment; il serait fort étrange que ma fille eût trempé dans ce crime. Mais je veux ravoir mon affaire, et que tu me confesses en quel endroit tu me l'as enlevée.

VALÈRE

Moi? je ne l'ai point enlevée, et elle est encore chez vous.

HARPAGON, à part

O ma chère cassette! (Haut.) Elle n'est point sortie de ma maison?

VALÈRE

Non, Monsieur... et c'est d'une ardeur toute pure et respectueuse que j'ai brûlé pour elle.

HARPAGON

Brûlé pour ma cassette!

VALÈRE

Tous mes désirs se sont bornés à jouir de sa vue, et rien de criminel n'a profané la passion que ses beaux yeux m'ont inspirée.

HARPAGON, à part

Les beaux yeux de ma cassette [1]!

VALÈRE

De votre fille; et c'est seulement depuis hier qu'elle a pu se résoudre à nous signer mutuellement une promesse de mariage.

HARPAGON

Ma fille t'a signé une promesse de mariage?

VALÈRE

Oui, Monsieur, comme de ma part je lui en ai signé une.

HARPAGON

O Ciel! autre disgrâce!

MAITRE JACQUES, au commissaire

Écrivez, Monsieur, écrivez.

[1] Mot passé en proverbe. Mme de Sévigné l'applique en plaisantant à son oncle, l'abbé de Coulanges, très soigneux des intérêts de sa nièce.

HARPAGON

Rengrégement [1] de mal! surcroît de désespoir! (Au commissaire.) Allons Monsieur, faites le dû de votre charge, et dressez-lui-moi son procès comme larron et comme suborneur.

VALÈRE

Ce sont des noms qui ne me sont point dus; et quand on saura qui je suis...

Scène IV

HARPAGON, ÉLISE, MARIANNE, VALÈRE, FROSINE, Maitre JACQUES, LE COMMISSAIRE, son clerc

HARPAGON

Ah! fille scélérate! fille indigne d'un père comme moi! c'est ainsi que tu pratiques les leçons que je t'ai données? Tu te laisses prendre d'amour pour un voleur infâme, et tu lui engages ta foi sans mon consentement? Mais vous serez trompés l'un et l'autre. (à Élise.) Quatre bonnes murailles me répondront de ta conduite; (à Valère.) et une bonne potence me fera raison de ton audace.

VALÈRE

Ce ne sera point votre passion qui jugera l'affaire, et l'on m'écoutera au moins avant que de me condamner.

HARPAGON

Je me suis abusé de dire une potence, et tu seras roué tout vif.

ÉLISE, aux genoux d'Harpagon

Ah! mon père, prenez des sentiments un peu plus humains, je vous prie, et n'allez point pousser les choses dans les dernières violences du pouvoir paternel. Ne vous laissez point entraîner aux premiers mouvements de votre passion, et donnez-vous le temps de considérer ce que vous voulez faire. Prenez la peine de mieux voir celui dont vous vous offensez [2]. Il est tout autre que vos yeux ne le jugent; et vous trouverez moins étrange que je me sois donnée à lui,

[1] Augmentation, du vieux français *gréger*, devenir plus lourd.

[2] *Celui dont vous vous offensez*, celui par qui vous vous croyez offensé.

lorsque vous saurez que sans lui vous ne m'auriez plus il y a longtemps. Oui, mon père, c'est celui qui me sauva de ce grand péril que vous savez que je courus dans l'eau et à qui vous devez la vie de cette même fille, dont...

HARPAGON

Tout cela n'est rien; et il valait bien mieux pour moi qu'il te laissât noyer que de faire ce qu'il a fait.

ÉLISE

Mon père, je vous conjure, par l'amour paternel, de me...

HARPAGON

Non, non, je ne veux rien entendre, et il faut que la justice fasse son devoir.

MAITRE JACQUES, *à part*

Tu me payeras mes coups de bâton.

FROSINE, *à part*

Voici un étrange embarras.

Scène V

ANSELME, HARPAGON, ÉLISE, MARIANNE, FROSINE, VALÈRE, LE COMMISSAIRE, SON CLERC, MAITRE JACQUES

ANSELME [1]

Qu'est-ce, Seigneur Harpagon ? Je vous vois tout ému.

HARPAGON

Ah ! Seigneur Anselme, vous me voyez le plus infortuné de tous les hommes; et voici bien du trouble et du désordre au contrat que vous venez faire. On m'assassine dans le bien, on m'assassine dans l'honneur ; et voilà un traître, un scélérat, qui a violé tous les droits les plus saints, qui s'est coulé chez moi, sous le titre de domestique, pour me dérober mon argent et pour me suborner ma fille.

VALÈRE

Qui songe à votre argent, dont vous me faites un galimatias ?

HARPAGON

Oui, ils se sont donnés l'un et l'autre une promesse de mariage.

[1] Il faut convenir que le seigneur Anselme, bien qu'il ait été déjà question de lui, apparait un peu tard dans la pièce pour amener le dénouement.

Cet affront vous regarde, Seigneur Anselme; et c'est vous qui devez vous rendre partie contre lui, et faire toutes les poursuites de la justice, pour vous venger de son insolence.

ANSELME

Ce n'est pas mon dessein de me faire épouser par force et de rien prétendre à un cœur qui se serait donné; mais, pour vos intérêts, je suis prêt à les embrasser ainsi que les miens propres.

HARPAGON

Voilà Monsieur, qui est un honnête commissaire, qui n'oubliera rien, à ce qu'il m'a dit, de la fonction de son office. (Au commissaire, montrant Valère.) Chargez-le comme il faut, Monsieur, et rendez les choses bien criminelles.

VALÈRE

Je ne vois pas quel crime on me peut faire de la passion que j'ai pour votre fille; et le supplice où vous croyez que je puisse être condamné pour notre engagement, lorsqu'on saura ce que je suis.

HARPAGON

Je me moque de tous ces contes, et le monde aujourd'hui n'est plein que de ces larrons de noblesse, que de ces imposteurs qui tirent avantage de leur obscurité et s'habillent insolemment du premier nom illustre qu'ils s'avisent de prendre.

VALÈRE

Sachez que j'ai le cœur trop bon[1] pour me parer de quelque chose qui ne soit point à moi, et que tout Naples peut rendre témoignage de ma naissance.

ANSELME

Tout beau! prenez garde à ce que vous allez dire. Vous risquez ici plus que vous ne pensez; et vous parlez devant un homme à qui tout Naples est connu et qui peut aisément voir clair dans l'histoire que vous ferez.

VALÈRE, en mettant fièrement son chapeau

Je ne suis point homme à rien craindre, et si Naples vous est connu, vous savez qui était Dom Thomas d'Alburcy.

ANSELME

Sans doute, je le sais; et peu de gens l'ont connu mieux que moi.

[1] Trop bien placé. Cf. CORNEILLE, *Horace*:

J'ai le cœur aussi *bon*, mais enfin je suis homme.

HARPAGON

Je ne me soucie ni de Dom Thomas, ni de Dom Martin.
(Harpagon voyant deux chandelles allumées, en souffle une.)

ANSELME

De grâce, laissez-le parler; nous verrons ce qu'il en veut dire.

VALÈRE

Je veux dire que c'est lui qui m'a donné le jour.

ANSELME

Lui?

VALÈRE

Oui.

ANSELME

Allez; vous vous moquez. Cherchez quelque autre histoire, qui puisse mieux réussir et ne prétendez pas vous sauver sous cette imposture.

VALÈRE

Songez à mieux parler. Ce n'est point une imposture; et je n'avance rien qu'il ne me soit aisé de justifier.

ANSELME

Quoi? vous osez vous dire fils de Dom Thomas d'Alburcy?

VALÈRE

Oui, je l'ose; et je suis prêt de soutenir cette vérité contre qui que ce soit.

ANSELME

L'audace est merveilleuse. Apprenez pour vous confondre qu'il y a seize ans, pour le moins, que l'homme dont vous nous parlez périt sur mer avec ses enfants et sa femme, en voulant dérober leur vie aux cruelles persécutions qui ont accompagné les désordres de Naples[1] et qui en firent exiler plusieurs nobles familles.

VALÈRE

Oui; mais apprenez, pour vous confondre, vous, que son fils âgé de sept ans, avec un domestique, fut sauvé de ce naufrage par un vaisseau espagnol, et que ce fils sauvé est celui qui vous parle. Apprenez que le capitaine espagnol, touché de ma fortune..., me fit élever comme son propre fils...

[1] Les désordres auxquels Anselme fait allusion sont, sans doute, ceux que causa le soulèvement du pêcheur Masaniello contre le vice-roi, en 1647, et qui obligèrent en effet beaucoup de familles nobles à s'exiler de Naples.

ANSELME

Mais quels témoignages encore, autres que vos paroles, nous peuvent assurer que ce ne soit point une fable que vous ayez bâtie sur une vérité ?

VALÈRE

Le capitaine espagnol ; un cachet de rubis qui était à mon père ; un bracelet d'agate que ma mère m'avait mis au bras ; le vieux Pédro, ce domestique qui se sauva avec moi du naufrage.

MARIANNE

Hélas! à vos paroles, je puis ici répondre, moi, que vous n'imposez point ; et tout ce que vous dites me fait connaître clairement que vous êtes mon frère.

VALÈRE

Vous, ma sœur ?

MARIANNE

Oui... et notre mère, que vous allez ravir, m'a mille fois entretenue des disgrâces de notre famille...

ANSELME

O Ciel! quels sont les traits de ta puissance! et que tu fais bien voir qu'il n'appartient qu'à toi de faire des miracles ! Embrassez-moi mes enfants, et mêlez tous deux vos transports à ceux de votre père. Je suis Dom Thomas d'Alburcy [1], que le Ciel garantit des ondes avec tout l'argent qu'il portait...

VALÈRE

Vous êtes notre père ?

MARIANNE

C'est vous que ma mère a tant pleuré ?

ANSELME

Oui, ma fille, oui, mon fils.

HARPAGON, à Anselme

C'est là votre fils ?

ANSELME

Oui.

[1] Cette reconnaissance, quelque peu romanesque, rappelle les intrigues du théâtre de Ménandre, poète grec, imité par les comiques latins. Ce n'est pas la première fois que nous avons occasion de remarquer que Molière se soucie assez peu de la vraisemblance de ses dénouements. Lorsque la peinture des caractères est complète et qu'il a tiré de la situation principale tous les effets comiques qu'elle peut donner, il sent qu'il est temps de finir, et il finit... souvent d'une manière assez brusque et artificielle. Disons cependant que ces aventures de corsaires, d'enlèvements et d'esclavage n'étaient pas rares au siècle de Molière, témoin saint Vincent de Paul fait prisonnier et emmené en captivité par des corsaires barbaresques. Un ordre religieux, celui de *la Merci*, avait été institué pour la délivrance des captifs.

HARPAGON

Je vous prends à partie pour me payer dix mille écus qu'il m'a volés.

ANSELME

Lui, vous avoir volé?

HARPAGON

Lui-même.

VALÈRE

Qui vous dit cela?

HARPAGON

Maître Jacques.

VALÈRE, à maître Jacques

C'est toi qui le dis?

MAITRE JACQUES

Vous voyez que je ne dis rien.

HARPAGON

Oui : voilà Monsieur le commissaire qui a reçu sa déposition.

VALÈRE

Pouvez-vous me croire capable d'une action si lâche?

HARPAGON

Capable ou non capable, je veux ravoir mon argent.

Scène VI

HARPAGON, ANSELME, ÉLISE, MARIANNE, CLÉANTE, VALÈRE, FROSINE, LE COMMISSAIRE, son clerc, Maitre JACQUES, LA FLÈCHE.

CLÉANTE

Ne vous tourmentez point, mon père, et n'accusez personne. J'ai découvert des nouvelles de votre affaire, et je viens ici pour vous dire que, si vous voulez vous résoudre à me laisser épouser Marianne, votre argent vous sera rendu.

HARPAGON

Où est-il?

CLÉANTE

Ne vous en mettez point en peine : il est en lieu dont je réponds, et tout ne dépend que de moi. C'est à vous de me dire à quoi vous vous déterminez ; et vous pouvez choisir, ou de me donner Marianne, ou de perdre votre cassette.

HARPAGON

N'en a-t-on rien ôté?

CLÉANTE

Rien du tout. Voyez si c'est votre dessein de souscrire à ce mariage et de joindre votre consentement à celui de sa mère, qui lui laisse la liberté de faire un choix entre nous deux.

MARIANNE

Mais vous ne savez pas que ce n'est pas assez que ce consentement, et que le Ciel, avec un frère que vous voyez, vient de me rendre un père dont vous avez à m'obtenir.

ANSELME

Le Ciel, mes enfants, ne me redonne point à vous pour être contraire à vos vœux. Seigneur Harpagon, vous jugez bien que le choix d'une jeune personne tombera sur le fils plutôt que sur le père. Allons, ne vous faites point dire ce qu'il n'est pas nécessaire d'entendre, et consentez, ainsi que moi, à ce double hyménée.

HARPAGON

Il faut, pour me donner conseil, que je voie ma cassette.

CLÉANTE

Vous la verrez saine et entière.

HARPAGON

Je n'ai point d'argent à donner en mariage à mes enfants.

ANSELME

Hé bien ! j'en ai pour eux ; que cela ne vous inquiète point.

HARPAGON

Vous obligerez-vous à faire tous les frais de ces deux mariages.

ANSELME

Oui, je m'y oblige. Êtes-vous satisfait ?

HARPAGON

Oui, pourvu que, pour les noces, vous me fassiez faire un habit.

ANSELME

D'accord. Allons jouir de l'allégresse que cet heureux jour nous présente.

LE COMMISSAIRE

Holà ! Messieurs, holà ! Tout doucement, s'il vous plaît. Qui me payera mes écritures ?

HARPAGON

Nous n'avons que faire de vos écritures.

LE COMMISSAIRE

Oui ; mais je ne prétends pas, moi, les avoir faites pour rien.

HARPAGON, montrant maître Jacques

Pour votre payement, voilà un homme que je vous donne à pendre.

MAITRE JACQUES

Hélas ! comment faut-il donc faire ? On me donne des coups de bâton pour dire vrai, et on me veut pendre pour mentir.

ANSELME

Seigneur Harpagon, il faut lui pardonner cette imposture.

HARPAGON

Vous payerez donc le commissaire ?

ANSELME

Soit. Allons vite faire part de notre joie à votre mère.

HARPAGON

Et moi, voir ma chère cassette !

MONSIEUR DE POURCEAUGNAC

Comédie

Faite a Chambord, pour le divertissement du Roi,
au mois de septembre 1669, et représentée en public a Paris, pour la première fois,
sur le théatre du Palais-Royal, le 15 novembre

PERSONNAGES

MONSIEUR DE POURCEAUGNAC.
ORONTE, père de Julie.
JULIE, fille d'Oronte.
ÉRASTE.
NÉRINE, femme d'intrigue.
LUCETTE, feinte Languedocienne.
SBRIGANI, Napolitain, homme d'intrigue.
PREMIER MÉDECIN.
SECOND MÉDECIN.
UN APOTHICAIRE.
UN PAYSAN.
UNE PAYSANNE.
PREMIER SUISSE.
SECOND SUISSE.
UN EXEMPT.
DEUX ARCHERS.

La scène est à Paris.

NOTICE SUR MONSIEUR DE POURCEAUGNAC

Voici de nouveau, après plusieurs grandes comédies que Molière eut le loisir de travailler avec le seul souci de la perfection de l'art et de sa gloire, une pièce de commande, dans le genre bouffon, accompagnée de musique et d'entrées de ballet burlesques, composée par ordre de Louis XIV pour les fêtes de Chambord, en 1669.

Elle a pour sujet les mésaventures d'un gentillâtre limousin, que Molière a doté du beau nom de Pourceaugnac, et qui, venu à Paris pour épouser la fille d'un riche bourgeois, y est victime de telles mystifications, se voit harcelé de tant de manières, qu'il finit par quitter la place et retourner chez lui, persuadé qu'il n'y a pas moyen, pour un honnête homme, de vivre dans cet enfer.

Ce dénouement est le résultat d'un complot tramé par Éraste de concert avec Julie, la jeune fille qui lui avait été promise, mais que le bonhomme Oronte, père intéressé, comme la plupart des pères de Molière, lui retire maintenant pour la donner au riche Pourceaugnac. Ils se sont assurés l'aide du fourbe Sbrigani, expert en ruses et en stratagèmes, artiste en guets-apens bien machinés, et d'une certaine Nérine, aventurière effrontée, qui se vante avec impudence des méfaits pendables qu'elle a commis. Ce sont ses titres de gloire.

Aussi le malheureux Pourceaugnac, qu'on ne plaint guère, parce qu'il est sot, ignorant, vaniteux et grossier, se voit-il en butte tantôt aux consultations et aux remèdes de deux médecins pédants, tantôt aux calomnies de faux créanciers ; tantôt menacé de la pendaison pour le crime de bigamie, dont il est bien innocent.

Tout cela est du très gros comique; mais l'énormité de ces plaisanteries ne choquait nullement la cour la plus polie qui fût au monde. Si la délicatesse moderne s'offusque des farces d'apothicaire et de la crudité de certaines expressions, elle est obligée de reconnaître que Molière, en supposant qu'il ait un peu abusé de ce que la liberté du langage et des mœurs permettait de son temps, conserve dans ces pièces d'un genre inférieur une prodigieuse faculté d'invention, un sens merveilleux du burlesque et de ce qui fait rire le public.

Il y a d'ailleurs certaines scènes d'un comique plus délicat, par exemple celle où Éraste persuade à M. de Pourceaugnac qu'ils se connaissent très bien, quoiqu'ils ne se soient jamais vus avant ce jour. Et même dans les plus osées et les plus incroyablement bouffonnes, on trouve une justesse dans l'audace, un mouvement, un entrain tout à fait étourdissants.

MONSIEUR DE POURCEAUGNAC

Oronte, père de Julie, a résolu de la marier à un certain M. de Pourceaugnac, avocat de Limoges, et a rompu avec Éraste, qui comptait épouser Julie. Éraste concerte avec Nérine et Sbrigani, fourbe napolitain, les moyens de renvoyer à Limoges le malencontreux prétendant. Nérine s'indigne comiquement de l'idée qu'a Oronte d'unir sa fille à un Limousin et plaisante sur le nom de Pourceaugnac.

NÉRINE

Votre père se moque-t-il de vouloir vous anger [1] de son avocat de Limoges, monsieur de Pourceaugnac, qu'il n'a vu de sa vie et qui vient par le coche vous enlever à notre barbe? Une personne comme vous est-elle faite pour un Limosin? S'il a envie de se marier, que ne prend-il une Limosine et ne laisse-t-il en repos les chrétiens [2]? Le seul nom de monsieur de Pourceaugnac m'a mise dans une colère effroyable. J'enrage de monsieur de Pourceaugnac. Quand il n'y aurait que ce nom-là, monsieur de Pourceaugnac, j'y brûlerai mes livres [3] ou je romprai ce mariage, et vous ne serez point

[1] Doter de...

[2] Il paraît que lorsqu'on vient d'un pays si lointain et si arriéré, on ne peut prétendre à avoir rien de commun avec des chrétiens.

[3] *Brûler ses livres*, tout faire pour réussir. Locution tirée de l'alchimie. L'alchimiste ayant tout tenté, brûle ses livres, désespéré de ne pas réussir, ou, ayant tout dépensé, brûle jusqu'à ses livres pour chauffer ses fourneaux (Dict. de Littré.)

madame de Pourceaugnac. Pourceaugnac ! cela se peut-il souffrir? Non. Pourceaugnac est une chose que je ne saurais supporter ; et nous lui jouerons tant de pièces, nous lui ferons tant de niches sur niches, que nous renverrons à Limoges monsieur de Pourceaugnac.

ÉRASTE

Voici notre subtil Napolitain qui nous dira des nouvelles.

Scène IV

JULIE, ÉRASTE, SBRIGANI, NÉRINE

SBRIGANI

Monsieur, votre homme arrive. Je l'ai vu à trois lieues d'ici, où a couché le coche [1]; et, dans la cuisine où il est descendu pour déjeuner, je l'ai étudié une bonne grosse demi-heure, et je le sais déjà par cœur. Pour sa figure, je ne veux point vous en parler : vous verrez de quel air la nature l'a dessiné, et si l'ajustement qui l'accompagne y répond comme il faut. Mais, pour son esprit, je vous avertis par avance qu'il est des plus épais qui se fassent; que nous trouvons en lui une matière tout à fait disposée pour ce que nous voulons, et qu'il est homme enfin à donner dans tous les panneaux [2] qu'on lui présentera.

ÉRASTE

Nous dis-tu vrai?

SBRIGANI

Oui, si je me connais en gens.

NÉRINE

Madame, voilà un illustre. Votre affaire ne pouvait être mise en meilleures mains, et c'est le héros de notre siècle pour les exploits dont il s'agit; un homme qui, vingt fois en sa vie, pour servir ses amis, a généreusement affronté les galères ; qui, au péril de ses bras et de ses épaules, sait mettre noblement à fin les aventures les plus difficiles ; et qui, tel que vous le voyez, est exilé de son pays pour

[1] Bateau qui transporte les voyageurs sur les rivières, et, par analogie, voiture publique.

[2] *Panneau*, filet à prendre du gibier. Donner dans le panneau, c'est tomber dans un piège.

je ne sais combien d'actions honorables [1] qu'il a généreusement entreprises.

SBRIGANI

Je suis confus des louanges dont vous m'honorez ; et je pourrais vous en donner, avec plus de justice, sur les merveilles de votre vie, et principalement sur la gloire que vous acquîtes, lorsque avec tant d'honneur vous pipâtes [2] au jeu, pour douze mille écus, ce jeune seigneur étranger que l'on mena chez vous; lorsque vous fîtes galamment ce faux contrat qui ruina toute une famille; lorsque avec tant de grandeur d'âme vous sûtes nier le dépôt qu'on vous avait confié, et que si généreusement on vous vit prêter votre témoignage à faire pendre ces deux personnes qui ne l'avaient pas mérité.

NÉRINE

Ce sont petites bagatelles qui ne valent pas qu'on en parle, et vos éloges me font rougir.

SBRIGANI

Je veux bien épargner votre modestie : laissons cela; et pour commencer notre affaire, allons vite joindre notre provincial, tandis que, de votre côté, vous nous tiendrez prêts au besoin les autres acteurs de la comédie.

NÉRINE

Eh bien...

SBRIGANI

Ma foi, voici notre homme, songeons à nous.

NÉRINE

Ah! comme il est bâti!

Scène V

MONSIEUR DE POURCEAUGNAC, SBRIGANI

MONSIEUR DE POURCEAUGNAC, se retournant du côté d'où il est venu, et parlant à des gens qui le suivent

Hé bien, quoi ? qu'est-ce? qu'y a-t-il ? Au diantre soient la sotte ville et les sottes gens qui y sont! Ne pouvoir pas faire un pas sans trouver des nigauds qui vous regardent et se mettent à rire! Eh!

[1] Ironie. Les deux fourbes se renvoient des compliments sur leurs exploits et affectent de les recevoir avec modestie. Cette impudence est très comique.

[2] *Piper au jeu*, c'est tricher en se servant de cartes *pipées* ou marquées.

Messieurs les badauds, faites vos affaires et laissez passer les personnes sans leur rire au nez. Je me donne au diable, si je ne baille un coup de poing au premier que je verrai rire.

SBRIGANI, aux mêmes personnes

Qu'est-ce que c'est, Messieurs? que veut dire cela? A qui en avez-vous? Faut-il se moquer ainsi des honnêtes étrangers qui arrivent ici [1]?

MONSIEUR DE POURCEAUGNAC

Voilà un homme raisonnable, celui-là.

SBRIGANI

Quel procédé est le vôtre? Et qu'avez-vous à rire?

MONSIEUR DE POURCEAUGNAC

Fort bien!

SBRIGANI

Monsieur a-t-il quelque chose de ridicule en soi?

MONSIEUR DE POURCEAUGNAC

Oui?

SBRIGANI

Est-il autrement que les autres?

MONSIEUR DE POURCEAUGNAC

Suis-je tortu ou bossu?

SBRIGANI

Apprenez à connaître les gens.

MONSIEUR DE POURCEAUGNAC

C'est bien dit.

SBRIGANI

Monsieur est d'une mine à respecter.

MONSIEUR DE POURCEAUGNAC

Cela est vrai.

SBRIGANI

Personne de condition.

MONSIEUR DE POURCEAUGNAC

Oui, gentilhomme limosin.

[1] Sbrigani prend la défense de M. de Pourceaugnac afin de lui inspirer confiance et de pouvoir ensuite le duper à coup sûr.

SBRIGANI

Homme d'esprit.

MONSIEUR DE POURCEAUGNAC

Qui a étudié en droit [1].

SBRIGANI

Il vous fait trop d'honneur de venir dans votre ville.

MONSIEUR DE POURCEAUGNAC

Sans doute.

SBRIGANI

Monsieur n'est point une personne à faire rire.

MONSIEUR DE POURCEAUGNAC

Assurément.

SBRIGANI

Et quiconque rira de lui aura affaire à moi.

MONSIEUR DE POURCEAUGNAC, à Sbrigani

Monsieur, je vous suis infiniment obligé.

SBRIGANI

Je suis fâché, Monsieur, de voir recevoir de la sorte une personne comme vous, et je vous demande pardon pour la ville.

MONSIEUR DE POURCEAUGNAC

Je suis votre serviteur.

SBRIGANI

Je vous ai vu ce matin, Monsieur, avec le coche, lorsque vous avez déjeuné ; et la grâce avec laquelle vous mangiez votre pain [2] m'a fait naître d'abord de l'amitié pour vous ; et comme je sais que vous n'êtes jamais venu en ce pays et que vous y êtes tout neuf, je suis bien aise de vous avoir trouvé pour vous offrir mon service à cette arrivée, et vous aider à vous conduire parmi ce peuple, qui n'a pas parfois pour les honnêtes gens [3] toute la considération qu'il faudrait.

[1] Ce qui n'entraîne pas nécessairement qu'on soit homme d'esprit. Ce mot de M. de Pourceaugnac est encore comique d'une autre façon, car étudier le droit n'était pas ordinairement occupation de gentilhomme ; il donne donc à penser que sa noblesse est tout au moins douteuse. Plus tard, du reste, il niera au même Sbrigani, par vanité de naissance, ce dont il se vante ici pour faire valoir son mérite.

[2] Les limousins étaient réputés grands mangeurs de pain. *Manger du pain comme un Limousin*, disait-on proverbialement.

[3] Voir la note 3 p. 53.

MONSIEUR DE POURCEAUGNAC

C'est trop de grâce que vous me faites.

SBRIGANI

Je vous l'ai déjà dit : du moment que je vous ai vu, je me suis senti pour vous de l'inclination.

MONSIEUR DE POURCEAUGNAC

Je vous suis obligé.

SBRIGANI

Votre physionomie m'a plu.

MONSIEUR DE POURCEAUGNAC

Ce m'est beaucoup d'honneur.

SBRIGANI

J'y ai vu quelque chose d'honnête...

MONSIEUR DE POURCEAUGNAC

Je suis votre serviteur.

SBRIGANI

Quelque chose d'aimable...

MONSIEUR DE POURCEAUGNAC

Ah, ah !

SBRIGANI

De gracieux...

MONSIEUR DE POURCEAUGNAC

Ah, ah !

SBRIGANI

De doux...

MONSIEUR DE POURCEAUGNAC

Ah, ah !

SBRIGANI

De majestueux...

MONSIEUR DE POURCEAUGNAC

Ah, ah !

SBRIGANI

De franc...

MONSIEUR DE POURCEAUGNAC

Ah, ah !

SBRIGANI

Et de cordial.

MONSIEUR DE POURCEAUGNAC

Ah, ah !

SBRIGANI

Je vous assure que je suis tout à vous.

MONSIEUR DE POURCEAUGNAC

Je vous ai beaucoup d'obligation.

SBRIGANI

C'est du fond du cœur que je parle.

MONSIEUR DE POURCEAUGNAC

Je le crois.

SBRIGANI

Si j'avais l'honneur d'être connu de vous, vous sauriez que je suis un homme tout à fait sincère...

MONSIEUR DE POURCEAUGNAC

Je n'en doute point.

SBRIGANI

Ennemi de la fourberie...

MONSIEUR DE POURCEAUGNAC

J'en suis persuadé.

SBRIGANI

Et qui n'est pas capable de déguiser ses sentiments.

MONSIEUR DE POURCEAUGNAC

C'est ma pensée.

SBRIGANI

Vous regardez mon habit, qui n'est pas fait comme les autres; mais je suis originaire de Naples, à votre service, et j'ai voulu conserver un peu et la manière de s'habiller et la sincérité [1] de mon pays.

MONSIEUR DE POURCEAUGNAC

C'est fort bien fait. Pour moi, j'ai voulu me mettre à la mode de la cour pour la campagne [2].

SBRIGANI

Ma foi, cela vous va mieux qu'à tous nos courtisans.

MONSIEUR DE POURCEAUGNAC

C'est ce que m'a dit mon tailleur. L'habit est propre [3] et riche, et il fera du bruit ici.

[1] Allusion aux comédies italiennes où le rôle du valet fripon, de l'intrigant rusé, était de tradition.

[2] C'est-à-dire que M. de Pourceaugnac a voulu se faire faire, pour son voyage, un habit de campagne, comme en portaient les gens de la cour. Cet habit était sans doute ridicule par sa coupe, comme par les couleurs criardes.

[3] *Propre*, élégant, distingué.

SBRIGANI

Sans doute. N'irez-vous pas au Louvre?

MONSIEUR DE POURCEAUGNAC

Il faudra bien aller faire ma cour.

SBRIGANI

Le roi sera ravi de vous voir.

MONSIEUR DE POURCEAUGNAC

Je le crois.

SBRIGANI

Avez-vous arrêté un logis?

MONSIEUR DE POURCEAUGNAC

Non ; j'allais en chercher un.

SBRIGANI

Je serai bien aise d'être avec vous pour cela, et je connais tout ce pays-ci.

Scène VI

ÉRASTE, MONSIEUR DE POURCEAUGNAC, SBRIGANI

ÉRASTE

Ah ! qu'est ceci ? Que vois-je? Quelle heureuse rencontre ! Monsieur de Pourceaugnac ! Que je suis ravi de vous voir ! Comment? il semble que vous ayez peine à me reconnaître [1] !

MONSIEUR DE POURCEAUGNAC

Monsieur, je suis votre serviteur.

ÉRASTE

Est-il possible que cinq ou six années m'aient ôté de votre mémoire et que vous ne reconnaissiez pas le meilleur ami de toute la famille des Pourceaugnac?

MONSIEUR DE POURCEAUGNAC

Pardonnez-moi. (Bas à Sbrigani.) Ma foi ! je ne sais qui il est.

[1] Voici une scène d'un comique plus fin que les autres. Éraste voulant passer, aux yeux de M. de Pourceaugnac, pour un de ses amis, trouve moyen de se faire renseigner par lui sur toutes les particularités de son pays et de sa famille, et de lui faire croire qu'il les connaît parfaitement. Si, malgré cette manœuvre, il arrive à Éraste de se fourvoyer, la crédulité bénévole de son interlocuteur lui permet de rajuster les choses.

ÉRASTE

Il n'y a pas un Pourceaugnac à Limoges que je ne connaisse, depuis le plus grand jusqu'au plus petit ; je ne fréquentais qu'eux dans le temps que j'y étais, et j'avais l'honneur de vous voir presque tous les jours.

MONSIEUR DE POURCEAUGNAC

C'est moi qui l'ai reçu, Monsieur.

ÉRASTE

Vous ne vous remettez point mon visage ?

MONSIEUR DE POURCEAUGNAC

Si fait. (A Sbrigani.) Je ne le connais point.

ÉRASTE

Vous ne vous ressouvenez pas que j'ai eu le bonheur de boire avec vous, je ne sais combien de fois ?

MONSIEUR DE POURCEAUGNAC

Excusez-moi. (A Sbrigani.) Je ne sais ce que c'est.

ÉRASTE

Comment appelez-vous ce traiteur de Limoges qui fait si bonne chère ?

MONSIEUR DE POURCEAUGNAC

Petit-Jean ?

ÉRASTE

Le voilà ! Nous allions le plus souvent ensemble chez lui nous réjouir. Comment est-ce que vous nommez à Limoges ce lieu où l'on se promène ?

MONSIEUR DE POURCEAUGNAC

Le cimetière des Arènes[1] ?

ÉRASTE

Justement. C'est où je passais de si douces heures à jouir de votre agréable conversation. Vous ne vous remettez pas tout cela ?

MONSIEUR DE POURCEAUGNAC

Excusez-moi, je me le remets. (A Sbrigani.) Diable emporte si je m'en souviens !

[1] Il y avait eu, en effet, à Limoges, un magnifique amphithéâtre bâti par Trajan, qui s'appelait amphithéâtre des Arènes, et dont il subsistait encore des ruines au XVIIe siècle. C'est sans doute dans le voisinage qu'était situé le lieu dont parle Molière et qui d'ailleurs porte un nom assez singulier pour une promenade.

SBRIGANI, bas à M. de Pourceaugnac

Il y a cent choses comme cela qui passent de la tête.

ÉRASTE

Embrassez-moi donc, je vous prie, et resserrons les nœuds de notre ancienne amitié.

SBRIGANI, à M. de Pourceaugnac

Voilà un homme qui vous aime fort.

ÉRASTE

Dites-moi un peu des nouvelles de toute la parenté. Comment se porte Monsieur votre... la... qui est si honnête homme ?

MONSIEUR DE POURCEAUGNAC

Mon frère le consul[1] ?

ÉRASTE

Oui.

MONSIEUR DE POURCEAUGNAC

Il se porte le mieux du monde.

ÉRASTE

Certes, j'en suis ravi. Et celui qui est de si bonne humeur? la... Monsieur votre...?

MONSIEUR DE POURCEAUGNAC

Mon cousin l'assesseur[2] ?

ÉRASTE

Justement.

MONSIEUR DE POURCEAUGNAC

Toujours gai et gaillard.

ÉRASTE

Ma foi, j'en ai beaucoup de joie. Et Monsieur votre oncle ? le...?

MONSIEUR DE POURCEAUGNAC

Je n'ai point d'oncle.

ÉRASTE

Vous aviez pourtant en ce temps-là...

MONSIEUR DE POURCEAUGNAC

Non, rien qu'une tante.

ÉRASTE

C'est ce que je voulais dire ; Madame votre tante, comment se porte-t-elle ?

[1] Titre de certains magistrats de l'ancienne France, analogues à nos maires, ou à nos juges du tribunal de commerce.

[2] Celui qui assistait le président, soit à la juridiction consulaire (tribunal de commerce) soit au tribunal civil ou criminel.

MONSIEUR DE POURCEAUGNAC

Elle est morte depuis six mois.

ÉRASTE

Hélas! la pauvre femme! Elle était si bonne personne!

MONSIEUR DE POURCEAUGNAC

Nous avons aussi mon neveu le chanoine qui a pensé mourir de la petite vérole.

ÉRASTE

Quel dommage ç'aurait été!

MONSIEUR DE POURCEAUGNAC

Le connaissez-vous aussi?

ÉRASTE

Vraiment si je le connais! Un grand garçon bien fait.

MONSIEUR DE POURCEAUGNAC

Pas des plus grands.

ÉRASTE

Non, mais de taille bien prise.

MONSIEUR DE POURCEAUGNAC

Hé! oui.

ÉRASTE

Qui est votre neveu.

MONSIEUR DE POURCEAUGNAC

Oui.

ÉRASTE

Fils de votre frère ou de votre sœur...

MONSIEUR DE POURCEAUGNAC

Justement.

ÉRASTE

Chanoine de l'église de... Comment l'appelez-vous?

MONSIEUR DE POURCEAUGNAC

De Saint-Étienne [1].

ÉRASTE

Le voilà; je ne connais autre.

MONSIEUR DE POURCEAUGNAC, à Sbrigani

Il dit toute la parenté.

SBRIGANI

Il vous connaît plus que vous ne croyez.

[1] Cathédrale de Limoges.

MONSIEUR DE POURCEAUGNAC

A ce que je vois, vous avez demeuré longtemps dans notre ville ?

ÉRASTE

Deux ans entiers.

MONSIEUR DE POURCEAUGNAC

Vous étiez donc là quand mon cousin l'élu[1] fit tenir son enfant[2] à Monsieur notre gouverneur ?

ÉRASTE

Vraiment oui, j'y fus convié des premiers.

MONSIEUR DE POURCEAUGNAC

Cela fut galant.

ÉRASTE

Très galant.

MONSIEUR DE POURCEAUGNAC

C'était un repas bien troussé.

ÉRASTE

Sans doute.

MONSIEUR DE POURCEAUGNAC

Vous vîtes donc aussi la querelle que j'eus avec ce gentilhomme périgourdin ?

ÉRASTE

Oui.

MONSIEUR DE POURCEAUGNAC

Parbleu ! il trouva à qui parler !

ÉRASTE

Ah, ah !

MONSIEUR DE POURCEAUGNAC

Il me donna un soufflet, mais je lui dis bien son fait[3].

ÉRASTE

Assurément. Au reste, je ne prétends pas[4] que vous preniez d'autre logis que le mien.

MONSIEUR DE POURCEAUGNAC

Je n'ai garde de...

ÉRASTE

Vous moquez-vous ? Je ne souffrirai point du tout que mon meilleur ami soit autre part que dans ma maison.

[1] Les élus étaient des officiers royaux chargés de répartir les impôts entre les diverses paroisses d'une *élection* et de juger certains procès relatifs aux impôts.

[2] Sur les fonts baptismaux.

[3] Aveu honteux à un gentilhomme selon les idées du temps sur l'honneur. Ce n'est pas par des paroles, mais par l'épée qu'on répondait à un soufflet.

[4] Je n'entends pas...

MONSIEUR DE POURCEAUGNAC

Ce serait vous...

ÉRASTE

Non, le diable m'emporte ! vous logerez chez moi.

SBRIGANI, à M. de Pourceaugnac

Puisqu'il le veut obstinément, je vous conseille d'accepter l'offre.

ÉRASTE

Où sont vos hardes ?

MONSIEUR DE POURCEAUGNAC

Je les ai laissées, avec mon valet, où je suis descendu.

ÉRASTE

Envoyons-les quérir par quelqu'un.

MONSIEUR DE POURCEAUGNAC

Non : je lui ai défendu de bouger à moins que j'y fusse moi-même, de peur de quelque fourberie.

SBRIGANI

C'est prudemment avisé.

MONSIEUR DE POURCEAUGNAC

Ce pays-ci est un peu sujet à caution.

ÉRASTE

On voit les gens d'esprit en tout.

SBRIGANI

Je vais accompagner Monsieur et le ramènerai où vous voudrez.

ÉRASTE

Oui, je serai bien aise de donner quelques ordres, et vous n'avez qu'à revenir à cette maison-là.

SBRIGANI

Nous sommes à vous tout à l'heure.

ÉRASTE, à M. de Pourceaugnac

Je vous attends avec impatience.

MONSIEUR DE POURCEAUGNAC, à Sbrigani

Voilà une connaissance où [1] je ne m'attendais point.

SBRIGANI

Il a la mine d'être honnête homme.

[1] A laquelle. Voir p. 272 note 3.

ÉRASTE, seul

Ma foi, Monsieur de Pourceaugnac, nous vous en donnerons de toutes les façons ; les choses sont préparées, et je n'ai qu'à frapper. Holà !

Scène VII

UN APOTHICAIRE, ÉRASTE

ÉRASTE

Je crois, Monsieur, que vous êtes le médecin à qui l'on est venu parler de ma part ?

L'APOTHICAIRE

Non, Monsieur, ce n'est pas moi qui suis le médecin ; à moi n'appartient pas cet honneur, et je ne suis qu'apothicaire, apothicaire indigne, pour vous servir.

ÉRASTE

Et Monsieur le médecin est-il à la maison ?

L'APOTHICAIRE

Oui, il est là, embarrassé à expédier quelques malades, et je vais lui dire que vous êtes ici.

ÉRASTE

Non, ne bougez : j'attendrai qu'il ait fait. C'est pour lui mettre entre les mains certain parent que nous avons, dont on lui a parlé, et qui se trouve attaqué de quelque folie que nous serions bien aises qu'il pût guérir avant que de le marier.

L'APOTHICAIRE

Je sais ce que c'est, je sais ce que c'est, et j'étais avec lui quand on lui a parlé de cette affaire. Ma foi, ma foi ! vous ne pouviez vous adresser à un médecin plus habile : c'est un homme qui sait la médecine à fond, comme je sais ma croix de par Dieu [1], et qui, quand on devrait crever, ne démordrait pas d'un *iota* [2] des règles des anciens. Oui, il suit toujours le grand chemin, le grand chemin, et ne va pas chercher midi à quatorze heures ; et, pour tout l'or du monde, il ne voudrait pas avoir guéri une personne avec d'autres remèdes que ceux que la Faculté permet [3].

[1] C'est-à-dire mon catéchisme. Les petits livres élémentaires que l'on faisait apprendre par cœur, même à ceux qui ne savaient pas lire, étaient ainsi appelés parce que le titre était orné d'une croix, dite *croix de par Dieu*, ou croix faite au nom de Dieu.

[2] Pas de la moindre chose. *Iota*, lettre de l'alphabet grec correspondant à notre *i*.

[3] Encore un trait contre l'étroitesse d'esprit des médecins et leur entêtement dans la routine. La guerre que Molière leur a déclarée est sans trève ni merci, et c'est à à tout propos qu'il reprend les hostilités.

ÉRASTE

Il fait fort bien : un malade ne doit point vouloir guérir que la Faculté n'y consente.

L'APOTHICAIRE

Ce n'est pas parce que nous sommes grands amis, que j'en parle ; mais il y a plaisir d'être son malade, et j'aimerais mieux mourir de ses remèdes que de guérir de ceux d'un autre [1] ; car, quoi qui puisse arriver, on est assuré que les choses sont toujours dans l'ordre ; et, quand on meurt sous sa conduite, vos héritiers n'ont rien à vous reprocher.

ÉRASTE

C'est une grande consolation pour un défunt.

L'APOTHICAIRE

Assurément : on est bien aise, au moins, d'être mort méthodiquement. Au reste, il n'est pas de ces médecins qui marchandent les maladies : c'est un homme expéditif, expéditif, qui aime à dépêcher ses malades ; et quand on a à mourir, cela se fait avec lui le plus vite du monde.

ÉRASTE

En effet, il n'est rien tel que de sortir promptement d'affaire.

L'APOTHICAIRE

Cela est vrai. A quoi bon tant barguigner [2], et tant tourner autour du pot ? Il faut savoir vitement le court ou le long [3] d'une maladie.

ÉRASTE

Vous avez raison.

L'APOTHICAIRE

Voilà déjà trois de mes enfants dont il m'a fait l'honneur de conduire la maladie, qui sont morts en moins de quatre jours, et qui, entre les mains d'un autre, auraient langui plus de trois mois.

ÉRASTE

Il est bon d'avoir des amis comme cela.

L'APOTHICAIRE

Sans doute. Il ne me reste plus que deux enfants, dont il prend soin comme des siens : il les traite et gouverne à sa fantaisie, sans

[1] C'est pousser loin l'amour des procédés réguliers. Il est vrai que cet apothicaire est une bête.

[2] *Barguigner* a d'abord eu le sens de marchander, puis a pris celui d'hésiter, d'avoir de la peine à se déterminer.

[3] Expression proverbiale qui signifie : savoir ce qui en sera d'une affaire.

que je me mêle de rien ; et le plus souvent, quand je reviens de la ville, je suis tout étonné que je les trouve saignés ou purgés par son ordre.

ÉRASTE

Voilà des soins fort obligeants.

L'APOTHICAIRE

Le voici, le voici, le voici qui vient.

Scène VIII

ÉRASTE, PREMIER MÉDECIN, L'APOTHICAIRE, UN PAYSAN, UNE PAYSANNE

LE PAYSAN, au médecin

Monsieur, il n'en peut plus, et il dit qu'il sent dans la tête les plus grandes douleurs du monde.

PREMIER MÉDECIN

Le malade est un sot, d'autant plus que, dans la maladie dont il est attaqué, ce n'est pas la tête, selon Galien[1], mais la rate qui lui doit faire mal.

LE PAYSAN

Quoi que c'en soit, Monsieur, il a toujours avec cela son cours de ventre depuis six mois.

PREMIER MÉDECIN

Bon : c'est signe que le dedans se dégage. Je l'irai visiter dans deux ou trois jours ; mais s'il mourait avant ce temps-là, ne manquez pas de m'en donner avis, car il n'est pas de la civilité qu'un médecin visite un mort.

LA PAYSANNE, au médecin

Mon père, Monsieur, est toujours malade de plus en plus.

PREMIER MÉDECIN

Ce n'est pas ma faute. Je lui donne des remèdes ; que ne guérit-il ? Combien a-t-il été saigné de fois ?

LA PAYSANNE

Quinze, Monsieur, depuis vingt jours[2].

[1] Célèbre médecin qui vécut au IIe siècle après J.-C.

[2] Ce chiffre exhorbitant n'est pas une exagération. Le comique naît ici de la simple vérité. On cite des exemples de gens saignés treize fois en quinze jours et onze fois en six jours; d'autres, saignés trente-deux fois pour une fièvre et soixante-quatre fois pour un rhumatisme !

Que deviendraient nos anémiques s'ils étaient soumis à pareil traitement? Il faut croire que nos pères avaient des tempéraments plus solides, puisqu'ils y résistaient.

PREMIER MÉDECIN

Quinze fois saigné ?

LA PAYSANNE

Oui.

PREMIER MÉDECIN

Et il ne guérit point ?

LA PAYSANNE

Non, Monsieur.

PREMIER MÉDECIN

C'est signe que la maladie n'est pas dans le sang. Nous le ferons purger autant de fois, pour voir si elle n'est pas dans les humeurs ; et, si rien ne nous réussit, nous l'enverrons aux bains.

L'APOTHICAIRE

Voilà le fin, cela, voilà le fin de la médecine.

Scène IX

ÉRASTE, PREMIER MÉDECIN, L'APOTHICAIRE

ÉRASTE, au médecin

C'est moi, Monsieur, qui vous ai envoyé parler ces jours passés pour un parent un peu troublé d'esprit, que je veux vous donner chez vous afin de le guérir avec plus de commodité, et qu'il soit vu de moins de monde.

PREMIER MÉDECIN

Oui, Monsieur ; j'ai disposé tout, et promets d'en avoir tous les soins imaginables.

ÉRASTE

Le voici.

PREMIER MÉDECIN

La conjoncture est tout à fait heureuse ; et j'ai ici un ancien de mes amis avec lequel je serai bien aise de consulter sa maladie.

Scène X

MONSIEUR DE POURCEAUGNAC, ÉRASTE, PREMIER MÉDECIN, L'APOTHICAIRE

ÉRASTE, à M. de Pourceaugnac

Une petite affaire m'est survenue, qui m'oblige à vous quitter ; (montrant le médecin) mais voilà une personne entre les mains de qui je vous laisse, qui aura soin pour moi de vous traiter le mieux qu'il lui sera possible.

PREMIER MÉDECIN

Le devoir de ma profession m'y oblige, et c'est assez que vous me chargiez de ce soin.

MONSIEUR DE POURCEAUGNAC, à part

C'est son maître-d'hôtel, sans doute; et il faut que ce soit un homme de qualité.

PREMIER MÉDECIN, à Éraste

Oui, je vous assure que je traiterai Monsieur méthodiquement et dans toutes les régularités de notre art.

MONSIEUR DE POURCEAUGNAC

Mon Dieu, il ne faut pas tant de cérémonies; et je ne viens pas ici pour incommoder.

PREMIER MÉDECIN

Un tel emploi ne me donne que de la joie.

ÉRASTE, au médecin

Voilà toujours dix pistoles d'avance, en attendant ce que j'ai promis.

MONSIEUR DE POURCEAUGNAC

Non, s'il vous plaît, je n'entends pas que vous fassiez de dépenses et que vous envoyiez rien acheter pour moi.

ÉRASTE

Mon Dieu, laissez faire ; ce n'est pas pour ce que vous pensez.

MONSIEUR DE POURCEAUGNAC

Je vous demande de ne me traiter qu'en ami.

ÉRASTE

C'est ce que je veux faire. (Bas au médecin.) Je vous recommande surtout de ne le point laisser sortir de vos mains ; car parfois il veut s'échapper.

PREMIER MÉDECIN

Ne vous mettez pas en peine.

ÉRASTE, à M. de Pourceaugnac

Je vous prie de m'excuser de l'incivilité que je commets.

MONSIEUR DE POURCEAUGNAC

Vous vous moquez, et c'est trop de grâce que vous me faites.

Scène XI

MONSIEUR DE POURCEAUGNAC, PREMIER MÉDECIN, SECOND MÉDECIN, L'APOTHICAIRE

PREMIER MÉDECIN

Ce m'est beaucoup d'honneur, Monsieur, d'être choisi pour vous rendre service.

MONSIEUR DE POURCEAUGNAC

Je suis votre serviteur.

PREMIER MÉDECIN

Voici un habile homme, mon confrère, avec lequel je vais consulter la manière dont nous vous traiterons.

MONSIEUR DE POURCEAUGNAC

Il ne faut point tant de façons, vous dis-je ; je suis homme à me contenter de l'ordinaire.

PREMIER MÉDECIN

Allons, des sièges.

(Des laquais entrent et donnent des sièges.)

MONSIEUR DE POUCEAUGNAC, à part

Voilà, pour un jeune homme, des domestiques bien lugubres !

PREMIER MÉDECIN

Allons, Monsieur, prenez votre place, Monsieur. (Les deux médecins font asseoir M. de Pourceaugnac entre eux deux.

MONSIEUR DE POURCEAUGNAC, s'asseyant

Votre très humble valet. (Les deux médecins lui prennent chacun une main pour lui tâter le pouls.) Que veut dire cela?

PREMIER MÉDECIN

Mangez-vous bien, Monsieur ?

MONSIEUR DE POURCEAUGNAC

Oui, et bois encore mieux.

PREMIER MÉDECIN

Tant pis ; cette grande appétition du froid et de l'humide est une indication de la chaleur et sécheresse qui est au dedans. Dormez-vous fort ?

MONSIEUR DE POURCEAUGNAC

Oui, quand j'ai bien soupé.

PREMIER MÉDECIN

Faites-vous des songes ?

MONSIEUR DE POURCEAUGNAC

Quelquefois.

PREMIER MÉDECIN

De quelle nature sont-ils ?

MONSIEUR DE POURCEAUGNAC

De la nature des songes. Quelle diable de conversation est-ce là ?...

PREMIER MÉDECIN

....Un peu de patience, nous allons raisonner sur votre affaire devant vous, et nous le ferons en français pour être plus intelligibles.

MONSIEUR DE POURCEAUGNAC

Quel grand raisonnement faut-il pour manger un morceau ?

PREMIER MÉDECIN

Comme ainsi[1] qu'on ne puisse guérir une maladie qu'on ne la connaisse parfaitement, et qu'on ne la puisse parfaitement connaître sans en bien établir l'idée particulière et la véritable espèce par ses signes diagnostiques et prognostiques[2], vous me permettrez, Monsieur notre ancien[3], d'entrer en considération de la maladie dont il s'agit, avant que de toucher à la thérapeutique[4] et aux remèdes qu'il nous conviendra faire pour la parfaite curation d'icelle. Je dis donc, Monsieur, avec votre permission, que notre malade, ici présent, est malheureusement attaqué, affecté, possédé, travaillé de cette sorte de folie que nous nommons fort bien mélancolie hypocondriaque[5], espèce de folie très

[1] La consultation débute avec solennité. *Comme ainsi que*, forme souvent employée dans les argumentations d'école, et qui signifie : « Comme nous posons en principe que... »

[2] *Signes diagnostiques*, ceux d'après lesquels on peut établir la nature d'une maladie et l'état actuel du malade.

Signes prognostiques, ceux d'après lesquels le médecin forme son jugement sur l'issue de la maladie.

[3] Il était d'usage que les plus jeunes médecins opinassent les premiers.

[4] Avant de nous occuper du traitement, la *thérapeutique* étant la partie de la médecine qui s'occupe du traitement des maladies.

[5] L'hypocondrie est une maladie nerveuse qui porte à la tristesse.

fâcheuse et qui ne demande pas moins qu'un Esculape [1] comme vous, consommé dans notre art ; vous, dis-je, qui avez blanchi, comme on dit, sous le harnais, et auquel il en a tant passé par les mains, de toutes les façons. Qu'ainsi ne soit [2], pour diagnostic incontestable de ce que je dis, vous n'avez qu'à considérer ce grand sérieux que vous voyez, cette tristesse accompagnée de crainte et de défiance... cette physionomie, ces yeux rouges et hagards, cette grande barbe, cette habitude du corps [3] menue, grêle, noire et velue, lesquels signes le dénotent très affecté de cette maladie, procédante du vice des hypocondres [4]..., laquelle maladie pourrait bien dégénérer ou en manie, ou en phtisie, ou en apoplexie, ou même en fine [5] frénésie et fureur. Tout ceci supposé, puisqu'une maladie bien connue est à demi guérie, car *ignoti nulla est curatio morbi* [6], il ne vous sera pas difficile de convenir des remèdes que nous devons faire à Monsieur. Premièrement, pour remédier à cette pléthore obturante et à cette cacochymie luxuriante par tout le corps [7], je suis d'avis qu'il soit phlébotomisé libéralement, c'est-à-dire que les saignées soient fréquentes et plantureuses, en premier lieu de la basilique, puis de la céphalique [8], et même, si le mal est opiniâtre, de lui ouvrir la veine du front, et que l'ouverture soit large, afin que le gros sang puisse sortir ; et en même temps de le purger, désopiler [9] et évacuer par purgatifs propres et convenables, c'est-à-dire par cholagogues, mélanogogues [10], *et cætera;* et comme la véritable source de tout le mal est une humeur crasse et féculente [11], ou une vapeur noire et grossière, qui obscurcit, infecte et salit les esprits animaux [12], il est

[1] Dieu de la médecine.

[2] Et pour preuve...

[3] Molière jouait lui-même le rôle de M. de Pourceaugnac; on a cru voir, dans ce portrait, une plaisanterie sur sa propre apparence, telle hélas ! que sa mauvaise santé et son humeur mélancolique la lui faisaient. Il aurait ainsi eu le courage de se servir des traces de sa souffrance pour faire rire le public.

[4] Terme d'anatomie. Chacune des parties latérales de l'abdomen situées sous les fausses côtes.

[5] En pure ou complète frénésie.

[6] Pour un mal inconnu, il n'est pas de mode de traitement.

[7] *Pléthore*, excès d'humeurs ; *cacochymie*, vice des humeurs ; *obturante*, qui intercepte, qui bouche ; *luxuriante*, surabondante.

[8] *Veine basilique*, veine qui monte à la partie interne du bras ; *veine céphalique*, autre veine du bras, ainsi nommée parce qu'on croyait que la saignée à cette veine agissait sur la tête.

[9] Détruire les obstructions.

[10] *Cholagogue*, remède qui purge la bile. *Mélanogogue*, remède qui purge l'*atrabile*, la bile noire.

[11] Les médecins croyaient que la plupart des maladies étaient causées par la surabondance ou l'altération des humeurs. *Humeur crasse et féculente*, humeur épaisse et comme troublée par une lie.

[12] *Esprits animaux*, ceux qui entretiennent la vie, étant (à ce qu'on croyait dans l'ancienne médecine) lancés par les nerfs dans les organes au moyen des battements du cerveau.

à propos ensuite qu'il prenne un bain d'eau pure et nette, avec force petit-lait clair, pour purifier par l'eau la féculence de l'humeur crasse, et éclaircir par le lait clair la noirceur de cette vapeur ; mais avant toute chose, je trouve qu'il est bon de le réjouir par agréables conversations, chants et instruments de musique, à quoi il n'y a pas d'inconvénient de joindre des danseurs, afin que leurs mouvements, disposition et agilité puissent exciter et réveiller la paresse de ses esprits engourdis, qui occasionne l'épaisseur de son sang, d'où procède la maladie. Voilà les remèdes que j'imagine, auxquels pourront être ajoutés beaucoup d'autres meilleurs par Monsieur notre maître et ancien, suivant l'expérience, jugement, lumière et suffisance qu'il s'est acquis dans notre art. *Dixi*[1].

SECOND MÉDECIN

A Dieu ne plaise, Monsieur, qu'il me tombe en pensée d'ajouter rien à ce que vous venez de dire. Vous avez si bien discouru sur tous les signes, les symptômes et les causes de la maladie de Monsieur; le raisonnement que vous en avez fait est si docte et si beau, qu'il est impossible qu'il ne soit pas fou et mélancolique hypocondriaque ; et, quand il ne le serait pas, il faudrait qu'il le devînt pour la beauté des choses que vous avez dites et la justesse du raisonnement que vous avez fait. Oui, Monsieur, vous avez dépeint fort graphiquement[2], *graphicè depinxisti*, tout ce qui appartient à cette maladie: il ne se peut rien de plus doctement, sagement, ingénieusement conçu, pensé, imaginé, que ce que vous avez prononcé au sujet de ce mal, soit pour la diagnose, ou la prognose, ou la thérapie; et il ne me reste rien ici, que de féliciter Monsieur d'être tombé entre vos mains, et de lui dire qu'il est trop heureux d'être fou pour éprouver l'efficace et la douceur des remèdes que vous avez si judicieusement proposés. Je les approuve tous, *manibus et pedibus descendo in tuam sententiam*[3]. Tout ce que je voudrais, c'est de faire les saignées et les purgations en nombre impair, *numero deus impare gaudet*[4]; de prendre le lait clair avant le bain;

[1] *Dixi*, j'ai dit. — Nous avons un peu abrégé cette consultation déjà longue à la lecture. A la représentation elle est beaucoup plus comique à cause des jeux de scène, de l'impatience que témoigne M. de Pourceaugnac, et du ridicule débit des deux médecins.

[2] De manière à rendre la chose claire et sensible à l'esprit. — *Diagnose et prognose*, connaissance qui s'acquiert par l'observation des symptômes. — *Thérapie*, moyens de guérir.

[3] *Je descends des mains et des pieds à ton avis*, c'est-à-dire je me range et j'applaudis à ton avis.

[4] Le nombre impair plaît aux dieux.

de lui composer un fronteau[1] où il entre du sel : le sel est symbole de la sagesse ; de faire blanchir les murailles de sa chambre, pour dissiper les ténèbres de ses esprits : *album est disgregativum visûs*[2], et de lui donner tout à l'heure un petit lavement pour servir de prélude et d'introduction à ces judicieux remèdes, dont, s'il a à guérir, il doit recevoir du soulagement. Fasse le ciel que ces remèdes, Monsieur, qui sont les vôtres, réussissent au malade selon notre intention !

MONSIEUR DE POURCEAUGNAC

Messieurs, il y a une heure que je vous écoute. Est-ce que nous jouons ici une comédie ?

PREMIER MÉDECIN

Non, Monsieur, nous ne jouons point.

MONSIEUR DE POURCEAUGNAC

Qu'est-ce que tout ceci ? et que voulez-vous dire avec votre galimatias et vos sottises ?

PREMIER MÉDECIN

Bon ! Dire des injures, voilà un diagnostic qui nous manquait pour la confirmation de son mal ; et ceci pourrait bien tourner en manie.

MONSIEUR DE POURCEAUGNAC, à part

Avec qui m'a-t-on mis ici ? (Il crache deux ou trois fois.)

PREMIER MÉDECIN

Autre diagnostic : la sputation[3] fréquente.

MONSIEUR DE POURCEAUGNAC

Laissons cela, et sortons d'ici.

PREMIER MÉDECIN

Autre encore : l'inquiétude de changer de place.

MONSIEUR DE POURCEAUGNAC

Qu'est-ce donc que toute cette affaire ? et que me voulez-vous ?

PREMIER MÉDECIN

Vous guérir, selon l'ordre qui nous a été donné.

MONSIEUR DE POURCEAUGNAC

Me guérir ?

[1] *Fronteau*, bandeau à appliquer sur le front, ou médicament retenu par ce bandeau.

[2] Le blanc amène la disgrégation de la vue, c'est-à-dire rend la vision plus nette.

[3] Action de cracher.

PREMIER MÉDECIN

Oui.

MONSIEUR DE POURCEAUGNAC

Parbleu ! je ne suis pas malade.

PREMIER MÉDECIN

Mauvais signe, lorsqu'un malade ne sent pas son mal.

MONSIEUR DE POURCEAUGNAC

Je vous dis que je me porte bien.

PREMIER MÉDECIN

Nous savons mieux que vous comment vous vous portez, et nous sommes médecins qui voyons clair dans votre constitution.

MONSIEUR DE POURCEAUGNAC

Si vous êtes médecins, je n'ai que faire de vous, et je me moque de la médecine.

PREMIER MÉDECIN

Hon, hon! voici un homme plus fou que nous ne pensons.

MONSIEUR DE POURCEAUGNAC

Mon père et ma mère n'ont jamais voulu de remèdes; et ils sont morts tous deux sans l'assistance des médecins.

PREMIER MÉDECIN

Je ne m'étonne pas s'ils ont engendré un fils qui est insensé. (Au second médecin.) Allons, procédons à la curation[1], et, par la douceur exhilarante[2] de l'harmonie, adoucissons, lénifions et accoisons[3] l'aigreur de ses esprits, que je vois prêts à s'enflammer.

Scène XII

MONSIEUR DE POURCEAUGNAC

Que diable est cela? Les gens de ce pays-ci sont-ils insensés? Je n'ai jamais rien vu de tel, et je n'y comprends rien du tout.

[1] Guérison. De *cura* qui veut dire soin.
[2] Qui amène l'hilarité, la gaieté.
[3] *Accoiser*, ou rendre *coi*, signifie calmer, apaiser.

Scène XIII

MONSIEUR DE POURCEAUGNAC, DEUX MUSICIENS EN MÉDECINS GROTESQUES, SUIVIS DE HUIT MATASSINS [1] ITALIENS

(Ils s'asseyent d'abord tous trois; les médecins se lèvent à différentes reprises pour saluer M. de Pourceaugnac, qui se lève autant de fois pour les saluer.)

LES DEUX MÉDECINS

Bon di, bon di, bon di.
Non vi lasciate uccidere
Dal dolor malinconico,
Noi vi faremo ridere
Col nostro canto harmonico:
Sol per guarirvi
Siamo venuti qui.
Bon di, bon di, bon di [2].

Scène XIV

MONSIEUR DE POURCEAUGNAC, UN APOTHICAIRE
tenant une seringue

L'APOTHICAIRE

Monsieur, voici un petit remède, un petit remède qu'il vous faut prendre, s'il vous plaît, s'il vous plaît.

MONSIEUR DE POURCEAUGNAC

Comment? je n'ai que faire de cela.

L'APOTHICAIRE

Il a été ordonné, Monsieur, il a été ordonné.

MONSIEUR DE POURCEAUGNAC

Ah! que de bruit!

L'APOTHICAIRE

Prenez-le, Monsieur, prenez-le; il ne vous fera point de mal.

MONSIEUR DE POURCEAUGNAC

Ah!

[1] Nom que l'on donnait autrefois à certains danseurs.

[2] Bonjour, bonjour, bonjour. Ne vous laissez pas mourir du mal mélancolique. Nous vous ferons rire avec notre chant harmonieux. Ce n'est que pour vous guérir que nous sommes venus. Bonjour, etc.

La musique et le chant continuent; mais nous n'en n'avons donné qu'un couplet. Lulli, qui avait composé la musique de ce divertissement, joua lui-même un des rôles de médecins grotesques.

L'APOTHICAIRE

C'est un petit clystère, un petit clystère, bénin, bénin ; il est bénin, bénin ; là, prenez, prenez, Monsieur ; c'est pour déterger, pour déterger, pour déterger[1].

Scène XV

MONSIEUR DE POURCEAUGNAC, L'APOTHICAIRE,

LES DEUX MÉDECINS GROTESQUES ET LES MATASSINS avec des seringues

(Les deux musiciens, accompagnés des matassins et des instruments dansent à l'entour de M. de Pourceaugnac, et, s'arrêtant devant lui, chantent.)

LES DEUX MÉDECINS

Piglia-lo sù,
Signor Monsu,
Piglia-lo, piglia-lo, piglia-lo sù,
Che non ti fara male
Piglialo sù questo servitiale ;
Piglialo sù,
Signor Monsu ;
Piglialo, piglialo, piglialo sù[2].

MONSIEUR DE POURCEAUGNAC

Allez-vous-en au diable !

(M. de Pourceaugnac, mettant son chapeau pour se garantir des seringues, est suivi par les deux médecins et par les matassins ; il passe par derrière le théâtre et revient se mettre sur sa chaise, auprès de laquelle il trouve l'apothicaire qui l'attendait ; les deux médecins et les matassins rentrent aussi.)

LES DEUX MÉDECINS

Piglialo sù,
Signor Monsu,
Piglialo, piglialo, piglialo sù
Che non ti farà male,
Piglialo sù questo servitiale;
Piglialo sù,
Signor Monsu ;
Piglialo, piglialo, piglialo sù.

(M. de Pourceaugnac s'enfuit avec la chaise, l'apothicaire appuie sa seringue contre, et les médecins et les matassins le suivent aussi.)

[1] Nettoyer.

[2] Prends-le, prends-le vite, seigneur Monsieur, il ne te fera pas de mal, etc.

ACTE TROISIÈME

Scène Première

PREMIER MÉDECIN, SBRIGANI

PREMIER MÉDECIN

Il a forcé tous les obstacles que j'avais mis et s'est dérobé aux remèdes que je commençais de lui faire.

SBRIGANI

C'est être bien ennemi de soi-même que de fuir des remèdes aussi salutaires que les vôtres.

PREMIER MÉDECIN

Marque d'un cerveau démonté et d'une raison dépravée que de ne vouloir pas guérir.

SBRIGANI

Vous l'auriez guéri haut la main.

PREMIER MÉDECIN

Sans doute, quand il y aurait eu complication de douze maladies.

SBRIGANI

Cependant voilà cinquante pistoles bien acquises qu'il vous fait perdre.

PREMIER MÉDECIN

Moi, je n'entends point les perdre, et je prétends le guérir en dépit qu'il en ait. Il est lié et engagé à mes remèdes, et je veux le faire saisir où je le trouverai, comme destructeur de la médecine et infracteur de mes ordonnances.

SBRIGANI

Vous avez raison. Vos remèdes étaient un coup sûr, et c'est de l'argent qu'il vous vole.

PREMIER MÉDECIN

Où puis-je en avoir des nouvelles ?

SBRIGANI

Chez le bon homme Oronte, assurément, dont il vient épouser la fille, et qui, ne sachant rien de l'infirmité de son gendre futur, voudra peut-être se hâter de conclure le mariage.

PREMIER MÉDECIN

Je vais lui parler tout à l'heure.

SBRIGANI

Vous ne ferez point mal.

PREMIER MÉDECIN

Il est hypothéqué [1] à mes consultations, et un malade ne se moquera pas d'un médecin.

SBRIGANI

C'est fort bien dit à vous; et, si vous m'en croyez, vous ne souffrirez point qu'il se marie que vous ne l'ayez pansé [2] tout votre soûl.

PREMIER MÉDECIN

Laissez-moi faire.

SBRIGANI, à part, en s'en allant

Je vais, de mon côté, dresser une autre batterie, et le beau-père est aussi dupe que le gendre.

Scène II

ORONTE, PREMIER MÉDECIN

PREMIER MÉDECIN

Vous avez, Monsieur, un certain Monsieur de Pourceaugnac qui doit épouser votre fille?

ORONTE

Oui, je l'attends de Limoges, et il devrait être arrivé.

PREMIER MÉDECIN

Aussi l'est-il, et il s'en est fui [3] de chez moi après y avoir été mis; mais je vous défends, de la part de la médecine, de procéder au mariage que vous avez conclu, que je ne l'aie dûment préparé pour cela.

ORONTE

Comment donc?

PREMIER MÉDECIN

Votre prétendu [4] gendre a été constitué mon malade: sa maladie, qu'on m'a donné à guérir, est un meuble qui m'appartient et que

[1] Le médecin veut dire qu'il a un droit exclusif sur ce malade; comme celui qui a pris hypothèque sur un immeuble a droit sur lui en cas de vente.

[2] *Panser* est pris dans le sens général de traiter, de soigner par les remèdes convenables.

[3] La particule *en* n'était pas encore inséparable du verbe.

[4] Futur.

je compte entre mes effets ; et je vous déclare que je ne prétends point qu'il se marie, qu'au préalable il n'ait satisfait à la médecine et subi les remèdes que je lui ai ordonnés.

ORONTE

Il a quelque mal?

PREMIER MÉDECIN

Oui.

ORONTE

Et quel mal, s'il vous plaît?

PREMIER MÉDECIN

Les médecins sont obligés au secret. Il suffit que je vous ordonne, à vous et à votre fille, de ne point célébrer, sans mon consentement, vos noces avec lui, sur peine d'encourir la disgrâce de la Faculté et d'être accablé de toutes les maladies qu'il nous plaira.

ORONTE

Je n'ai garde, si cela est, de faire le mariage.

PREMIER MÉDECIN

On me l'a mis entre les mains, et il est obligé d'être mon malade.

ORONTE

A la bonne heure.

PREMIER MÉDECIN

Il a beau fuir, je le ferai condamner par arrêt à se faire guérir par moi.

ORONTE

J'y consens.

PREMIER MÉDECIN

Oui, il faut qu'il crève, ou que je le guérisse.

ORONTE

Je le veux bien.

PREMIER MÉDECIN

Et si je ne le trouve, je m'en prendrai à vous, et je vous guérirai au lieu de lui.

ORONTE

Je me porte bien.

PREMIER MÉDECIN

Il n'importe, il me faut un malade, et je prendrai qui je pourrai.

ORONTE

Prenez qui vous voudrez ; mais ce ne sera pas moi. (Seul.) Voyez un peu la belle raison [1].

[1] Le beau raisonnement. — Voilà un médecin qui ne se laissera frustrer ni de son malade, ni de ses honoraires.

Scène III

ORONTE, SBRIGANI, en marchand flamand

SBRIGANI

Montsir, avec le vôtre permissione [1], je suisse un trancher marchand flamane qui voudrait bienne vous temandair un petit nouvel.

ORONTE

Quoi, Monsieur?

SBRIGANI

Mettez le vostre chapeau sur le tête, Montsir, si ve plaît.

ORONTE

Dites-moi, Monsieur, ce que vous voulez.

SBRIGANI

Moi le dire rien, Montsir, si vous le mettre pas le chapeau sur le tête.

ORONTE

Soit. Qu'y a-t-il, Monsieur?

SBRIGANI

Vous connaître point en sti file un certe Montsir Oronte?

ORONTE

Oui, je le connais.

SBRIGANI

Et quel homme est-il, montsir, si ve plaît?

ORONTE

C'est un homme comme les autres.

SBRIGANI

Je fous temande, Montsir, s'il est un homme riche, qui a du bienne.

ORONTE

Oui.

SBRIGANI

Mais riche beaucoup grandement, Montsir?

ORONTE

Oui.

SBRIGANI

J'en suis aise beaucoup, Montsir.

[1] Étranger.

ORONTE

Mais pourquoi cela?

SBRIGANI

L'est, Montsir, pour un petit raisonne de conséquence pour nous.

ORONTE

Mais encore, pourquoi?

SBRIGANI

L'est, Montsir, que sti Montsir Oronte donne son fille en mariage à un certe Montsir de Pourcegnac.

ORONTE

Hé bien?

SBRIGANI

Et sti Montsir de Pourcegnac, Montsir, l'est un homme que doivre grandement à dix ou douze marchannes flamanes qui être venus ici.

ORONTE

Ce Monsieur de Pourceaugnac doit beaucoup à dix ou douze marchands?

SBRIGANI

Oui, Montsir; et depuis huite mois nous afoir obtenir un petit sentence contre lui; et lui à remettre à payer tout ce créancier de sti mariage[1] que sti Montsir Oronte donne pour son fille.

ORONTE

Hon, hon! il a remis là à payer ses créanciers?

SBRIGANI

Oui, Montsir; et avec un grant défotion nous tous attendre sti mariage.

ORONTE, à part

L'avis n'est pas mauvais. (Haut.) Je vous donne le bonjour.

SBRIGANI

Je remercie, Montsir, de la faveur grande.

ORONTE

Votre très humble valet.

SBRIGANI

Je le suis, Montsir, obliger plus que beaucoup du bon nouvel que Montsir m'avoir donné. (Seul, après avoir ôté sa barbe et dépouillé l'habit de Flamand qu'il a par-dessus le sien.) Cela ne va pas mal. Quittons notre ajustement de Flamand pour songer à d'autres machines, et tâchons

[1] *Mariage* a ici et plus loin le sens de dot.

de semer tant de soupçons et de division entre le beau-père et le gendre, que cela rompe le mariage prétendu. Tous deux également sont propres à gober les hameçons qu'on leur veut tendre ; et, entre nous autres, fourbes de la première classe, nous ne faisons que nous jouer[1] lorsque nous trouvons un gibier aussi facile que celui-là.

Scène IV

MONSIEUR DE POURCEAUGNAC, SBRIGANI

MONSIEUR DE POURCEAUGNAC, se croyant seul

Piglia-lo sù, piglialo sù,
Signor Monsu...

Que diable est-ce là? (Apercevant Sbrigani.) Ah !

SBRIGANI

Qu'est-ce, Monsieur, qu'avez-vous ?

MONSIEUR DE POURCEAUGNAC

Tout ce que je vois me semble lavement.

SBRIGANI

Comment ?

MONSIEUR DE POURCEAUGNAC

Vous ne savez pas ce qui m'est arrivé dans ce logis à la porte duquel vous m'avez conduit ?

SBRIGANI

Non vraiment. Qu'est-ce que c'est ?

MONSIEUR DE POURCEAUGNAC

Je vous laisse entre les mains de Monsieur[2]. Des médecins habillés de noir. Dans une chaise. Tâter le pouls. Comme ainsi soit. Il est fou. Deux gros joufflus. Grands chapeaux. *Bon di, bon di.* Six Pantalons[3]. Ta, ra, ta, ta ; ta, ra, ta, ta. *Alegramente, Monsu Pourceaugnac.* Apothicaire. Lavement. Prenez, Monsieur, prenez, prenez. Il est bénin, bénin. C'est pour déterger, pour déterger, déterger. *Piglia-lo sù, signor monsu : piglia-lo, piglia-lo, piglia-lo sù.* Jamais je n'ai été si soûl[4] de sottises.

[1] Ce n'est qu'un jeu pour nous.
[2] M. de Pourceaugnac, dans le trouble de son esprit, rapporte, sans suite, ce qui a le plus frappé son imagination dans ses burlesques aventures.
[3] Ce sont les matassins que M. de Pourceaugnac désigne ainsi. *Pantalon*, sorte de bouffon italien.
[4] Si rassasié.

Ah ! pon chour, Mameselle.

SBRIGANI

Qu'est-ce que tout cela veut dire ?

MONSIEUR DE POURCEAUGNAC

Cela veut dire que cet homme-là, avec ses grandes embrassades, est un fourbe qui m'a mis dans une maison pour se moquer de moi et me faire une pièce.

SBRIGANI

Cela est-il possible?

MONSIEUR DE POURCEAUGNAC

Sans doute. Ils étaient une douzaine de possédés après mes chausses ; et j'ai eu toutes les peines du monde à m'échapper de leurs pattes.

SBRIGANI

Voyez un peu; les mines sont bien trompeuses ! Je l'aurais cru le plus affectionné de vos amis. Voilà un de mes étonnements, comme il est possible qu'il y ait des fourbes comme cela dans le monde !

MONSIEUR DE POURCEAUGNAC

Ne sens-je point le lavement? Voyez, je vous prie.

SBRIGANI

Hé ! il y a quelque petite chose qui approche de cela.

MONSIEUR DE POURCEAUGNAC

J'ai l'odorat et l'imagination tout remplis de cela, et il me semble toujours que je vois une douzaine de lavements qui me couchent en joue.

SBRIGANI

Voilà une méchanceté bien grande! et les hommes sont bien traîtres et scélérats !

Le cours des mésaventures de M. de Pourceaugnac continue. Deux femmes, une prétendue Languedocienne et une soi-disant Picarde sont venues toutes deux le réclamer, affirmant qu'il les a épousées, et M. de Pourceaugnac n'est menacé de rien moins que de la pendaison, car, comme on le lui chantera sur tous les tons « la polygamie est un cas pendable ».

Scène XII

MONSIEUR DE POURCEAUGNAC, SBRIGANI

MONSIEUR DE POURCEAUGNAC

Ah ! je suis assommé. Quelle peine ! Quelle maudite ville ! Assassiné de tous côtés !

SBRIGANI

Qu'est-ce, Monsieur ? Est-il encore arivé quelque chose ?

MONSIEUR DE POURCEAUGNAC

Oui ; il pleut en ce pays des femmes et des lavements.

SBRIGANI

Comment donc ?

MONSIEUR DE POURCEAUGNAC

Deux carognes de baragouineuses me sont venues accuser de les avoir épousées toutes deux et me menacent de la justice.

SBRIGANI

Voilà une méchante affaire ; et la justice, en ce pays-ci, est rigoureuse en diable contre cette sorte de crime.

MONSIEUR DE POURCEAUGNAC

Oui ; mais quand il y aurait information, ajournement, décret et jugement obtenu par surprise, défaut et contumace, j'ai la voie du conflit de juridiction pour temporiser et venir aux moyens de nullité qui seront dans les procédures[1].

SBRIGANI

Voilà en parler dans tous les termes, et l'on voit bien, Monsieur, que vous êtes du métier.

MONSIEUR DE POURCEAUGNAC

Moi ! point du tout : je suis gentilhomme[2].

SBRIGANI

Il faut bien, pour parler ainsi, que vous ayez étudié la pratique.

[1] Tous les termes de procédure employés par Molière sont rigoureusement exacts. L'*information* était la constatation par écrit des dires des témoins, qui n'étaient pas alors entendus à l'audience. Molière énumère ensuite les cas qui peuvent servir à faire remettre le procès. — Le *conflit de juridiction* était une contestation qui s'élevait entre les officiers de différentes juridictions qui prétendaient que l'affaire devait leur appartenir.

[2] Voilà M. de Pourceaugnac qui, par orgueil nobiliaire, ne veut pas convenir qu'il a étudié le droit.

MONSIEUR DE POURCEAUGNAC

Point. Ce n'est que le sens commun qui me fait juger que je serai toujours bien reçu à mes faits justificatifs, et qu'on ne saurait me condamner sur une simple accusation, sans un récolement et confrontation avec mes parties[1].

SBRIGANI

En voilà du plus fin encore.

MONSIEUR DE POURCEAUGNAC

Ces mots-là me viennent sans que je les sache.

SBRIGANI

Il me semble que le sens commun d'un gentilhomme peut bien aller à concevoir ce qui est du droit et de l'ordre de la justice, mais non pas à savoir les vrais termes de la chicane.

MONSIEUR DE POURCEAUGNAC

Ce sont quelques mots que j'ai retenus en lisant les romans.

SBRIGANI

Ah! fort bien.

MONSIEUR DE POURCEAUGNAC

Pour vous montrer que je n'entends rien du tout à la chicane, je vous prie de me mener chez quelque avocat pour consulter mon affaire.

SBRIGANI

Je le veux et vais vous conduire chez deux hommes fort habiles; mais j'ai auparavant à vous avertir de n'être point surpris de leur manière de parler: ils ont contracté du barreau certaine habitude de déclamation qui fait que l'on dirait qu'ils chantent, et vous prendrez pour musique tout ce qu'ils vous diront.

MONSIEUR DE POURCEAUGNAC

Qu'importe comme ils parlent, pourvu qu'ils me disent ce que je veux savoir?

SBRIGANI

Les voici tous deux qui viennent fort à propos. Je vous laisse.

[1] Les *faits justificatifs* étaient les défenses propres à établir l'innocence de l'accusé. — Le *récolement* était une nouvelle audition des témoins par le juge; la *confrontation* était la présentation des témoins à l'accusé.

Scène XIII

MONSIEUR DE POURCEAUGNAC

DEUX AVOCATS MUSICIENS, dont l'un parle fort lentement et l'autre fort vite, accompagnés de deux procureurs et de deux sergents

PREMIER AVOCAT, trainant ses paroles en chantant

La polygamie est un cas,
Est un cas pendable.

SECOND AVOCAT, chantant fort vite en bredouillant

Votre fait
Est clair et net ;
Et tout le droit
Sur cet endroit
Conclut tout droit.
Si vous consultez nos auteurs,
Législateurs et glossateurs,
Justinian, Papinian,
Ulpian et Tribonian,
Fernand, Rebuffe, Jean Imole,
Paul Castre, Julian, Barthole,
Jason, Alciat et Cujas,
Ce grand homme si capable,
La polygamie est un cas,
Est un cas pendable.

Tous les peuples policés
Et bien sensés,
Les Français, Anglais, Hollandais,
Danois, Suédois, Polonais,
Portugais, Espagnols, Flamands,
Italiens, Allemands,
Sur ce fait tiennent loi semblable,
Et l'affaire est sans embarras :
La polygamie est un cas,
Est un cas pendable.

(M. de Pourceaugnac les bat.)

Deux procureurs et deux sergents dansent une entrée qui finit l'acte.

ACTE QUATRIÈME

Scène Première

ÉRASTE, SBRIGANI

SBRIGANI

Oui, les choses s'acheminent où nous voulons; et, comme ses lumières sont fort petites et son sens le plus borné du monde, je lui ai fait prendre une frayeur si grande de la sévérité de la justice de ce pays, et des apprêts que l'on faisait déjà pour sa mort, qu'il veut prendre la fuite; et, pour se dérober avec plus de facilité aux gens que je lui ai dit qu'on avait mis pour l'arrêter aux portes de la ville, il s'est résolu à se déguiser, et le déguisement qu'il a pris est l'habit d'une femme.

ÉRASTE

Je voudrais bien le voir en cet équipage.

SBRIGANI

Songez, de votre part, à achever la comédie; et tandis que je jouerai mes scènes avec lui, allez-vous-en... (Il lui parle à l'oreille.) Vous entendez-bien ?

ÉRASTE

Oui.

SBRIGANI

Et lorsque je l'aurai mis où je veux... (Il lui parle à l'oreille.)

ÉRASTE

Fort bien.

SBRIGANI

Et quand le père aura été averti par moi... (Il lui parle encore à l'oreille.)

ÉRASTE

Cela va le mieux du monde.

SBRIGANI

Voici notre Demoiselle. Allez vite, qu'il ne nous voie ensemble.

Scène II

MONSIEUR DE POURCEAUGNAC, en femme ; SBRIGANI

SBRIGANI

Pour moi, je ne crois pas qu'en cet état on puisse jamais vous connaître, et vous avez la mine, comme cela, d'une femme de condition.

MONSIEUR DE POURCEAUGNAC

Voilà qui m'étonne, qu'en ce pays-ci les formes de la justice ne soient point observées.

SBRIGANI

Oui, je vous l'ai déjà dit, ils commencent ici par faire pendre un homme, et puis ils lui font son procès [1].

MONSIEUR DE POURCEAUGNAC

Voilà une justice bien injuste.

SBRIGANI

Elle est sévère comme tous les diables, particulièrement sur ces sortes de crimes.

MONSIEUR DE POURCEAUGNAC

Mais quand on est innocent?

SBRIGANI

N'importe, ils ne s'enquêtent point [2] de cela ; et puis ils ont en cette ville une haine effroyable pour les gens de votre pays, et ils ne sont point plus ravis que de voir pendre un Limosin.

MONSIEUR DE POURCEAUGNAC

Qu'est-ce que les Limosins leur ont fait?

SBRIGANI

Ce sont des brutaux, ennemis de la gentillesse et du mérite des autres villes. Pour moi, je vous avoue que je suis pour vous dans une peur épouvantable ; et je ne me consolerais de ma vie si vous veniez à être pendu.

[1] La procédure criminelle était fort rigoureuse, et un procès de cette nature était conduit de telle sorte qu'un accusé avait bien de la peine à faire reconnaître sa non-culpabilité. Le besoin d'une réforme se faisait vivement sentir, et peut-être, Molière, sous cette forme bouffonne, se faisait-il l'écho du désir public.

[2] Ils ne s'embarrassent point, ne se mettent point en quête.

MONSIEUR DE POURCEAUGNAC

Ce n'est pas tant la peur de la mort qui me fait fuir que de ce qu'il est fâcheux à un gentilhomme d'être pendu, et qu'une preuve comme celle-là ferait tort à nos titres de noblesse[1].

SBRIGANI

Vous avez raison ; on vous contesterait après cela le titre d'écuyer. Au reste, étudiez-vous, quand je vous mènerai par la main, à bien marcher comme une femme, et à prendre le langage et toutes les manières d'une personne de qualité.

MONSIEUR DE POURCEAUGNAC

Laissez-moi faire; j'ai vu les personnes du bel air. Tout ce qu'il y a, c'est que j'ai un peu de barbe.

SBRIGANI

Votre barbe n'est rien ; il y a des femmes qui en ont autant que vous. Ça, voyons un peu comme vous ferez. (Après que M. de Pourceaugnac a contrefait la femme de condition.) Bon.

MONSIEUR DE POURCEAUGNAC

Allons donc, mon carrosse : où est-ce qu'est mon carrosse? Mon Dieu ! qu'on est misérable d'avoir des gens comme cela ! Est-ce qu'on me fera attendre toute la journée sur le pavé et qu'on ne me fera pas venir mon carrosse?

SBRIGANI

Fort bien.

MONSIEUR DE POURCEAUGNAC

Holà ! ho ! cocher, petit laquais ! Ah ! petit fripon ! que de coups de fouet je vous ferai donner tantôt ! Petit laquais, petit laquais ! Où est-ce donc qu'est ce petit laquais ? Ce petit laquais ne se trouvera-t-il point? Ne me fera-t-on point venir ce petit laquais ? Est-ce que je n'ai point un petit laquais dans le monde ?

SBRIGANI

Voilà qui va à merveille. Mais je remarque une chose : cette coiffe est un peu trop déliée[2] ; j'en vais quérir une un peu plus épaisse, pour vous mieux cacher le visage en cas de quelque rencontre.

MONSIEUR DE POURCEAUGNAC

Que deviendrai-je cependant ?

[1] La décapitation était la peine des nobles; et la pendaison, celle des roturiers.

[2] *Est trop déliée*, est un peu trop mince, trop fine.

SBRIGANI

Attendez-moi là, je suis à vous dans un moment ; vous n'avez qu'à vous promener.

(M. de Pourceaugnac fait plusieurs tours sur le théâtre, en continuant à contrefaire la femme de qualité.)

Scène III

MONSIEUR DE POURCEAUGNAC, DEUX SUISSES

PREMIER SUISSE [1], faisant semblant de ne pas voir M. de Pourceaugnac

Allons, dépêchons, camerade ; ly faut allair tous deux nous à la Crève pour regarter un peu chousticier sti Monsin de Porcegnac, qui l'a été contané par ortonnance à l'être pendu par son cou.

SECOND SUISSE, sans voir M. de Pourceaugnac

Ly faut nous loër un fenestre pour foir sti choustice.

PREMIER SUISSE

Ly disent que l'on fait téjà planter un grand potence tout neuve, pour ly accrocher sti Porcegnac.

SECOND SUISSE

Ly sira, ma foi, un grant plaisir d'y regarter pendre sti Limosin.

PREMIER SUISSE

Oui, de ly foir gambiller les pieds en haut tevant tout le monde.

SECOND SUISSE

Ly est un plaisant drole, oui ; ly disent que s'être marié troy foie.

PREMIER SUISSE

Sti diable, ly fouloir troy femmes a ly tout seul ; ly être bien assez t'une.

SECOND SUISSE, en apercevant M. de Pourceaugnac

Ah ! pon chour, Mameselle.

PREMIER SUISSE

Que faire fous là tout seul ?

MONSIEUR DE POURCEAUGNAC

J'attends mes gens, Messieurs.

[1] Bien entendu, ce sont de faux Suisses, comme tout à l'heure l'exempt sera un faux exempt.

SECOND SUISSE

Ly est belle, par mon foi.

MONSIEUR DE POURCEAUGNAC

Doucement, Messieurs.

PREMIER SUISSE

Fous, Mameselle, fouloir finir réchouir fous à la Crève? Nous faire foir à fous un petit pendement pien choli.

MONSIEUR DE POURCEAUGNAC

Je vous rends grâce.

SECOND SUISSE

L'est un gentilhomme Limosin qui sera pendu chantiment à un grand potence.

MONSIEUR DE POURCEAUGNAC

Je n'ai pas de curiosité.

Les deux Suisses tourmentent et houspillent si bien le malheureux Pourceaugnac qu'il finit par appeler à l'aide.

MONSIEUR DE POURCEAUGNAC

Au secours! à la force!

Scène IV

MONSIEUR DE POURCEAUGNAC, UN EXEMPT,
DEUX ARCHERS, DEUX SUISSES

L'EXEMPT

Qu'est-ce? Quelle violence est-ce là? et que voulez-vous faire à Madame? Allons, que l'on sorte de là, si vous ne voulez que je vous mette en prison.

MONSIEUR DE POURCEAUGNAC

Je vous suis obligée, Monsieur, de m'avoir délivrée de ces insolents.

L'EXEMPT

Ouais! voilà un visage qui ressemble bien à celui que l'on m'a dépeint.

MONSIEUR DE POURCEAUGNAC

Ce n'est pas moi, je vous assure.

L'EXEMPT

Ah, ah! Qu'est-ce que veut dire...

MONSIEUR DE POURCEAUGNAC

Je ne sais pas.

L'EXEMPT

Pourquoi donc dites-vous cela ?

MONSIEUR DE POURCEAUGNAC

Pour rien.

L'EXEMPT

Voilà un discours qui marque quelque chose, et je vous arrête prisonnier.

MONSIEUR DE POURCEAUGNAC

Hé, Monsieur, de grâce !

L'EXEMPT

Non, non ; à votre mine et à vos discours, il faut que vous soyez ce M. de Pourceaugnac que nous cherchons, qui se soit déguisé de la sorte ; et vous viendrez en prison tout à l'heure.

MONSIEUR DE POURCEAUGNAC

Hélas !

Scène V

MONSIEUR DE POURCEAUGNAC, SBRIGANI, UN EXEMPT, ARCHERS

SBRIGANI, à M. de Pourceaugnac

Ah, Ciel ! que veut dire cela ?

MONSIEUR DE POURCEAUGNAC

Ils m'ont reconnu.

L'EXEMPT

Oui, oui ; c'est de quoi je suis ravi.

SBRIGANI, à l'exempt

Hé, Monsieur ! pour l'amour de moi : vous savez que nous sommes amis depuis longtemps ; je vous conjure de ne le point mener en prison.

L'EXEMPT

Non, il m'est impossible.

SBRIGANI

Vous êtes un homme d'accommodement. N'y a-t-il pas moyen d'ajuster cela avec quelques pistoles ?

L'EXEMPT, à ses archers

Retirez-vous un peu.

Scène VI

MONSIEUR DE POURCEAUGNAC, SBRIGANI, UN EXEMPT

SBRIGANI, à M. de Pourceaugnac

Il faut lui donner de l'argent pour vous laisser aller. Faites vite.

MONSIEUR DE POURCEAUGNAC, donnant de l'argent à Sbrigani

Ah ! maudite ville !

SBRIGANI

Tenez, Monsieur.

L'EXEMPT

Combien y a-t-il ?

SBRIGANI

Un, deux, trois, quatre, cinq, six, sept, huit, neuf, dix.

L'EXEMPT

Non ; mon ordre est trop exprès.

SBRIGANI, à l'exempt qui veut s'en aller

Mon Dieu ! attendez. (A M. de Pourceaugnac.) Dépêchez, donnez-lui-en encore autant.

MONSIEUR DE POURCEAUGNAC

Mais...

SBRIGANI

Dépêchez-vous, vous dis-je, et ne perdez point de temps. Vous auriez un grand plaisir quand vous seriez pendu !

MONSIEUR DE POURCEAUGNAC

Ah ! (Il donne encore de l'argent à Sbrigani.)

SBRIGANI, à l'exempt

Tenez, Monsieur.

L'EXEMPT, à Sbrigani

Il faut donc que je m'enfuie avec lui ; car il n'y aurait point ici de sûreté pour moi. Laissez-le-moi conduire, et ne bougez d'ici.

SBRIGANI

Je vous prie d'en avoir un grand soin.

L'EXEMPT

Je vous promets de ne le point quitter que je ne l'aie mis en lieu de sûreté.

MONSIEUR DE POURCEAUGNAC, à Sbrigani

Adieu. Voilà le seul honnête homme que j'aie trouvé en cette ville !

SBRIGANI

Ne perdez point de temps. Je vous aime tant que je voudrais que vous fussiez déjà bien loin. (Seul.) Que le Ciel te conduise ! Par ma foi, voilà une grande dupe. Mais voici...

Scène VIII

ORONTE, SBRIGANI

SBRIGANI, feignant de ne point voir Oronte

Ah ! quelle étrange aventure ! Quelle fâcheuse nouvelle pour un père ! Pauvre Oronte, que je te plains !

ORONTE

Qu'est-ce ? Quel malheur me présages-tu ?

SBRIGANI

Ah ! Monsieur, ce perfide Limosin, ce traître de M. de Pourceaugnac vous enlève votre fille !

ORONTE

Il m'enlève ma fille ?

SBRIGANI

Oui.

ORONTE

Allons vite à la justice. Des archers après eux.

Éraste feint d'avoir arraché Julie à M. de Pourceaugnac qui l'enlevait et de la ramener de force à son père. Oronte, en reconnaissance de ce service, consent à l'union de sa fille avec Éraste.

TABLE DES MATIÈRES

Tours, imp. Deslis Frères, rue Gambetta, 6.

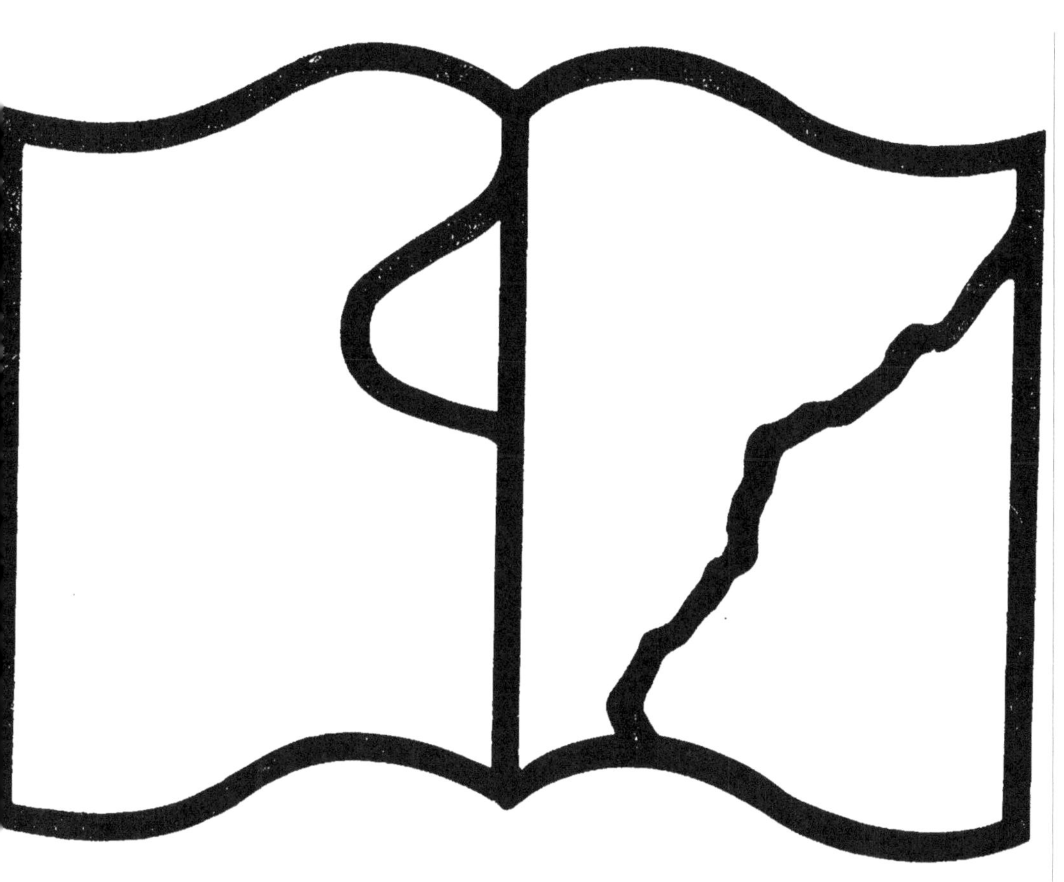

www.ingramcontent.com/pod-product-compliance
Lightning Source LLC
LaVergne TN
LVHW010532100826
845148LV00001B/161

* 9 7 8 2 0 1 2 1 8 2 9 2 9 *